From Shanghai to
Greater Shanghai
Metropolitan Area

从上海
到上海大都市圈

Exploration of
Metroplitan Area Planning
Based on
Chinese Modernization

中国式现代化的
都市圈规划探索

熊健 孙娟 屠启宇 等 著

上海科学技术出版社

内容提要

在推动现代化都市圈高质量发展的背景下，本书聚焦上海大都市圈，深入讲述新时期全国第一个跨省域国土空间规划的缘由及内涵，描绘发展特征及面临的挑战，提出凝聚共识的目标愿景，介绍空间格局优化的思路和产业、交通、生态、人文等领域的发展策略，明确规划实施和协同治理机制。最后，基于上海大都市圈的规划实践及相关研究，提出都市圈的中国概念、新时期都市圈规划的定位及编制思路，对大尺度、高人口密度地域的协同治理具有普适价值。

本书是一本兼具理论与实践高度的专业性读本，可为都市圈国土空间规划的编制和研究提供直接指导，为区域空间协同治理提供借鉴范本，为城乡规划专业教学提供参考，对于想了解上海大都市圈和区域发展的读者也具有广泛可读性。

《从上海到上海大都市圈：
中国式现代化的都市圈规划探索》
撰写组

撰写单位
上海市城市规划设计研究院
中国城市规划设计研究院上海分院
上海社会科学院

主要著作人
熊　健　孙　娟　屠启宇

参与著作人
（按姓名拼音顺序）

陈　阳	陈震寰	杜凤姣	方慧莹	何兆阳	居晓婷
李　丹	李　娜	李鹏飞	李诗卉	林辰辉	马　璇
毛　斌	史钟一	宋　煜	苏　宁	唐诗琪	陶希东
阎力婷	闫　雯	杨鸿艺	张　聪	张　亢	张　逸
张振广	邹　伟				

序一
Preface I

现代城市规划在中国已经有了百年的学科根基，规划对象的拓展从未停止，从大都市中心到大都市边缘，到中小城市和乡村，又延伸到海洋空间，逐步走向区域整体。

随着我国新型城镇化的推进，经济发展的空间结构正在深刻变化，呈现出区域网络化的趋势，区域协同治理和跨界联动的需求持续增长。国家高度重视区域协调发展规划，早在2007年5月，就在上海召集长三角三省一市的党政主要领导，召开了长三角地区经济社会发展座谈会，强调要培育现代化都市圈，加强重点区域和重点领域合作。近年来，国家更进一步指出要深入实施区域协调发展战略，以城市群、都市圈为依托构建大中小城市协调发展格局。

发达国家都十分重视快速城镇化阶段的大尺度空间规划，生产生活方式的全面转型促使人们重新思考未来的聚居形态和区域间分工，诸如英国大伦敦规划、德国国家国土空间规划、日本五次国土规划都是在这一时期开始编制实施的。上海大都市圈是引领长三角向世界级城市群发展的重要引擎，在不确定性的时代更是感受到命运的休戚与共。历时三年多打磨而成的《上海大都市圈空间协同规划》（以下简称《协同规划》）在2022年9月正式发布并启动实施，为科学、可持续的区域规划和区域协调发展作出了示范。

《协同规划》将中国式现代化的核心内涵融入其中。首先，都市圈的人口规模巨大，要通过完善多层次、多中心、多节点的功能体系，实现紧凑发展、高效合作和开放互动。其次，要以建成共同富裕的都市圈为己任，通过跨区域资源要素统筹和空间协调，共塑全球领先的创新共同体，实现合作共赢。再次，注重都市圈的物质文明和精神文明相协调，从物质空间建设转向对人的关注和对文化的重视，共享诗意栖居的人文家园。继次，建设人与自然和谐共生的都市圈，在生态文明背景下，守住国土空间安全底线，共保和谐共生的生态绿洲。最后，走和平发展道路，强化联结国际和辐射带动区域的增长极作用，共建畅达流动的高效区域，代表国家参与全球竞争与合作。

《协同规划》体现了"都市圈共生"的理念，从单个城市行政主体上升至区域群体行政，基于平等协商的原则，平衡各方利益诉求，形成了共同的目标愿景。以愿景驱动，整合群体资源要素，针对共同关心的问题和跨界协同的区域性问题发力，共同架构美好的未来。

《协同规划》是自建立"五级三类"的国土空间规划体系以来，新时代全国第一个跨省域的国土空间规划、第一个都市圈国土空间规划，在战略上统筹发展和安全，在操作上坚持一体化协调发展，响应了都市圈内多元主体协同发展的诉求，充分体现了新时代空间规划逻辑，对其他区域性国土空间规划的编制具有一定的借鉴意义。

学理与实践是国土空间规划学科不可或缺的两个方面。本书基于上海大都市圈的规划实践，讲述了从上海到上海大都市圈的发展脉络，阐释了《协同规划》的内涵及背后的逻辑关系；在《协同规划》的基础上，演绎了都市圈的中国概念，探讨了新时代区域性国土空间规划的编制思路和方法，为大尺度高密度城市化地域的空间协同贡献了中国方案，是一本都市圈和国土空间规划研究领域的前沿著作。

中国国土辽阔、地区差异大，并且处于新型城镇化的关键阶段，有其他国家和地区无法比拟的规划实践机会。中国的规划师要在实践中不断丰富国土空间规划的维度，共同推进规划的理论内涵和技术方法日臻完善。同时，还要坚守初心、践行理想，为人的生活更美好而规划明天。

中国工程院院士
德国工程科学院院士
瑞典皇家工程院院士
吴志强

序二
Preface II

由熊健、孙娟、屠启宇及其团队精心写就的《从上海到上海大都市圈：中国式现代化的都市圈规划探索》一书内容丰富、创意频频，是一项兼具理论意义和实践应用价值的优秀学术成果。

首先，本书的书名揭示了两个重要的含义：第一，"从上海到上海大都市圈"反映了城市作为经济、文化、科技、思想的集聚地和策源地，由点到面的从城市到都市再到都市圈的空间演进轨迹，及其对社会发展引领作用的拓展过程，是城市时代社会进步的写照。第二，"探索"了新时代的两个首创，作为新时代全国首个跨省域空间规划和都市圈国土空间规划，《协同规划》客观上肩负着提炼总结从规划编制具体内容到理论方法、打造区域规划样板示范的使命，特别是对都市圈这样一个新型城镇化的重要空间形态、城市区域空间体系重要组成部分的规划研究探索而言，这是本书学术价值的重要体现。

其次，本书构建了一个以超大城市为核心的都市圈规划编制的逻辑体系和技术框架。从认识上海大都市圈、确立都市圈发展的愿景目标、构筑空间格局的规划策略，到提出创新、流动、生态、人文各维度的协同路径，完善跨省域协同治理机制和平台搭建，再到最后中国式现代化都市圈规划的技术总结，形成了完整的"规划思路—规划内容—规划实践"的技术路线。应当说，这个规划框架和路线，对各城市都市圈规划编制具有重要的、现实的借鉴意义。

再次，本书还提出了许多创新的思路、观点、内容和做法，颇具启迪意义。第一，十分强调都市圈规划是一个跨省域的协商性规划，是合作协商的共识性文件。因此，都市圈内各城市不论人口多少、经济强弱，都是平等的行政主体和空间单元，要互相尊重、平等协商，从而形成多元参与、共同协商的治理模式——上海大都市圈规划也由此被称为《上海大都市圈空间协同规划》。同时，《协同规划》还提出了八大领域的空间协同骨架和五大板块的空间协调载体，使空间协同更加具体化和可操作。

第二，《协同规划》以全球城市区域理论为内核，以基于城市区域理论、发展城市区域理论为方向，提出"基于上海、优于上海、超越上海"

的规划思路原则，这是十分有气派、有魄力的，是对"卓越"愿景的最鲜明解释和上海作为全球城市功能实体的功能性空间拓展的具体体现。这一宏大思路原则的确立和发展路径的提出，对我国特大城市都市圈规划具有很强的启示性和借鉴意义。

第三，作为空间规划，《协同规划》牢牢抓住空间这一核心内容，深入诠释了全球城市区域空间演进的思路，指出了多层次、多中心、多节点的空间格局优化趋势和开放式、网络化的空间结构优化导向，并进行详细的分析论述，包括构建多层次的功能体系、推进多中心演进、加强多节点分工，以及通过廊道引领、网络流动、板块协作、建设紧凑开放的网络型空间格局等，为都市圈空间研究和空间框架的建立提供了实质性的内容。

更值得称道的是以江、河、湖、海、湾等战略资源为纽带的五大战略协同区概念的提出和划定。《协同规划》不仅立足于区域特定的自然生态环境，更抓住了这些跨界地区作为统筹协调薄弱环节的特点而予以重点关注，并作为板块协作开放互动的具体举措，划定协同区范围、明确发展目标以及确定协作建设项目等，这正是《协同规划》的重要组成部分。

第四，为实现多元协同治理而建立的覆盖全域的"都市圈—战略协同区—协作示范区—跨界城镇圈"多层次空间协作平台，变"三结构、一网络"的区域规划传统技术思路为"三体系、一机制"的新技术路线的思路，"生态格局、城市体系和空间结构"三大区域空间体系的区域空间组织，以及本书最后对城市、都市圈和都市圈规划的理论探索的总结，都是十分有价值的。此外，本书为丰富和深化所述内容提供的各项专栏和图纸，更增添了本书的学术性和可读性。

总之，这本来自规划实践、基于三大著名的规划设计和学术研究机构的共同成长、出自勇于和善于进行提炼总结的学者之手的著作，是一本难得的有思路、有观点、有内容、有思考的好书。学术界需要这样的书，规划界也需要这样的总结和探索。愿有更多的实践者参与这样的探索，为建设新时代中国特色的空间规划理论大厦共同努力。

南京大学教授、博士生导师
崔功豪

前言
Foreword

  21世纪以来，随着全球化程度日益加深，单个城市在全球经济格局中的作用越发有限，城市开始寻求区域间的合作来扩大全球影响力，因此全球经济的竞争主体开始从城市走向区域。面对严峻复杂的国际形势，中央提出了要加快构建以国内大循环为主体、国内国际双循环相互促进的新发展格局，都市圈作为城镇化发展的重要形态、产业链与供应链的基本组织单元，承载了协调区域资源要素配置、统筹区域发展和安全，并代表国家参与全球竞争的重要使命，在国家发展中的地位和作用不断突显。

  上海地处中国乃至世界人口最密集、经济最发达的城市区域之一，是长江三角洲世界级城市群的核心城市。自1982年积极参与建设上海经济区以来，上海长期致力于推动区域协同发展。在进入新发展阶段、贯彻新发展理念、构建新发展格局的背景下，以区域视角来研究未来城市发展的战略框架，已成为上海的必然选择。2017年12月，国务院在关于《上海市城市总体规划（2017—2035年）》的批复中首次提出"充分发挥上海中心城市作用，加强与周边城市的分工协作，构建上海大都市圈"，2019年5月《长江三角洲区域一体化发展规划纲要》又进一步提出要"构建上海大都市圈"。从地方实践上升到国家要求，上海大都市圈的提出，不仅是上海主动发挥龙头带动作用的体现，也是圈内各主体发展的迫切诉求和城市发展趋势的必然导向，更是责无旁贷的国家责任使然。这是贯彻落实习近平总书记重要指示要求和党中央决策部署的实际行动，是把长三角一体化发展国家战略向纵深推进的关键举措，是在现代化建设中更好提升区域整体竞争力的迫切需要。

  推动大都市圈高质量一体化发展，规划协同是关键，2019年以来，上海市与江苏、浙江两省政府多次协商并逐渐达成共识。2019年8月，上海大都市圈空间规划协同工作领导小组正式成立，《上海大都市圈空间协同规划编制工作方案》由两省一市人民政府共同印发，拉开了规划编制的序幕。在自然资源部的深入指导下，经过沪苏浙"三地九方十部门"的共同努力和反复协商，2021年10月，契合国家战略与地方诉求的《协同规划》成果通过审议。2022年1月，规划由两省一市人民政府联合印发，成为上海大都市圈未来发展的指导性空间框架和共同行动纲领。

《协同规划》是在建立统一的国土空间规划体系背景下，一次具有理论拓展和实践创新价值的探索。规划定位上，明确"以国土空间规划为基础属性且兼具发展规划特征"的定位，兼顾保护与发展两大任务的平衡。编制组织上，坚持互相尊重、平等协商的"初心"，采取"共同组织、共同编制、共同认定、共同实施"的组织模式，推动都市圈层面求同存异、达成共识，实现合作共赢。规划重点上，以"协同"为核心，强化战略引领与空间协同；探索构建"三体系一机制"的区域空间规划新技术框架，形成生态格局、城市体系与空间结构三大区域空间体系及分层次空间传导机制。成果体系上，体现多方共治，由不同部门和城市牵头形成"1+8+5"的成果体系，以战略愿景总报告为总纲，以八大重点领域系统行动构筑空间协同的系统骨架和要素抓手，以五大空间板块行动作为协同的重要平台和空间载体，推动规划的实施落地。治理创新上，探索了以规划编制与技术创新提升区域协调与空间治理水平的路径，通过构建多样化、开放式的区域协同平台与机制保障，促进了"朋友圈"的深度交流与协同共进。

本书以《协同规划》系列成果为基础，探究规划背后的逻辑关系，提炼形成中国式现代化都市圈规划的范式，为全球范围内大尺度、高人口密度地域的协同治理提供借鉴。全书共分为十章，第一章介绍上海长期推动城市—区域协同发展的历程、上海大都市圈概念的演变，以及《协同规划》的缘起；第二章描绘上海大都市圈的历史脉络、经济社会发展现状以及面临的挑战；第三章主要阐述上海大都市圈"建设卓越的全球城市区域，成为更具竞争力、更可持续、更加融合的都市圈"的目标愿景；第四章介绍上海大都市圈打造紧凑开放空间格局、树立高质量一体化空间新范式；第五至八章分别从创新、流动、生态、人文维度提出上海大都市圈的空间协同路径；第九章从完善实施机制、搭建协商平台和鼓励多元参与等方面展现跨省域协同治理探索；最后，第十章总结都市圈国土空间规划编制的技术逻辑和技术要点，探讨中国式现代化都市圈规划的内涵及要义。

在长三角一体化发展国家战略的指引下，上海大都市圈各个城市携手共进，合力探索一条跨省域的都市圈协同治理路径，为推动中国式现代化都市圈规划协同作出了示范与样板。同时，也应该认识到，我国不同地域的资源条件千差万别，都市圈发展水平、发展阶段以及协同基础存在明显差异。因此在都市圈规划编制中，既可以借鉴上海大都市圈规划经验，基于本地发展条件与需求,寻找合作共赢的机会与可能,达成"最大公约数"的规划与各方可接受的协同策略;也需要充分尊重各地特点,体现地域特色,有针对性地解决各自的核心问题,采取适应自身特征的组织方式、技术方法及治理路径,提升规划的实效。

上海市城市规划设计研究院党委书记、副院长
上海大都市圈规划研究中心 主任
熊 健

目录

第一章
从上海到上海大都市圈　　001
　　第一节　城市—区域协同发展的持续追求　　005
　　第二节　破解超大城市可持续发展的难题　　010
　　第三节　响应国家战略要求和区域共享发展之需　　019

第二章
我们的都市圈　　031
　　第一节　认识上海大都市圈　　035
　　第二节　趋势与挑战　　047

第三章
目标愿景：卓越的全球城市区域　　053
　　第一节　基于上海、优于上海、超越上海　　057
　　第二节　更具竞争力、更可持续、更加融合　　061
　　第三节　底线共守、合作共达　　065

第四章
共筑紧凑开放的空间格局　　071
　　第一节　全球城市区域的空间演进思路　　075
　　第二节　完善多层次、多中心、多节点的功能体系　　083
　　第三节　构建紧凑开放的网络型空间格局　　095
　　第四节　从强核主导到多元体系：都市圈的
　　　　　　空间优化路径　　103

第五章
共塑全球领先的创新共同体　109

- 第一节　全球城市区域的创新驱动思路　113
- 第二节　塑造世界级竞争力的创新共同体　117
- 第三节　从创新转型到创新联动：都市圈的创新协同路径　131

第六章
共建畅达流动的高效区域　135

- 第一节　全球城市区域的交通发展思路　139
- 第二节　打造深度融合的交通共同体　147
- 第三节　从对外辐射到内部通达：都市圈的融通共赢路径　153

第七章
共保和谐共生的生态绿洲　157

- 第一节　全球城市区域的生态保障思路　161
- 第二节　营造世界级品质的生态共同体　167
- 第三节　从单项治理到跨界协同：都市圈的生态保障路径　180

第八章
共享诗意栖居的人文家园　183

- 第一节　全球城市区域的文化弘扬思路　187
- 第二节　培育富有韵味的地域文化共同体　191
- 第三节　从历史底蕴到独特魅力：都市圈的人文滋养路径　201

第九章
共同实施，协同治理 205
    第一节 完善实施机制 209
    第二节 搭建协商平台 217
    第三节 鼓励多元参与 225

第十章
中国式现代化的都市圈规划探索 231
    第一节 演绎都市圈的中国概念 235
    第二节 拓展都市圈规划的中国实践 241
    第三节 贡献大尺度高密度城市化地域空间协同的
           中国方案 259

参考文献 263

后记 267

Contents

CHAPTER 1
FROM SHANGHAI TO GREATER SHANGHAI METROPOLITAN AREA — 001

    Section 1   Continuous Pursuit of City-Region Coordinated Development — 005
    Section 2   Cracking Problems in Sustainable Development of Mega-Cities — 010
    Section 3   Responding to National Strategic Requirements and Regional Shared Development Needs — 019

CHAPTER 2
OUR METROPOLITAN AREA — 031

    Section 1   Getting to Know Greater Shanghai Metropolitan Area — 035
    Section 2   Trends and Challenges — 047

CHAPTER 3
VISION: DEVELOPING AN EXCELLENT GLOBAL CITY-REGION — 053

    Section 1   Based on Shanghai, Better than Shanghai, Beyond Shanghai — 057
    Section 2   More Competitive, More Sustainable and More Integrated — 061
    Section 3   Holding Bottom Lines and Achieving Goals through Cooperation — 065

CHAPTER 4
CO-SHAPING A COMPACT AND OPEN SPACE PATTERN — 071

    Section 1   Spatial Evolution Ideas of Global City-Regions — 075
    Section 2   Improving the Functional System with Multi Levels, Multi Centers, and Multi Nodes — 083
    Section 3   Building a Space Pattern of Compact and Open Network — 095
    Section 4   From Strong Core-Dominated System to Multi-Core System: the Spatial Optimization Path of Metropolitan Areas — 103

CHAPTER 5
CO-DEVELOPING A WORLD-LEADING INNOVATION COMMUNITY 109

- Section 1 Innovation-Driven Strategies in Global City-Regions 113
- Section 2 Shaping a Globally Competitive Innovation Community 117
- Section 3 From Transformation to Linkage: the Path of Innovation Collaboration in Metropolitan Areas 131

CHAPTER 6
CO-BUILDING AN EFFICIENTLY CONNECTED AREA 135

- Section 1 Transport Development Strategies in Global City-Regions 139
- Section 2 Building a Deeply-Integrated Transportation Community 147
- Section 3 From External Radiation to Internal Access: the Integration and Win-Win Path of Metropolitan Areas 153

CHAPTER 7
PROTECTING AN ECOLOGICAL OASIS OF HARMONY AND SYMBIOSIS 157

- Section 1 Ecological Guarantee Ideas in Global City-Regions 161
- Section 2 Creating a High Quality Ecological Community 167
- Section 3 From Individual Governance to Cross-Border Collaboration: the Ecological Guarantee Path of Metropolitan Areas 180

CHAPTER 8
SHARING A HUMANISTIC AND POETIC COMMUNITY 183

- Section 1 Strategies for Promoting Culture in Global City-Regions 187
- Section 2 Cultivating a Charming Regional Culture Community 191
- Section 3 From Rich Historical Heritages to Unique Charm: the Humanistic Nourishment Path of Metropolitan Areas 201

CHAPTER 9
JOINT IMPLEMENTATION, COLLABORATIVE GOVERNANCE 205

Section 1	Improving the Implementation Mechanism	209
Section 2	Building Consultation Platforms	217
Section 3	Encouraging Diverse Participation	225

CHAPTER 10
EXPLORATION OF METROPOLITAN AREA PLANNING BASED ON CHINESE MODERNIZATION 231

Section 1	Interpreting the Concept of Metropolitan Areas in Chinese Context	235
Section 2	Expanding Metropolitan Area Planning of Chinese Practice	241
Section 3	Contributing to Spatial Coordination of Large-scale and High-density Urbanization Areas with a Chinese Solution	259

References 263

Afterword 267

专栏列表

实践探索

上海大都市圈空间协同规划编制工作方案	027
上海大都市圈城市调研认知	043
上海大都市圈内现有典型跨界协同经验	221
上海大都市圈规划研究中心和研究联盟	227

国际视野

日本首都圈的7版协同规划	081
日本知识集群建设经验	127
国际产业集群发展经验	129
国际枢纽集群建设经验	143
东京都市圈轨道交通运营模式	145
巴黎大区：平衡保护与发展	163
东京都市圈低碳发展模式	165
欧洲特色小镇联盟和最美乡村联盟	197
日本旅游圈和广域观光路线	199

专题研究

上海大都市圈全球城市演进预测	093
国内外都市圈空间协同机制的实践探索	213
国内都市圈的规划演进	251
都市圈空间范围的识别与划定	255

List of Special Columns

Practical Exploration

The Work Programme for "Spatial Cooperative Plan of Greater Shanghai Metropolitan Area"	027
Cognition of Member Cities within Greater Shanghai Metropolitan Area Based on Fieldwork	043
Existing Typical Cross-border Collaborative Experience in Greater Shanghai Metropolitan Area	221
Greater Shanghai Metropolitan Area Planning Research Institute and Research Alliance	227

International Perspective

Seven Editions of Collaborative Plan for National Capital Region in Japan	081
Experience of Knowledge Clusters Development in Japan	127
Experience of International Industrial Clusters Development	129
Experience in Building International Hub Clusters	143
Rail Transit Operation Mode of Tokyo Metropolitan Area	145
Paris Region: Balancing Conservation and Development	163
Low Carbon Development Mode of Tokyo Metropolitan Area	165
Peties Cites de Caractere and Les Plus Beaux Villages in Europe	197
Tourism Circles and Wide Area Sightseeing Routes in Japan	199

Special Study

Prediction of Global Cities Evolution in Greater Shanghai Metropolitan Area	093
Practice of Spatial Collaboration Mechanisms in Metropolitan Areas	213
Evolution of Metropolitan Area Planning in China	251
Identification and Designation of the Spatial Range of Metropolitan Areas	255

图纸列表

图 1-1　上海大都市圈空间协同规划范围图　　018
图 4-1　上海大都市圈功能体系规划图　　086
图 4-2　上海大都市圈总体空间结构规划图　　096
图 4-3　上海大都市圈空间协同层次范围示意图　　100
图 5-1　上海大都市圈知识集群分布图　　120
图 7-1　上海大都市圈骨干河湖规划图　　172
图 7-2　上海大都市圈生态格局规划图　　174

List of Planning Drawings

Fig.1-1　Spatial scope map of Greater Shanghai Metropolitan Area　　018
Fig.4-1　Functional system planning of Greater Shanghai Metropolitan Area　　086
Fig.4-2　Spatial structure planning of Greater Shanghai Metropolitan Area　　096
Fig.4-3　Spatial coordination hierarchy of Greater Shanghai Metropolitan Area　　100
Fig.5-1　Spatial distribution of knowledge clusters in Greater Shanghai Metropolitan Area　　120
Fig.7-1　Planning of backbone rivers and lakes of Greater Shanghai Metropolitan Area　　172
Fig.7-2　Ecological pattern planning of Greater Shanghai Metropolitan Area　　174

CHAPTER 1
FROM SHANGHAI TO GREATER SHANGHAI METROPOLITAN AREA

第一章
从上海到
上海大都市圈

上海作为长三角地区的超大城市，拥有通江达海的区位优势，是我国沿海经济带和沿江经济带"T"字形发展的交汇点，也是国内大循环的中心节点和国内国际双循环的战略链接。回眸历史，上海作为我国经济中心，一直致力于推动区域协同发展，在长三角区域一体化发展中发挥着龙头带动作用。随着区域一体化的深入推进，上海的辐射范围不断扩大，合作领域也由经济拓展到社会、文化、环境等多领域。同时，发展空间由上海市域迈向上海大都市圈区域，这既是破解超大城市可持续发展难题的必然选择，也是从更广空间配置资源、提升上海全球城市竞争力的客观要求；这既是落实国家战略的主动作为，又是响应多元主体协同发展诉求的重要体现。由此，沪苏浙两省一市共同编制了《上海大都市圈空间协同规划》，携手迈向共享共担的未来。

As a mega-city, Shanghai is located in the Yangtze River Delta. With the advantage of connecting river and sea, it becomes the intersection of China's coastal economic belt and the Yangtze River economic belt. It is also the central node of the greater domestic circulation, and the strategic link of domestic and international circulation. Looking back at history, as the economic center of the country, Shanghai has been committed to participating in regional coordinated development for a long time, and has played a leading role in the integrated development of the Yangtze River Delta region. With further advancement of regional integration, the cities that Shanghai interacts with continue to expand, and the cooperation have also expanded from economic to social, cultural, environmental and other fields. Subsequently, Shanghai's development scope has shifted from its municipality area to Greater Shanghai Metropolitan Area. This is not only an inevitable choice to break through the megacity's development problems, but also a requirement to allocate resources from a wider scale to enhance Shanghai's global city competitiveness. This is not only an initiative to implement national strategic requirements, but also a manifestation of responding to the demands of multiple stakeholders. As a result, Shanghai, Jiangsu and Zhejiang jointly compiled the "Spatial Cooperative Plan of Greater Shanghai Metropolitan Area", moving towards a shared future hand in hand.

第一节
城市—区域协同发展的持续追求

Section 1
Continuous Pursuit of City-Region Coordinated Development

上海是国际经济、金融、贸易、航运、科技创新中心和文化大都市，在国内外具有重要地位和影响力。上海所在的长江三角洲（简称长三角）地区，是我国经济发展最活跃、开放程度最高、创新能力最强的区域之一。作为长三角地区的核心城市，上海长期致力于区域协同发展，在区域中发挥着龙头带动作用，而长三角地区的广阔腹地承接了上海外溢的城市功能，二者形成了良性的互动关系，区域一体化发展格局逐渐成型。

一、回眸历史，上海长期深耕区域协同

上海长期坚持从区域视角解决自身问题，谋划未来发展，同时国家层面也赋予了上海带动区域共进的责任，区域协同成为上海和长三角地区的共同期许。

（一）1982年成立上海经济区，探索规划协调

改革开放后，为了促进城市间横向经济联系，1982年12月国务院决定设立"上海经济区"，最初包括上海和江苏苏州、无锡、常州、南通，以及浙江杭州、宁波、嘉兴、湖州、绍兴，共10个城市。1983年3月，"上海经济区规划办公室"正式成立（后于1988年撤销），其职能是通过调查研究为地方政府的经济合作与共同发展提出建议，制定区域发展规划。

上海经济区规划办公室先后建立了两省一市省市长会议制度、十市市长联席会议制度。自1984年至1988年，每年召开一次上海经济区省市长联席会议。在历次会议的推动下，长三角地区先后将交通、能源、外贸、技术改造和长江口、黄浦江、太湖综合治理等确定为规划重点，提出了

10大骨干工程。同时，会议促进了省市间交流，特别是经济往来，带动企业开展横向经济合作，企业间以市场为导向的跨省市经济活动日益频繁，各城市、各省市之间的经济互动蓬勃发展。

（二）1997年成立长江三角洲城市经济协调会，引领城市间合作

1990年浦东开发开放以后，随着外资在长三角地区布局及苏浙民营经济崛起，上海与苏浙两省的合作广度和深度不断拓展，上海的核心地位也得到进一步巩固。1992年"长江三角洲协作办（委）主任联席会议"成立，上海、南京、苏州、无锡、常州、扬州、镇江、南通、杭州、宁波、嘉兴、湖州、绍兴、舟山14个城市参加。

1997年，联席会升格为由各市市长参加的"长江三角洲城市经济协调会"，成员包括最初的14个城市以及新成立的泰州市，每两年在执行主席方城市举行一次市长会议（2004年开始改为一年一次），并一直延续至今。会议制定了《长江三角洲城市经济协调会章程》，形成长三角城市间合作的基本框架。

（三）2009年正式建立长三角"三级运作"区域合作协调机制，迈向一体化发展

随着社会主义市场经济体制逐步发展，特别是2001年中国加入WTO，市场化与经济全球化进程为长三角一体化发展带来了新的发展机遇。2001年，第一次沪苏浙经济合作与发展座谈会在浙江举行，建立起由常务副省（市）长牵头的"沪苏浙经济合作与发展联席会议"机制，每年轮值召开一次。

2008年9月，国务院印发《关于进一步推进长江三角洲地区改革开放和经济社会发展的指导意见》，首次提出推进长三角地区一体化发展。12月，在宁波召开长三角地区主要领导座谈会，讨论通过了《长三角地区贯彻国务院〈指导意见〉共同推进若干重要事项的意见》，安徽省领导应邀出席。

2009年8月，长三角地区合作与发展联席会议审议通过《长三角地区合作与发展联席会议制度》和《长三角地区重点合作专题组工作制度》，正式形成了沪苏浙皖三省一市共同参与的"三级运作、统分结合"的区域合作协调机制，即以政府为主体进行机制对接，形成决策层、协调层和执行层三个层次的政府间合作协调机制。决策层是三省一市区域合作与协调的最高决策机构，通过"长三角地区主要领导座谈会"运行，每年召开一

次。协调层是由沪、苏、浙、皖三省一市常务副省（市）长牵头的"长三角地区合作与发展联席会议"，负责协调推进主要领导座谈会部署的区域合作重点难点事项，以轮流主办的形式每年召开一次。执行层主要分城市组和专题组。城市组最早由16个城市组成，目前已经扩容到41个城市，以专题合作的形式开展规划、旅游、科技、信息、产权、港口、交通等不同领域合作，专题组不定期召开长三角各城市政府职能部门之间的协调会，负责策划合作专题，目前共设立了15个重点合作专题；同时，贯彻落实长三角地区主要领导座谈会及常务副省（市）长联席会议专题方案审批结果，商议专题推进过程中遇到的重大问题、商讨解决方式。

（四）2018年长三角区域一体化发展上升为国家战略，进入更高质量一体化阶段

2018年11月，习近平总书记在首届中国国际进口博览会上宣布，支持长三角区域一体化发展并上升为国家战略。2019年12月，中共中央、国务院印发《长江三角洲区域一体化发展规划纲要》，指出要紧扣"一体化"和"高质量"两个关键，带动整个长江经济带和华东地区发展，形成高质量发展的区域集群。此后，上海出台了《上海市贯彻〈长江三角洲区域一体化发展规划纲要〉实施方案》，明确提出长三角生态绿色一体化发展示范区、上海自贸试验区新片区和虹桥商务区"三个重点区域"的建设内容，成为上海推进长三角一体化发展的核心抓手。

上海与苏浙皖分别于2018年6月和2021年10月，共同制订《长三角地区一体化发展三年行动计划（2018—2020年）》《长三角地区一体化发展三年行动计划（2021—2023年）》，为长三角一体化发展明确了任务书、时间表和路线图。各个城市和重点领域也接连发布落实长三角区域一体化发展的行动计划，昭示着长三角区域一体化发展进入了实质性推进阶段。

二、龙头带动，区域协同格局逐步成型

四十多年里，上海持续参与长三角地区协同发展，扎实推进区域间合作和一体化进程，逐步形成了一些有益的经验，主要体现在以下几方面。

（一）设施先行，"朋友圈"不断拓展

长三角区域一体化发展源于各地自发的合作与交流，主动承接上海在人才、资本、技术等方面的溢出效应。得益于高速公路、高速铁路等全面

建设，上海辐射范围日益扩大。1990年，上海2小时交通圈只能辐射苏州、无锡、常州、杭州、嘉兴等少数紧邻上海的城市；2000年，随着高速公路的建设，沪宁、沪杭廊道上的镇江、湖州、绍兴进一步融入；2008年，随着苏通大桥、杭州湾大桥等一系列跨江跨海大桥的建成通车，上海2小时交通圈的南北两翼更加丰满，向北跨过长江纳入苏中的南通、扬州、泰州三市，向南跨过杭州湾以宁波为节点，辐射浙东沿海。2010年以后，长三角迈向"高铁时代"，沪宁、沪杭、宁杭甬等高铁正式通车，以上海为中心的长三角"1小时交通圈"形成，并同步带来了"同城效应"。2013年10月16日，上海轨道交通11号线北段延伸到江苏昆山花桥，这是我国首条跨省市地铁线路。交通设施一体化推进为上海与周边区域进一步的协同发展提供了硬件支撑。

（二）由点到面，多领域全面协同

长三角区域合作最初主要集中在经济领域，特别是产业合作，包括共建产业园区、产业转移和产业承接、设立产业合作基金等合作形式。目前长三角三省一市参与合作共建园区超过200个，其中，上海在苏浙皖三地建立的异地工业园和开发区分区已达到一定规模，较为典型的有上海外高桥（启东）产业园、上海漕河泾新兴技术开发区海宁分区、合肥经济技术开发区创新创业园等。2010年，国务院批复《皖江城市带承接产业转移示范区规划》，安徽省成为承接长三角产业转移的试验区。在基金设立方面，2012年由上海、江苏、浙江和安徽共同设立长三角合作与发展共同促进基金，首期规模4 000万元，三省一市政府各出资1 000万元，主要用于两省（市）以上合作共建项目。2018年，上海国际集团联合三省一市多家金融机构、产业方、企业集团发起设立长三角一期基金，成为了全国第一支聚焦长三角国家战略的产业基金。

近年来，长三角区域协同发展逐渐拓展到教育、医疗、环保、信息、社保等多领域。如在教育领域，上海市教委、江苏省教育厅、浙江省教育厅于2009年正式建立长三角教育联动发展会商机制，并轮流召开了四次高层论坛（研讨会），不断完善长三角教育合作机制，拓宽合作领域，深化合作内容，创新合作形式，有力推进了长三角教育改革与发展进程。在生态环境领域，建立了高层联席会议制度，定期研究区域环保合作的重大事项，审议、商定合作的重要规划和文件。总的来看，长三角区域合作领域不断拓宽，从经济、社会到环境全方位开展合作。

（三）平等协商，机制逐步完善

自20世纪80年代以来，长三角各地政府以专题合作为抓手，形成多城市主要部门牵头、多部门协同攻关的态势。通过联席会议、论坛、项目合作、专题研究等多种形式，各地政府主动开展政策对接，构筑区域性合作平台，取得了显著的进展和成果。2018年，随着长三角一体化上升为国家战略，长三角区域合作办公室在上海成立，由三省一市抽调工作人员组建而成，这标志着区域协同机制迈入合署办公、实体运作阶段。同时，国家层面也不断完善长三角区域协调体制机制。2020年成立长三角一体化发展领导小组，领导小组办公室设在国家发展改革委，统筹指导和综合协调长三角一体化发展战略实施。由此可见，长三角区域一体化合作机制不断完善，国家层面指导和三省一市层面合作，实现上下联动。

第二节
破解超大城市
可持续发展的难题

Section 2
Cracking Problems in Sustainable Development of Mega-Cities

以区域视角破解超大城市资源环境紧约束的发展难题，优化全球城市核心功能配置，形成经济产业联动、交通高效联系、社会服务均等、生态环境优化、文化认知融合的高质量区域，这是国际上全球城市的共同选择，也是上海的必由之路。

一、上海迈向全球城市所面临的关键问题

（一）城市功能有待提升

进入21世纪，2010年后上海代表国家参与全球竞争的定位内涵日益强化，但上海整体处于经济发展动能转换期，全球城市核心功能仍然有待提升。对土地资源的高度依赖，使得上海发展的内生动力逐步呈现财富与投资"双轮驱动"的格局，经济保持稳定增长和转型升级面临挑战增多，科技创新能力和活力明显不足，发展的质量和效益亟待提高。一方面，上海必须放在长三角以及更大的范围来考虑功能提升和资源配置，主动承担起落实长三角一体化发展的战略使命；另一方面，国家战略的实施，也需要依托全球城市的核心带动，以上海为龙头率先打造区域高质量发展的样板。

在此背景下，开展上海大都市圈的空间规划恰逢其时。上海联合周边城市形成高水平开放、高质量发展特征的多城市联合体，能够充分发挥打破行政壁垒，促进要素自由流动、资源高效配置的示范作用。因此，从更大的时空视角看，上海大都市圈空间协同规划的谋划与确立，并非仅基于上海自身的发展诉求，而是顺应了多层次城市战略发展诉求，响应了国家、

区域的战略期许。

（二）资源环境紧约束

上海作为超大城市，呈现出人口和用地规模大、基础设施和生态环境压力大、安全韧性挑战大的显著特征，需要依托区域形成内外合力来破解资源环境紧约束的挑战。以区域协同促进人口与功能优化布局，并突破市域空间限制，实现区域资源环境可持续发展。一方面，城区人口快速增长、要素加速流动以及产业转型发展需要新的空间承载；另一方面，城市社会的成熟以及民众对生活品质的关注呼唤着城市发展质量的提升，这就使可持续发展成为城市功能与空间布局的重要指针。跨行政区的功能协调、资源配置无疑是超大城市突破自身紧约束瓶颈的重要解决方案，但需要强调的是，跨域协同并非主要源于超大城市发展的"挤出"效应，而是城市间合作的整体"张力"，通过市场与治理机制的相互作用，探索区域要素与功能配置的协同，进而解决超大城市的紧约束问题。

（三）跨界协同治理需求迫切

随着上海与区域联系日益密切，要素加快流动，产业、交通、公共服务、生态等方面的跨行政区协调诉求日益增多，亟待通过与周边城市的协同治理来解决。

以陆海统筹的枢纽功能互动需求为例，上海、宁波、舟山等城市均具有重要的海运港口枢纽功能，能够形成环杭州湾区域面向海洋的开放经济互动合力。上海与苏州、无锡、南通等城市是海陆联运与面向长江经济带要素配置的重要枢纽，能够成为陆海统筹的重要依托。这就形成了上海与周边城市基于陆海统筹的共同联系纽带，并体现出"海域统筹、陆域连绵"的区域空间特点。又如，在环境与可持续发展方面，需要充分考虑区域高质量可持续发展的需求，在共享区域环境与自然资源的同时形成环境优化治理的共同体。以区域内最大水体太湖为核心，环太湖经济社会环境合作机制的建立，则需要上海、苏州、无锡、常州、湖州、嘉兴等利益相关方的合作。

二、从全球城市到全球城市区域

（一）国际全球城市的共同选择

20世纪90年代至21世纪初，全球经济的竞争主体开始从城市转向区域，在核心城市强有力的带动影响下，全球城市区域往往形成相对完整的产业链与供应链,各城市节点间也形成了彼此紧密联系、协作分工的关联网络。学界对于国际经济节点功能的研究视角从全球城市向全球城市区域扩展,在规划实践上,纽约、伦敦、巴黎等全球城市也将区域发展作为战略规划的重要方向。这些新的研究与规划实践是上海大都市圈发展的重要理论与实践借鉴来源,也是大都市圈规划的创新突破基础。

从理论研究来看,经济全球化的快速发展使学者们在20世纪90年代开始关注国际化城市以及城市间网络对于全球经济、社会等领域互动的重要作用。1986年John Friedmann提出世界城市,1991年Saskia Sassen提出全球城市,以及Peter Taylor等学者识别世界城市网络等重大理论归纳了全球化时代的空间响应结构,聚焦和分析了城市在流量枢纽、控制节点、国际性功能方面的核心作用。

进入21世纪后,Allen J. Scott、Michael Storper等学者将全球城市的认识推进到全球城市区域,认为真正支撑全球性枢纽的是具有地方根植性的全球城市功能性范围,其核心认知为"城市+腹地"的面状区域整体承载了国际化要素流动的重要作用。2000年代、2010年代的创新研究、演化视角经济学、地理学进一步丰富了全球创新网络和城市演化动力的认识。学者们的研究表明,全球城市区域是以经济联系为基础、由全球城市向其腹地扩展联合,形成生产性服务业和制造业的一体化协同、整体参与全球化的空间形态,是全球竞争的基本单元。而在城市区域化的研究中,需要解释与解决的重要问题包括中心—外围结构下的虹吸效应、扩散引致的空间均质化与功能均质化问题、腹地的依附性强化问题,以及城市系统的整体健康与可持续发展问题等。

从规划实践来看,近年来国际上主要全球城市普遍将发展视角转向区域尺度,并在多层次政府机构推动下,开展了相关区域规划的编制(表1-1)。目前较为典型的规划包括《日本首都圈广域地方规划2025》《第四次纽约—新泽西—康涅狄格大都市区规划》《巴黎大区2030空间战略规划》《旧金山湾区规划2040》《芝加哥大都会迈向2050规划》《荷兰兰斯塔德城市群规划2040》《大悉尼区域规划2056》等。其中纽约、东京的区域规划分别有百年和70多年的发展史。

(二)上海的必然选择

2010年代后,上海进入与周边区域紧密互动的新阶段。根据全球城市发展规律,并结合自身发展要求,从区域尺度来优化核心功能、空间配

表 1-1 主要全球城市区域战略规划比较

Tab.1-1 Comparison of Strategic Planning of Major Global City-Regions

规划名称	目标愿景	原则/策略/建议
巴黎大区 2030 空间战略规划	生活在巴黎大区：一个多元化的大区	联结—构建、极化—平衡、保护—发展
荷兰兰斯塔德城市群规划 2040	成为一个可持续的和有竞争力的三角洲区域	国家空间策略责任和发展规划的去中心化；3个关键任务：1. 确保安全和不受气候变化的影响，2. 提高交通可达性和经济竞争力，3. 满足空间质量需求
日本首都圈广域地方规划 2025	对流促进	首都圈的未来：遏制一点集中化，构建对流型首都圈；将共生融入未来（应对自然灾害，双城生活方式）
大悉尼区域规划：三城之都（2056）	匹配基础设施和增长以重构经济活动：成熟的东部海港城—发展中的中部河流城—新兴的西部绿地城	10个方向：基础设施支持之城，合作之城，人民之城，有房之城，美地之城，互连之城，工作与技能之城，风景之城，高效之城，弹性之城
旧金山湾区规划 2040	为适应预期的房屋和就业增长提供路线图，还有交通投资策略	1. 聚焦增长（200个优先开发区：有公共交通服务的已有社区，可进行附加紧凑开发；100个优先保护区域：区域重要开放空间，具备需要长期保护的广泛共识和短期开发压力）；2. 激励更聪明的土地使用决策
芝加哥大都会迈向2050规划	全球商务中心，一个为所有人提供机会的大都会	原则：包容性增长，弹性或适应力（为快速变化准备），优先投资
第四次纽约—新泽西—康涅狄格大都市区规划	公平、繁荣、健康、可持续	聚焦"让该地区为我们所有人服务"，提出"机构改革、气候变化、交通运输和可负担性住房"四个领域的行动措施

来源：屠启宇、陶希东、樊豪斌，"城市的基石：都市圈与城市群的源起、概况和规划"，屠启宇主编：《国际城市发展报告（2020）城市的基石：都市圈与城市群引领新动力》，社科文献出版社，2020年，第17页。

置、生态环境和人文资源等，对上海的发展至关重要。

1. 上海空间规划的区域视角迭代历程与特点

作为中国的首位城市之一，上海在战略规划与空间谋划方面一直将区域的空间关系作为重要的研究视角，各阶段的空间规划也体现出区域思维的延展与迭代。

早在1946年,《大上海都市计划》就以区域规划理念谋划上海的发展蓝图。抗日战争胜利后,上海启动战后重建。《大上海都市计划》从区域规划入手,借鉴"有机疏散"等现代城市规划理论,规划范围突破当时893km^{2}的市域行政辖区,扩展到邻近的昆山、乍浦等地。虽然该规划最终未能实施,但对上海日后的城市规划建设产生了深远的影响。

1986年的《上海市城市总体规划方案》提出,城市建设发展方向是建设和改造中心城,充实和发展卫星城,有步骤地开发长江口南岸和杭州湾北岸的"两翼",有计划地建设郊县小城镇,进一步把上海建成一个以中心城为主体、市郊城镇相对独立、中心城与市郊城镇有机联系、群体组合的社会主义现代化城市。该规划还提出了发挥上海枢纽作用,积极参与推动建设上海经济区,尤其是在工业布局上要从整个经济区着眼进行合理统筹。

《上海市城市总体规划(1999—2020)》明确提出城市总体布局必须从长三角地区城市协同发展的角度出发,拓展沿江沿海发展空间,引导中心城的人口和产业向郊区疏散,开发建设崇明岛,促进城郊一体化和长三角地区联动发展。规划体现了区域整体发展的思想,统筹强化上海与长三角地区在产业、能源、环境、交通和基础设施等方面对接联通,特别是明确与浙江省共同建设洋山国际集装箱深水港区,成为上海建设国际航运中心的核心载体。

《上海市城市总体规划(2017—2035年)》(简称"上海2035")则由立足市域为主转变为全球互联、区域协同的发展视野,在配合国家层面对长三角规划协调机制的战略构想的基础上,提出长三角城市群与上海市域之间的"中观尺度"的都市圈谋划视角。规划提出在交通通勤、产业分工、文化认同等方面与上海关系紧密的近沪地区,构建上海大都市圈,突出同城效应,开展多维度区域协同治理。

上海大都市圈事实上已超越了城市自身的"线性"成长需求,而从全球城市区域核心功能的总体空间布局角度综合谋划区域协同。在上海持续以区域视角探索空间发展的作用下,上海大都市圈得以跳出上海市域6 340km^{2}视角,超越近1.1万km^{2}近沪范围,形成都市圈5.6万km^{2}范围内有机互动与功能适配的空间选择与谋划,为有效带动长三角35.8万km^{2}国土空间发展提供了核心抓手。

2. 促进跨行政区空间协调

在中国城市发展的语境下，跨行政区空间协调具有多层次特点。从这个视角看，"上海2035"的都市圈、城镇圈¹和15分钟社区生活圈²概念涵盖了从宏观到微观的跨行政区规划问题，体现出上海的空间规划对于多层次跨行政区协调的重视与探索。都市圈属于宏观层面，主要解决跨省域或市域的空间协调问题；城镇圈属于中观层面，解决跨行政区的镇域互动问题；15分钟社区生活圈则属于微观层面，解决跨居委辖区的社区互动问题。以跨行政区城镇圈为例，"上海2035"规划了嘉定安亭—青浦白鹤—江苏昆山花桥、金山枫泾—松江新浜—浙江嘉善—浙江平湖新埭、崇明东平—江苏海门海永—江苏启东启隆等多个跨界城镇圈，并明确要进一步加强基础设施对接，促进规划共同研究编制，建立生态环境共保共治机制，实现功能布局融合、基础设施统筹、公共服务资源共享，推动上海和近沪地区一体化发展。这反映出上海对周边区域统筹发展的考量，其重点在于加强功能、交通、环境、设施等方面的衔接。

（三）上海大都市圈概念的提出与演变

上海大都市圈概念的提出回应了"上海2035"城市总体规划关于推动近沪地区和周边同城化都市圈协同发展的思路，以及国务院批复中关于"构建上海大都市圈"的要求，经历多轮的酝酿与斟酌，最终确立了"1+8"的多城市主体互动格局。

1. 概念的提出

2015年《长江三角洲城市群发展规划（征求意见稿）》指出，要提升上海全球城市功能，按照打造世界级城市群核心城市的要求，加快提升上海核心竞争力和综合服务功能，推动非核心功能疏解，推动与苏州、嘉兴、无锡、南通、宁波、舟山等周边城市协同发展。这是在国家层面的区域规划中，首次明确提出上海与周边六个城市之间协同发展的内容，进而形成了上海与周边城市区域共同构成的"1+6"城市群组概念。

---

1 城镇圈是按照30~40分钟交通出行时间，以一个或多个城镇（新城或新市镇）为核心，按照居民交通出行的活动规律，有效配置公共服务资源，集就业、生活、服务为一体，范围覆盖若干个建制镇或街道。
2 城镇社区生活圈按照步行15分钟可达的空间范围结合行政边界划定，平均规模3~5km²，服务常住人口约5万~10万。乡村社区生活圈按照慢行可达的空间范围结合行政村边界划定，一般涵盖多个自然村。

2016年1月，《上海市国民经济和社会发展第十三个五年规划纲要》中提出了与上述六个城市打造"大上海都市经济圈"的目标，具体表述为："着力提升上海国际经济、金融、贸易、航运、科技创新和文化等城市功能，推动非核心功能疏解。促进与苏州、嘉兴、无锡、南通、宁波、舟山等周边城市同城化发展，打造大上海都市经济圈。"从"十三五"规划的表述中可以看出，上海在谋划与周边区域的合作互动中，注重强调自身的核心功能优势，推动与周边经济社会联系紧密的城市形成功能互补、机制协调、具有一体化特点的多中心大都市复合体，该区域范围总面积约3万 km^2。这一阶段的都市圈功能协调的设定更多偏向以经济一体化为主要牵引，因此表述为"大上海都市经济圈"。

同一时期，上海在谋划面向2035年的中长期空间规划。2015年8月，"上海2035"的初步方案中就已经提出全球城市区域概念。上海以建设"卓越的全球城市"为目标愿景，强调资源配置能力和国际化水平；基于21世纪以来全球城市价值体系的拓展，即纳入"创新、文化、人本、宜居、可持续"等多元维度，进一步通过"令人向往的创新之城、人文之城、生态之城"三大分目标深化全球城市的内涵。因此，规划编制团队认为，相较于大上海都市经济圈，全球城市区域概念不仅强调经济上的联系，也强调在交通通勤、产业分工、文化认同等方面更加紧密的联系。这一理解拓展了区域互动与协调的认知维度，初步研究的范围包括上海市以及江苏、浙江的10个地级以上城市，31个县级行政单元，总面积达4.77万 km^2。

2016年7月，"上海2035"草案提出了以构建世界级城市群、强化长三角联动发展为总体目标，优化上海大都市圈格局的区域空间协调策略。这是上海规划主管部门首次明确提出"上海大都市圈"的概念以及主体构成。该草案兼顾都市圈空间范围界定的空间、时间、流量和引力等主导要素，基于时空距离法、通勤联系法等定量分析，以及基础设施统筹、历史文化渊源等定性分析，初步提出了上海、苏州、无锡、南通、宁波、嘉兴、舟山"1+6"城市的范围，形成90分钟交通出行圈，突出同城效应，在交通、生态环境、市政基础设施和文化等方面进行协作。

2. 从"1+6"到"1+8"的成员群体集聚

2016年8月22日—9月21日，上海市政府开展了新一轮城市总体规划草案的公示工作。公示期间，湖州市和常州市提出了纳入上海大都市圈范围的建议。考虑到大都市圈范围还未取得共识，规划送审稿相应地调整了上海大都市圈的概念和内容，不再提出"上海大都市圈"这一特定概念，也未明确都市圈的具体空间范围，而是从功能协同、网络一体化的角度，阐述上海与近沪地区如何实现同城化发展，这体现出规划方对于城市区域多主体互动的重视以及治理关系的考量。

2017年12月25日，国务院正式批复《上海市城市总体规划（2017—2035年）》，在批复中明确了"上海大都市圈"的概念，但并未界定具体范围与都市圈成员城市。

在国务院批复的指导下，2018年4—5月，上海市规划主管部门听取了长三角两省六市（江苏省住建厅，浙江省住建厅，苏州、无锡、南通、宁波、嘉兴、舟山六个城市人民政府）和专家的意见，以及上海市发展改革委、经济信息化委、住房城乡建设委等"上海2035"总规编制领导小组办公室核心成员单位的意见，在此基础上形成了《上海大都市圈空间协同工作方案》和《长三角区域规划协同机制》的征求意见稿。

2018年12月，上海市政府分别致函江苏、浙江两省政府，征求对《上海大都市圈空间协同工作方案》的意见。随后，统筹考虑各地诉求，结合诸多专家建议，从突出环太湖地区、沿海地区完整性协同并兼顾当下行政管理及政策投放的确定性的角度出发，最终确定了上海大都市圈的规划范围，即包括上海、无锡、常州、苏州、南通、宁波、湖州、嘉兴、舟山在内的"1+8"城市市域行政范围（图1-1）。

至此，上海大都市圈经历了概念上从"大上海都市经济圈"到"上海大都市圈"，构成上从"1+6"到"1+8"的演进。这种概念与构成上的持续调整与变化，反映出规划方、各城市在大都市圈协同上的认知迭代和共识形成的过程，这一治理过程本身也成为大都市圈规划编制的重要前提。上海大都市圈的范围界定弥补了全球城市区域有理论内核但缺划定方法、都市圈有划定方法但国内适应性不足等缺憾。既从都市圈内涵出发，强调地理空间的邻近性，也从全球城市区域理论出发，强调产业链、创新链等功能协同的关联性；还从区域空间治理视角出发，强调满足各地协同诉求的行政完整性。

图 1-1 上海大都市圈空间协同规划范围图
Fig.1-1 Spatial scope map of Greater Shanghai Metropolitan Area
来源：《上海大都市圈空间协同规划》

从上海到上海大都市圈
中国式现代化的
都市圈规划探索

第三节
响应国家战略要求和区域共享发展之需

Section 3
Responding to National Strategic Requirements and Regional Shared Development Needs

在"十四五"进入新发展阶段、贯彻新发展理念、构建新发展格局的大背景下,上海大都市圈既要主动落实国家双循环新发展格局,成为推进长三角高质量一体化发展的基本单元,也要主动搭建协商平台以推动更深层次、更广领域的跨行政区协商共议,成为跨界地区合作发展的样板。唯有如此,才能真正发挥创新引领、绿色发展的示范作用,迎接未来更复杂的国际环境挑战,满足更具竞争力、更可持续和更高水平空间治理的需求。

一、在国家战略发展中主动担当作为

(一)落实国家双循环新发展格局

我国改革开放以来四十多年的发展得益于全球化的红利,但也使得我国经济对于全球供应链体系产生较大依赖。过去全球贸易自由流动时期,我国通过以加工贸易为主的小经济体等贸易模式崛起为贸易一极,成为全球价值链、供应链的重要枢纽。因此长期以来,我国把参与全球大循环作为推动改革开放的强大动力,而如今经济全球化遭遇逆流,保护主义、单边主义不断兴起,全球政治经济环境面临新的变化。

由此,全力构建内外双循环新发展格局成为我国的必然选择。2020年4月10日,在中央财经委员会第七次会议上,习近平总书记强调要构建以国内大循环为主体、国内国际双循环相互促进的新发展格局。2021年7月30日,在中共中央政治局会议上,明确将扩大内需和产业链供应链优化作为当前重要方向,提高产业链供应链稳定性和竞争力,通过国内外双循环促进生产要素分配与流通。2023年1月31日,习近平在中共中央政治局第二次集体学习时强调,要全面推进城乡、区域协调发展,提高国内大循环的覆盖面;进一步深化改革开放,增强国内外大循环的动力和活力。

在此背景下,长三角提出以日益畅通的一体化来促进国内大循环、推动国内国际双循环。上海大都市圈作为产业链与供应链的组织单元,应以上海为龙头,充分发挥"国内大循环的中心节点和国内国际双循环的战略链接"的作用,打造联通国际市场和国内市场的新平台,带动更广阔的全国大循环。更应不断强化培育内生动力,推进区域供应链不断完善,带动长三角一体化与高质量发展,以卓越的全球城市区域参与全球竞合,以更加从容的姿态应对未来发展过程中的各种风险与全球经济的不确定性。

(二)落实长江经济带、长三角区域一体化发展等国家战略

区域协调发展战略是新时代国家重大战略之一。党的十九大报告首次提出"实施区域协调发展战略"。《中华人民共和国国民经济和社会发展第十四个五年规划和二〇三五年远景目标纲要》明确"坚持实施区域重大战略、区域协调发展战略"。党的二十大报告进一步提出,"深入实施区域协调发展战略、区域重大战略","优化重大生产力布局,构建优势互补、高质量发展的区域经济布局和国土空间体系"。对于上海大都市圈而言,重在衔接落实长江经济带、长三角区域一体化发展两大国家战略的相关要求。

长江经济带横跨我国东中西三大区域,承载了中央重点实施的区域协调发展战略。2016年9月印发的《长江经济带发展规划纲要》确立了长江经济带"一轴、两翼、三极、多点"的发展新格局,要求发挥上海、武汉、重庆的核心作用,强化长江三角洲城市群、长江中游城市群和成渝城市群三大增长极的引领作用。2018年11月,中共中央、国务院明确要求充分发挥长江经济带横跨东中西三大板块的区位优势,以共抓大保护、不搞大开发为导向,以生态优先、绿色发展为引领,依托长江黄金水道,推动长江上中下游地区协调发展和沿江地区高质量发展。上海大都市圈应落实长江大保护战略要求,坚持生态优先、绿色发展的新理念,探索跨区域高质量一体化发展的新路径。

实施长三角一体化发展战略,是引领全国高质量发展、打造我国发展强劲活跃增长极的重大战略举措。2018年11月,习近平在出席首届中国

国际进口博览会开幕式时宣布，支持长江三角洲区域一体化发展并上升为国家战略。2020年8月20日，习近平在合肥主持召开扎实推进长三角一体化发展座谈会上指出，必须深刻认识长三角区域在国家经济社会发展中的地位和作用。一是要率先形成新发展格局。在当前全球市场萎缩的外部环境下，加快形成双循环相互促进的新发展格局。二是要勇当我国科技和产业创新的开路先锋。当前，新一轮科技革命和产业变革加速演变，更加凸显了加快提高我国科技创新能力的紧迫性。上海和长三角区域不仅要提供优质产品，更要提供高水平科技供给，支撑全国高质量发展。三是要加快打造改革开放新高地。长三角区域一直处于改革开放前沿，要对标国际一流标准改善营商环境，以开放、服务、创新、高效的发展环境吸引海内外人才和企业安家落户，推动贸易和投资便利化，努力成为联通国际市场和国内市场的重要桥梁。特别是在区域一体化上，要推动从项目协同走向区域一体化制度创新，为全国其他区域一体化发展提供示范。上海大都市圈应落实长三角一体化发展战略要求，充分发挥示范作用，探索成为高质量一体化发展的协作共同体。

总之，面向国家战略的双重要求，作为长三角与长江经济带交汇的核心区域，上海大都市圈应责无旁贷地肩负起探索区域合作制度体系和路径模式、引领区域综合实力提升的重任。上海大都市圈立足长三角一体化发展等国家战略进行谋划，有利于形成区域一体化、同城化发展的典范，对于落实长三角高质量一体化发展具有重要意义。

（三）落实海洋强国的建设重任，发挥陆海统筹的战略引领作用

建设海洋强国是我国全面建设社会主义现代化强国的重要组成部分。海洋是国家经济发展和对外开放的重要依托，也是维护国家主权、安全、发展利益的重要地区。党的二十大报告提出"发展海洋经济，保护海洋生态环境，加快建设海洋强国"。我国海洋强国的建设，必须坚持绿色发展与科技创新，全面守护好蓝色国土并在全球高科技竞争中掌握主动权。

上海大都市圈应基于沿海优势，构建陆海协调、人海和谐的海洋空间开发格局。重在打破陆地与海洋之间的思维壁垒，准确把握陆域海域空间治理的整体性和联动性。具体而言，上海大都市圈需要不断优化资源配置，确立多层次海陆资源综合利用的现代海洋经济发展意识，推动海洋经济向质量效益型转变、海洋开发方式向循环利用型转变、海洋科技向创新引领型转变、海洋维权向统筹兼顾型转变，全方位推进生态文明建设。

二、顺应区域发展的共同追求

上海大都市圈的规划与建设响应了圈内多元主体协同发展的迫切诉求。上海大都市圈各个城市具有深厚的历史渊源，地缘相近、人文相亲、往来密切、交织一体，协同发展的意愿强烈。与国际一流都市圈相比，上海大都市圈正处于转型发展的关键时期，亟待共同应对跨界协同等问题。因此，圈内各主体迫切需要编制都市圈规划，在都市圈整体目标定位下找准自身定位，加速优势整合，整体提升区域国际竞争力。

面对日益激烈的国际竞争，上海大都市圈更加需要统筹协同发展。通过协同发展整合最广泛的力量，推动自上而下与自下而上相结合，建立城市间多层次合作协商机制，形成区域协同发展的共同宣言；激发市场活力，促进资源、要素在圈内自由流动，引导产业链、供应链合理布局；全面提升人民生活品质，落实"人民城市人民建，人民城市为人民"的重要理念。同时，也应鼓励上海大都市圈内部的同城化发展，如推进苏锡常都市圈建设、甬舟一体化等，以此深度推动跨界地区的同城化发展。

此外，上海大都市圈正处于经济快速发展、分工合作日益紧密、城市空间矛盾日益凸显、城市面临转型的阶段，亟须通过空间协同规划的编制，探索统一上海大都市圈内各城市规划理念、原则、标准的路径。既应针对上海大都市圈的现状特征和瓶颈问题，立足都市圈整体层面，推动区域高质量、高标准、高水平发展，也应体现"上海2035"价值取向的外延和拓展。

三、突出空间协同规划先行引领

（一）规划历程

2019年5月，党中央、国务院印发《长江三角洲区域一体化发展规划纲要》，要求"推动上海与近沪区域及苏锡常都市圈联动发展，构建上海大都市圈"。沪苏浙两省一市政府高度重视，于2019年8月共同成立了上海大都市圈空间规划协同工作领导小组，印发了《上海大都市圈空间协同规划编制工作方案》，明确了《上海大都市圈空间协同规划》（简称《协同规划》）的组织编制方式和成果体系框架。

2019年10月17日，沪苏浙两省一市政府在沪召开上海大都市圈空间规划协同工作领导小组第一次会议，部署启动了《协同规划》编制工作。2020年8月，形成《协同规划》初步成果。其后，经过多轮广泛听取国家部委、地方政府、专家、研究机构、社会公众和企业代表等意见建议并修改完善，于2021年9月底完成《协同规划》送审稿。

2021年10月12日，上海大都市圈空间规划协同工作领导小组专题审议并原则通过了《协同规划》送审稿，并于2022年1月由上海市人民政府、江苏省人民政府、浙江省人民政府联合印发。2022年9月27日，上海大都市圈空间协同规划实施推进大会召开，《协同规划》正式向社会公布。《协同规划》成为全国首个由省级地方政府联合编制的跨区域、协商性的国土空间规划。

（二）规划理念

坚持价值导向。规划体现全球视野、落实国家战略、立足区域特征。全球视角下，重在对标找差距，明确上海大都市圈面向2050年的目标方向；国家视角下，勇担责任、率先垂范，探索卓越的全球城市区域建设路径；区域视角下，立足都市圈整体层面与各地特色，探索推动区域高质量一体化发展路径。

坚持统筹协同。规划从聚焦空间布局规划技术方案的传统规划向战略策略性协同平台转变。一方面，为区域空间发展制定系统性的逻辑框架，并对接长三角一体化发展三年行动计划；另一方面，搭建多元主体利益的协同平台。立足目标导向、行动导向、责任导向，科学设定区域发展的战略目标，探索推动区域协同发展的最佳路径和行动计划，明确各个城市在实现战略目标中的责任。

坚持共同参与。作为各城市合作协商的共识性文件，规划应打破行政区划界限，理顺跨界地区关系，把握不同利益主体的多方诉求。推动各领域专家、各市政府部门和规划技术单位分工合作，使《协同规划》真正成为指导上海大都市圈未来发展的空间框架和共同行动纲领。

（三）规划组织

共同组织。一方面，成立上海大都市圈空间规划协同工作领导小组，负责对上海大都市圈规划的编制、审查、实施等工作进行指导和决策，对跨区域的重大规划事项、重大项目建设规划等进行统筹和协调。其下设办公室，负责《协同规划》的具体组织和协调；另一方面，构建了"三地九方十部门"的跨地域、跨领域的矩阵式协作平台（图1-2），并强调相关主体各负其职、各扬所长。由上海市规划和自然资源局、上海市发展和改革委员会总体统筹，上海市各相关委办局分别牵头负责八大系统行动规划

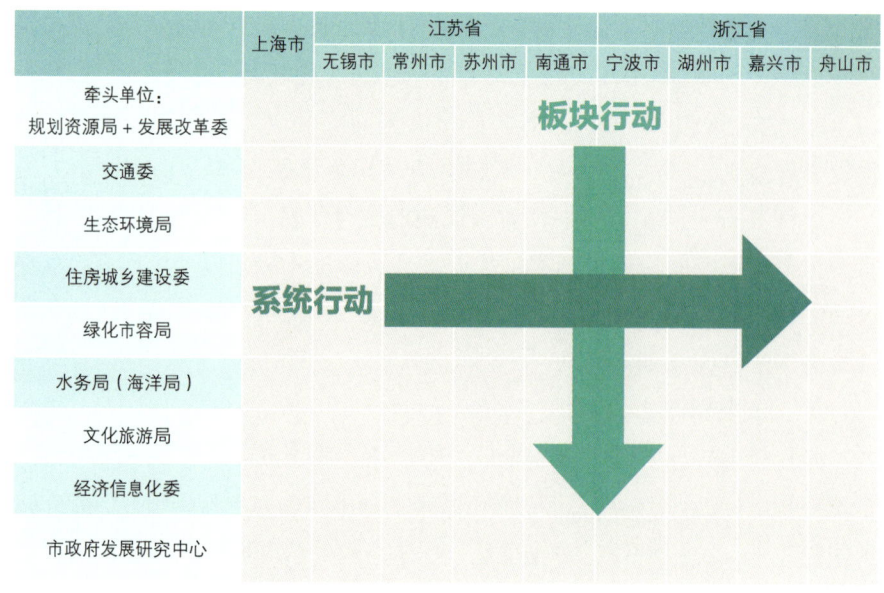

图1-2 "三地九方十部门"的工作框架
Fig.1-2 The planning framework made up of 3 provinces, 9 cities and 10 departments
来源：笔者自绘

的编制，其他城市政府分别牵头负责相关空间板块的行动规划编制。

共同编制。邀请国家部委相关司局共同组建规划协同指导委员会，主要负责对《协同规划》编制中的重大事项、跨界协调机制等方面作出指导与支持，对规划内容以及实施保障予以讨论。邀请两院院士、研究机构和权威专家等组建咨询委员会，主要负责指导《协同规划》的战略方向和重大事项，以及编制成果的咨询和研讨。组建联合编制团队，整合各团队优势共同研究形成高质量的规划成果。

共同认定。规划编制前充分调研与对接，听取各方发展思路与协同诉求。联合编制团队针对各个城市开展了长达20余天全方位、多主体的调研，共举行了64场座谈会，走访了103家企业。规划过程中广泛研讨与交流，坚持求同存异以形成更多共识。召开6场专家咨询会、5次省市全面研讨会，以及40余次城市、部门对接会，广泛的沟通与交流使《协同规划》成果更符合实际，也更富有共识。规划成文后充分吸取各方意见，渐进推进成果的完善，前后开展了4次书面意见征询，共收集国家层面、地方层面、各地专家等600余条意见和建议，并逐条进行研究与答复。最终成果由两省一市政府联合印发，并报自然资源部备案。

共同实施。构建规划实施与评估机制,以保障都市圈规划实施的有序推进。建立开放式的实施协商机制,因地制宜地探索地方协商合作机制,鼓励多层级主体根据上海大都市圈规划层级传导的要求,组织编制跨界地区协同规划,深化专项规划。进一步落实到长三角及各地相关规划,并编制《上海大都市圈空间协同近期行动计划》,凝聚共识推动规划的共同实施。

(四)成果体系

基于多方治理,形成"1+8+5"的成果体系。"1"为战略愿景总报告,由各个城市共同签署认定;"8"和"5"分别为八大重点领域系统行动与五大空间板块行动,是各地相关专项工作开展及跨界地区协同的重要支撑。

战略愿景总报告是《协同规划》的总纲领,是凝练各方共识的政策性文件(图1-3)。重点在于描绘面向未来30年的上海大都市圈发展的共

特征挑战

核心特征	核心挑战
水脉相依、地缘相亲的生命共同体	更高品质人居环境的挑战
发展重心不断转移的多中心组合体	更有活力人口结构的挑战
人口与经济高度集聚的高收入经济体	更强大的创新能力的挑战
流动活跃、横向联动的紧密功能圈	更高效的交通对流的挑战

目标愿景

目标愿景:卓越的全球城市区域

| 分目标一: 全球领先的创新共同体 | 分目标二: 畅达流动的高效区域 | 分目标三: 和谐共生的生态绿洲 | 分目标四: 诗意栖居的人文家园 |

空间协同

一体化的空间:共筑紧凑开放的空间格局

| 共塑全球领先的创新共同体 | 共建畅达流动的高效区域 | 共保和谐共生的生态绿洲 | 共享诗意栖居的人文家园 |

实施保障

规划实施保障

| 建立规划认定与评估、维护机制 | 健全完善规划传导体系 | 完善实施保障专项措施 |

图1-3 战略愿景总报告的技术框图
Fig.1-3 Technical diagram of the Strategic Vision General Report
来源:《上海大都市圈空间协同规划》

同蓝图，以及圈内各个城市携手共进的路径举措。基于对都市圈核心特征与挑战分析，提出目标愿景与四大分目标，并明确一体化空间引导；在此基础上，提出创新、交通、生态、人文四个维度的空间协同举措；最后，明确共同遵守的标准与准则，密切协作、互利共赢。

八大重点领域系统行动构筑了上海大都市圈空间协同的系统骨架和要素抓手。通过交通一体化行动、生态环境共保共治行动、市政基础设施统筹行动、绿道网络行动、蓝网纵横行动、文化魅力与旅游提升行动、产业协调发展行动、合作机制保障与创新行动，从系统维度明确发展目标、统筹重大项目、明确行动重点与机制保障，指导各市各领域专项规划的编制。

五大空间板块行动是上海大都市圈空间协同的重要平台和空间载体。聚焦环太湖、淀山湖、杭州湾、长江口、沿海等五大战略协同区，指引各市跨界地区协同发展与协同规划编制。由于契合了各个城市在跨界地区开展空间协同的需求，精准识别了战略协同的重点地区，并提出因地制宜的空间响应策略，弥补了各地跨界统筹的不足，普遍得到各个城市的重视。在技术思路上，既注重落实战略愿景总报告的关键性协同要素，也注重针对各板块的特色、问题分析，进而明确各自的目标方向与行动重点。

实践探索

上海大都市圈空间协同规划编制工作方案

Practical Exploration
The Work Programme for "Spatial Cooperative Plan of Greater Shanghai Metropolitan Area"

为进一步落实国家区域协调发展战略，推进长三角区域一体化发展，按照国务院在"上海2035"批复中关于"构建上海大都市圈"的要求，根据市委、市政府总体工作部署，制定《上海大都市圈空间协同规划编制工作方案》并开展规划编制工作。该工作方案由编制背景、总体要求、编制内容、工作组织等四部分内容组成。在编制背景中指出，上海大都市圈的规划协同还处在空白阶段，及时开展上海大都市圈空间协同规划对于支撑上海卓越的全球城市功能、推进长三角更高质量一体化发展十分重要和紧迫。在总体要求部分，提出规划的定位作用是强化区域协同的战略引领、空间统筹和机制保障；工作原则包括在规划理念上坚持价值导向，在编制内容上坚持统筹协同，在组织方式上坚持共同参与。编制内容应紧紧围绕国家战略和区域发展实际，形成"战略愿景—行动策略—项目库"的路线图，突出在战略性和实施性上的效能。工作组织方面，提出成立上海大都市圈空间协同规划编制领导小组、指导委员会、专家咨询委员会和编制技术团队。

其中，编制内容具体包括专题研究、战略愿景和行动策略，逐层递进。

1. 开展专题研究

考虑设置五个专题。一是目标愿景专题研究，明确大都市圈发展的核心目标，研究区域协同治理机制，打响上海大都市圈规划的共同宣言。二是交通与重大基础设施专题研究，研究上海大都市圈综合交通发展目标，重点关注上海大都市圈以轨道交通为骨干的综合交通一体化发展模式和规划策略。三是产业与旅游发展专题研究，强调在现代产业分工合作背景下，立足上海大都市圈各自比较优势，探索区域产业体系发展策略及空间需求，研究上海大都市圈旅游一体化发展策略，提升上海大都市圈的全球资源配置能力。四是生态环境专题研究，梳理上海大都市圈层面生态环境资源现状，划定区域生态环境重点保护区和整治区，提出生态环境保护策略和政策机制。五是乡村振兴专题研究，分析上海大都市圈乡村地区资源要素及发展情况，提出乡村振兴总体目标，明确乡村地区分类、分片发展策略，探索

乡村振兴路径。

2. 明确战略愿景

结合专题研究，同步开展区域现状与发展评估，分析上海大都市圈在全球城市体系中的定位，研究上海大都市圈发展的目标内涵和战略导向，明确大都市圈空间格局，统筹形成上海大都市圈的战略愿景。

3. 深化行动策略

围绕上海大都市圈的战略愿景，在实施性层面以行动为导向，结合专题研究成果从八大系统行动和五大空间板块行动两个方面协调各方利益，解决突出矛盾，达成区域共识，明确各个城市责任，重点行动形成项目库。

八大系统行动由上海市发展改革委、上海市规划资源局总体统筹，上海市政府相关委办局分别牵头，聚焦大都市圈空间协同的重点领域，明确发展目标、策略和协同机制，统筹重大项目，推进上海大都市圈一体化发展。一是交通一体化行动，由上海市交通委牵头，重点统筹上海大都市圈内重大交通基础设施的空间安排，加强区域航空机场群联动，优化区域港口功能布局，完善上海及周边近沪城镇的城际线衔接，打通省际断头路，强化上海大都市圈重要交通走廊的协同发展。二是生态环境共保共治行动，由上海市生态环境局牵头，重点强化生态环境的共保共治，加强对上海大都市圈内生态敏感地区的保护，推动区域、流域环境联防联治，建立区域生态环境保护协同机制。三是市政基础设施统筹行动，由上海市住房城乡建设委牵头，重点促进区域市政基础设施的共建共享，完善市政廊道的衔接，统筹安排市政设施的空间布局，构建区域综合防灾体系。四是绿道网络行动，由上海市绿化市容局牵头，重点明确区域生态空间的战略发展目标、重要指标和规划实施阶段，确定生态空间的分级控制要求，构建区域生态网络体系。五是蓝网纵横行动，由上海市水务局牵头，重点强化上海与太湖流域的生态连接，确定区域河道等级和布局，协同推进吴淞江等重大水利工程建设，构建区域防汛除涝保障体系。六是文化魅力与旅游提升行动，由上海市文化旅游局牵头，重点促进区域文化的共融共通，推进环太湖和环淀山湖古镇群联动开发，建设环太湖生态旅游圈，推进区域旅游一体化发展。七是产业协调发展行动，由上海市经济信息化委牵头，重点立足上海大都市圈内各城市产业发展的比较优势，加强产业分工合作，明确产业发展目标和策略。八是合作机制创新与保障行动，由上海市政府发展研究中心牵头，重点是创新区域合作机制，推进上海大都市圈构建统一大市场、养老医疗教育等公共服务一体化以及政府部门间合作协调。

五大空间板块行动突出上海大都市圈空间协同规划的开放性和多元性，由上海大都市圈内各城市牵头，聚焦规划协同的重点地区，体现上海大都市圈的特色和亮点。一是环太湖区域绿色发展行动，由无锡市、苏州市、湖州市政府牵头。二是淀山湖区域保护提升行动，由苏州市、嘉兴市政府牵头。三是杭州湾区域协调发展行动，由宁波市、嘉兴市政府牵头，杭州市、绍兴市共同参与研究。四是长江口地区协调发展行动，由南通市政府牵头。五是海洋港口一体化发展行动，由舟山市、宁波市、南通市政府牵头。

CHAPTER 2
OUR METROPOLITAN AREA

第二章
我们的都市圈

上海大都市圈并不是一个传统意义上的通勤圈,而是以地理邻近性为基础、功能紧密关联性为核心,并兼顾行政治理的完整性,由上海与周边城市共同构成的多中心城市区域。这里的每个城市都曾在不同的发展阶段各领风骚。从环太湖的农耕文明,到沿运河的商贾繁荣,再从沿长江的工业化发展,到沿海的对外开放,水脉相依所以血脉相连。如今这里人口与经济高度集聚,是一个比肩发达国家的经济体。尽管空间发展重心不断转移,但彼此之间的休戚与共从未转变。在新的形势下,各城市不再是单独的个体,而是紧密相关的命运共同体。上海大都市圈需要共同提升人居环境品质,共同优化人口结构,共同强化创新能力,共同促进高效的要素流动,最终实现竞争力的全面提升。

Greater Shanghai Metropolitan Area is not a commuting circle in traditional sense, but a multi-center complex composed of Shanghai and surrounding cities based on geographical proximity, with close functional correlations, and taking into account the integrity of administrative boundaries. From the farming civilization around Taihu Lake, the prosperity of merchants along the Grand Canal from Beijing to Hangzhou, the industrialization development along the Yangtze River, to the opening up of the coast region, each of these cities have been a leader at different stages in history. Waters are interdependent, so the blood is connected. Today, the economy of the metropolitan area is comparable to that of developed countries. Although the focus of spatial development is constantly shifting, the solidarity between these cities has never changed. Under the new situation, cities are no longer individual subjects, but a closely related community with a shared future. Greater Shanghai Metropolitan Area should jointly improve the quality of living environment, optimize the population structure, strengthen innovation capabilities, and promote efficient factor flows, and ultimately achieve stronger competitiveness.

第一节
认识上海大都市圈

Section 1
Getting to Know Greater Shanghai Metropolitan Area

上海大都市圈既有水脉相连的根,又有文俗相通的亲;既有高度集聚的人口经济,又有网络化紧密关联的多个中心。地理的邻近性让城市间各类要素有了快速联结的基础,功能的关联性进一步强化了彼此之间密切的协作需求,共同的目标和价值选择则是推动上海大都市圈实现高质量一体化发展的内在动力。

一、一个水脉相依、人缘相亲的生命共同体

上海大都市圈以水为源、因水而兴,河湖密布、水网纵横的空间肌理是其特有的地域基因,崇文重教、务实进取是其共同的文化气质。

(一)水脉相依、河网密布的生态圈

自古以来,水就是上海大都市圈的生命之脉。自宋代起,这里逐步形成"两溪入湖、八江通海、多支流汇聚"的水系脉络,也构建了太湖地区特有的塘浦圩田水利系统。如今,都市圈内水网密布,是名副其实的江南水乡。这里的水形态丰富,既有湖荡水网,也有平原圩田式水系,还有山川水系。可以说,上海大都市圈从一开始就是一个不可分割的生命共同体。

(二)文化同源、人缘相亲的文化圈

水脉相依造就了江南人精致柔和的文化调性。同根同源的文化,加之近代大规模的人口往来交流,成就了这个人文相亲、血脉一体的都市圈。"沪苏一家亲""300多万上海人祖籍宁波"等民间说法,以及近代红色文化在沪、嘉的延续,是这里血脉相连的最好诠释。强烈的文化认同和浓厚的亲缘关系,是都市圈一体化发展的根基;务实笃行、探索进取、刚柔并济的江南文化精神,则让这里的一体化有了更深层次的价值认同。

二、一个人口与经济高度集聚的高收入经济体

得益于优越的自然环境和区位条件,江南一带长期富庶安定,为人口集聚与经济发展提供了有力保证。今天的上海大都市圈,人口密集、产业集聚、经济繁荣,是我国最发达的区域之一。

(一)人口高度集聚且模式多元

2020年,上海大都市圈常住人口为7 742万人,按单一经济体来算排名全球第20位,与德国、英国基本相当。都市圈人口密度高达1 383人/km²,远高于众多发达国家,其中,超过2 500万的跨市流动人口,成为都市圈发展的重要支撑。

人口在上海大都市圈不同城市内的集聚模式也很多元:上海是典型的"大城小镇"型,城市人口占比高达74%;苏州、宁波为"强市强县"型,市区、县城人口总占比超过50%,两者的人口吸引能力基本相当;无锡、常州、舟山为"大城小县"型,人口总量与增量均集中在市区;嘉兴、湖州、南通为"小城大县"型,兼具"强镇强村"特点,县城和镇村人口更集中,其中镇村人口占比在60%左右。多样化的人口集聚模式造就了各城市不同的城镇化特点,也在一定程度上带动了都市圈内大中小城市的协调发展(图2-1)。

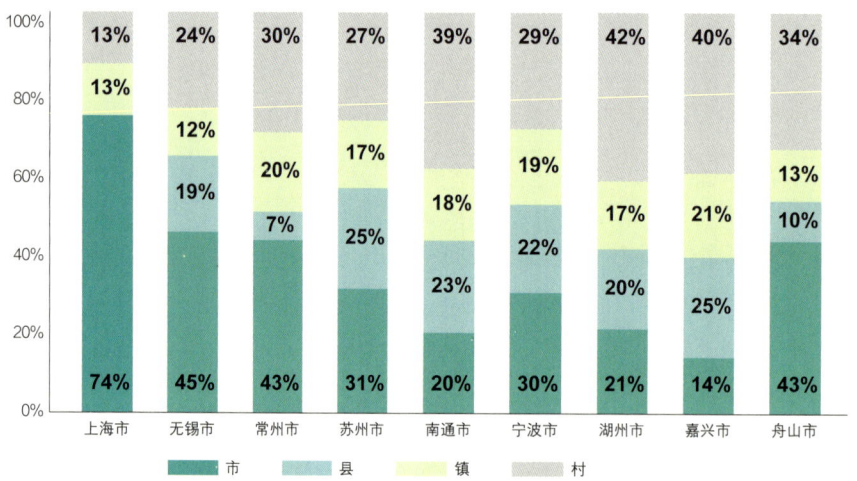

图2-1 上海大都市圈各城市常住人口市、县、镇、村分层情况表(2015年)
Fig.2-1 The stratification of permanent population in cities, counties, towns and villages in Greater Shanghai Metropolitan Area (2015)
来源:2015年全国1%人口抽样调查数据

（二）经济高度集聚且快速发展

2020 年上海大都市圈 GDP 为 11.16 万亿元，按单一经济体计算，经济总量排名全球第 11 位，经济的空间集聚程度显著（图 2-2）。人均 GDP 排名全球第 43 位，尽管明显低于纽约都市圈、日本首都圈等发达全球城市区域，但通过近年的快速发展，差距逐步缩小（图 2-3）。

上海大都市圈以占长三角约 1/6 的陆域面积，承载了长三角 1/3 的人口和约 1/2 的经济总量。在 2020 年长三角各城市 GDP、各城市城镇人均可支配收入排名中，都市圈在前 10 位城市中均占据 6 席，是长三角城市群功能最集聚的引领区。

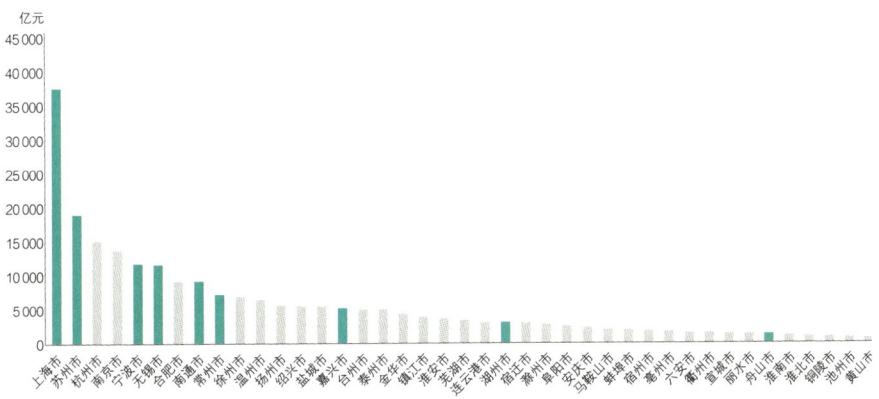

图 2-2　2020 年长三角各城市 GDP 排名
Fig.2-2　GDP ranking of cities in the Yangtze River Delta in 2020
来源：各城市统计年鉴

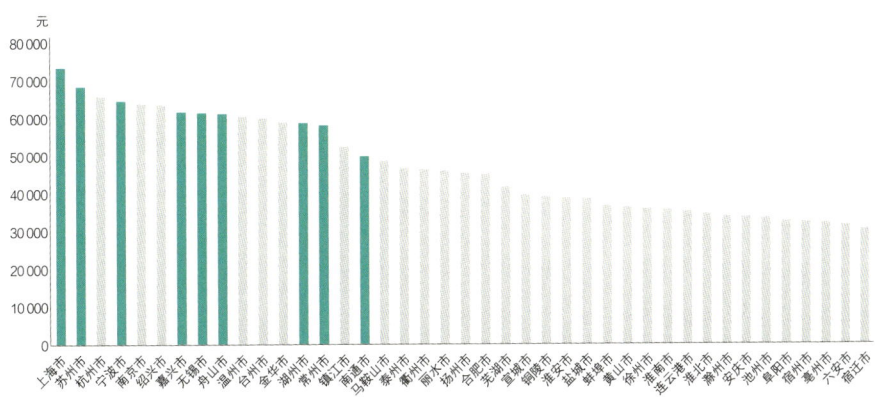

图 2-3　2020 年长三角各城市城镇人均可支配收入
Fig.2-3　Urban per capita disposable income of cities in the Yangtze River Delta in 2020
来源：各城市统计年鉴

三、一个发展重心不断转移的多中心组合体

在数千年的历史演替中,上海大都市圈走过了农业文明、商贸文明、工业化初期、工业化中后期等多个阶段,发展重心从环太湖到运河沿线、长江沿岸,再到沿海地区,区域核心城市不断变化,逐步形成了如今竞合发展的多中心格局。

(一)农业文明时期:环太湖周边农业中心城市的形成

秦汉以前,上海大都市圈范围内仍是一片水乡泽国、荆蛮之地,至两汉时期才初步兴起,人口总量仅占全国的1.7%。在农业文明时期,环太湖地区并不发达,生产方式以农业种植为主,人口与经济尚未形成较大规模的集聚,仅在太湖北岸形成了以无锡、苏州(吴县)为代表的农业中心城市。

(二)商贸文明时期:沿运河商业中心城市的崛起

隋唐之后,京杭大运河的打通带动了南北交流的繁盛,国家经济重心与人口逐步南迁,运河成为江南经济发展的主要轴线。唐朝时该地区人口达到240万,宋元年间人口开始激增,至清朝末期达到近2 700万,逐步形成各城市专业化分工的格局——苏州为综合性商业中心,无锡、常州为重要的粮食集散地,湖州为全国制笔中心,嘉兴为重要的桑蚕和丝织业中心,南通、松江为重要的棉粮生产基地,上海、宁波为沿海商贸桥头堡,承担对外贸易职能。运河带动了都市圈经济的发展与往来交流,也促进了都市圈内城市之间的联系与分工。

(三)工业化初期:沿长江工业中心城市的壮大

清末民国时期,仿洋工业与民族工业兴起,在以上海的江南制造总局、南通的大生纱厂等为代表的近代工厂的推动下,长江沿线的上海、南通等城市日渐发展壮大。在此期间,得益于金融、贸易及近代工业发展,上海逐步成为区域核心城市,无论是从工厂数量还是工业产值上,都占据全国的半壁江山。

新中国成立前后,区域人口经历了战争时期的回落后开始恢复至2 200万左右。其中,上海的人口快速增长至540余万,经济中心地位继续稳固,1960年上海经济占全国比重高达11%,钢材、机床、棉纱等商品产量占全国1/4左右,缝纫机、手表等商品的全国占比超过60%。

（四）工业化中后期：沿海外向经济城市的兴盛

1990年以后，依托积极的开放政策，上海大都市圈的外向经济兴起。1992年，上海设立浦东新区，提出"开发浦东、振兴上海、服务全国、面向世界"的发展目标，打开了区域对外开放的大门。同年，宁波提出"以港兴市、以市促港"的发展目标，依托宁波—舟山港抢占对外贸易先机。同时，各类工业园区、高新技术园区等蓬勃发展，各新城也纷纷加快建设步伐，上海大都市圈进入了经济快速发展、空间快速扩张的时期。可以说，工业化中后期的对外开放和规模化经济的发展，基本奠定了以上海为中心、苏浙两翼共同发展的基本格局（图2-4）。

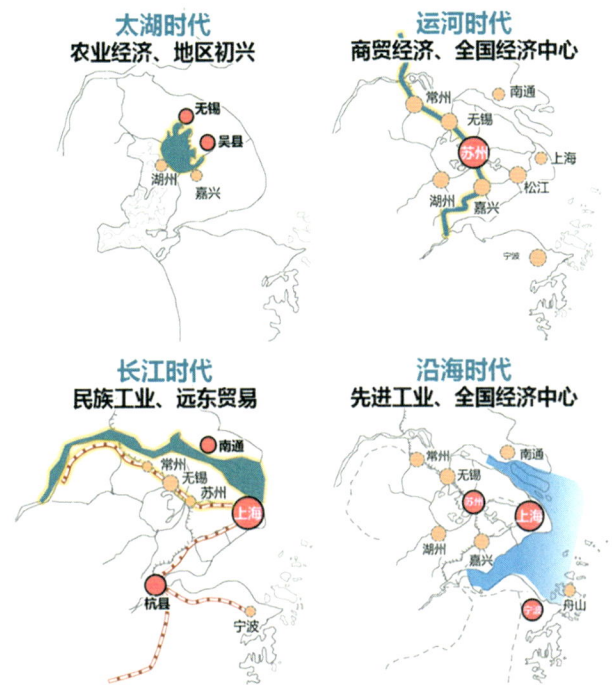

图2-4 四个时期的上海大都市圈空间格局示意图
Fig.2-4 The spatial pattern of Greater Shanghai Metropolitan Area in four periods
来源：作者自绘

四、一个紧密流动、横向联动的功能圈

经济社会的快速发展带动了都市圈内大规模的人员交流和频繁的产业联系，人、资本、技术、信息等各类资源要素在区域内快速流动、相互激发，逐步形成了一个紧密流动、横向联动的功能网络。

（一）人口紧密流动，但并非传统意义的单中心通勤圈

按照国际经验，都市圈的范围界定通常依据通勤联系的强度，周边城市到都市圈中心城市就业人口占周边城市总就业人口的比例往往达到5%以上。按此标准，东京周边形成了以东京都为核心半径约80km的通勤圈，而上海大都市圈周边城市到上海市区的通勤率[1]仅在1%左右，真正意义上的通勤范围约为50 km，即基本集中在上海市域内，跨市通勤并不明显。而在上海之外，其他城市相互之间的交通联系非常频繁，无锡—常州、无锡—苏州、南通、嘉兴、宁波—舟山等地均存在30 km左右的通勤圈（图2-5）。因此，从这一维度来看，上海大都市圈并不是传统学术意义上"以一个城市为中心的紧密通勤圈"，而是呈现出多中心、网络化的空间特征，这与数千年以来发展重心的不断变化密切相关，也是上海大都市圈的独特之处。

尽管如此，上海大都市圈各城市之间的功能往来却十分密切。大都市圈内平均日常商务出行规模是跨市通勤的2倍，1个月内商务人群占总出行人群比重高达40%；各城市间的休闲联系也十分紧密，湖州、常州等生态环境优越地区成为都市圈休闲出行的主要目的地。

（二）企业关联密切，但产业关联以横向合作为主

企业联系是判断区域经济活力的重要维度。根据国家工商总局企业注册数据，在基于企业总部—分支联系[2]的经济关联分析中，涉及上海大都市圈内企业的总部—分支联系量约104万条，远高于粤九市[3]65万条的总关联量。但从关联的内部构成可以看到，上海大都市圈的企业关联呈现"强—弱—强"的特征，即与圈外的企业联系强、都市圈内跨市联系偏弱、都市圈各城市内部关联强。

这一特征在以区县为单元的企业关联中，表现得尤为明显。比较来看，上海大都市圈内排名前列的跨区关联均为上海中心城区与上海各郊区，真正的跨市关联远少于粤九市（图2-6）。

---

1 通勤率：从其他城市前往核心城市中心城区的就业人口占其他城市就业人口的比重。
2 企业总部—分支法是目前主流的城市网络分析方法，通过衡量企业在不同城市设置总部、分支的情况，判断城市之间的经济关联，总部所在城市和分支机构所在城市的跨市关联，一条关联计数为1。
3 粤九市：包括广州市、深圳市、珠海市、佛山市、惠州市、东莞市、中山市、江门市、肇庆市。

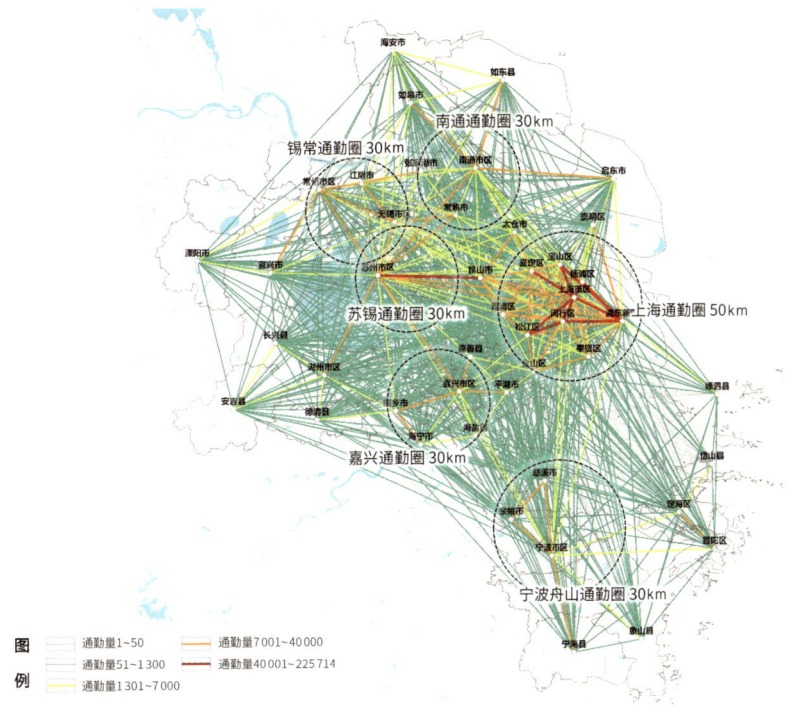

图 2-5 上海大都市圈通勤圈示意图（2019 年）
Fig.2-5 Commuting circles within Greater Shanghai Metropolitan Area (2019)
来源：互联网位置服务数据库人群通勤数据

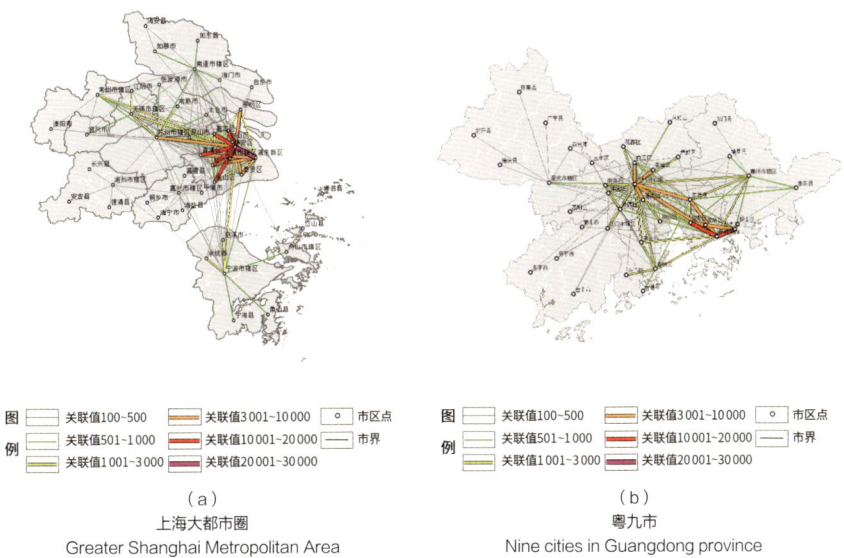

(a) 上海大都市圈
Greater Shanghai Metropolitan Area

(b) 粤九市
Nine cities in Guangdong province

图 2-6 2019 年跨区县企业总部—分支关联网络图
Fig.2-6 2019 cross-regional enterprise headquarter-branch correlation network
来源：企业工商数据库总部分支数据

第二章
我们的都市圈

都市圈各城市的产业创新协作也表现出相对综合的特征。在企业跨城市联合申请专利的总量上，上海大都市圈城市之间合作申请专利数为207万条，高于粤九市；但在结构上，都市圈各城市企业联合申请专利的分类相对均衡，体现为横向协作，而粤九市则更明显表现为纵向分工格局。

实践探索
上海大都市圈城市调研认知
Practical Exploration
Cognition of Member Cities within Greater Shanghai Metropolitan Area Based on Fieldwork

在历史的演替中,上海大都市圈各个城市都形成了各具特色的性格,推动着城市不同的道路选择,也成就了各自的发展亮点。在都市圈协同发展的新阶段,从独立发展到抱团发展,各城市均在谋划思考,希冀在都市圈中发挥更大的价值。

上海作为大都市圈的引领城市,承载着周边城市的共同期待,但主城区和外围地区发展的结构性问题突出,外围嘉定、青浦、松江、金山等区的发展水平与中心城区差距较大,且面临着激烈的市外竞争。在从国内一线城市到全球城市的迈进过程中,上海还存在着中心功能培育不足的问题。推进上海大都市圈高质量一体化发展既是响应国家战略要求,也是上海整合区域力量共同参与国际竞争、实现引领突破发展的重要路径。

无锡是创新基础深厚的滨湖城市,近30家省部级研究机构环太湖布局,包括国家工程实验室以及众多研究所,技术能力全国领先;文旅发展可圈可点,拈花湾等特色文旅资源吸引了周边大量游客,延伸上下游产业,强化了城市品牌。但无锡始终存在向心力不强的问题,市区与江阴、宜兴的发展思路仍需统一,市区内部也存在空间分散、资源不集聚的问题。在都市圈推进中,无锡关注区域协作发展,提出与周边城市共同打造环太湖科技创新圈的重大举措。

常州"小尖强"的民营制造氛围、"接地气"的创新模式推动了城市的快速发展。常州拥有众多的国际创新平台、高校合作联盟、科研院所、协同创新平台等,为民营企业的创新发展提供支撑。但是,常州在区域中的地理位置和功能联系略显边缘化,城市融入都市圈的诉求也尚未清晰。常州期待成为上海大都市圈的西翼门户、长三角中轴崛起的战略支点、上海大都市圈和南京都市圈的传动轴,面对多点开花的发展方向,如何发挥内生动力和后发优势,仍需进一步明确思路。

苏州经济体量仅次于上海,整体处在创新突破期。苏州的园区经济和企业创新十分活跃,全市拥有11个国家级/省级高新区,在"自主"和"可控"创新模式的带动下,以"十年培育一个慢产业"的坚持,在生物医药等高新产业领域的研发能力得到大幅提升。但城市对于外贸的高依存度和空间紧约束的压力也不容回避,同时还面临着全球化格局调整过程中的不

确定风险,以及土地资源紧缺的迫切问题。面对上海大都市圈规划的机遇,苏州一方面借力上海共同发展,另一方面也积极关注与周边城市的快速联系,包括苏昆太、苏锡常、如通苏湖城际线路的联通等。

南通与上海一江之隔,以充裕的空间为支撑,积极承接上海及周边的生产功能,本地企业主动升级,将总部和高端研发迁至上海,本地发展制造研发和生产规模化。但在新动能培育方面仍有不足,如何强化市区的统筹引领作用,探索既有合作园区模式的有效实施推进,也是城市面临的挑战。在都市圈协同过程中,南通提出都市圈北翼门户的战略定位,并强调将通州湾港口作为长江集装箱新出海口的合作建设模式,从定位、交通联系、项目合作等方面融入都市圈。

宁波港通天下、书藏古今,是民营经济的典范城市,成为"中国制造2025"全国首个试点示范城市,近年也在科技创新方面铆劲补足短板,千方百计引入优质企业。面向区域,宁波提出都市圈副中心的定位,发挥上海国际贸易中心协同区、上海国际航运中心协同区、上海国际科技创新中心协同区的三大职能;同时谋划通过沪甬舟港口分工与自贸区的协同,进一步强化宁波—舟山港的能级;还提出在本地建立五大区域战略地区,支持上海的创新机构在甬技术产业化。

湖州是习近平总书记"绿水青山就是金山银山"理念的诞生地,也是中国美丽乡村发源地,生态文明建设走在前列;同时还是国家绿色智造领域的试点示范城市,已形成新能源汽车及关键零部件、绿色家居、休闲旅游等千亿级产业集群。湖州打造了"滨湖度假首选地、乡村旅游第一市"品牌,美丽乡村建设实现全域覆盖,城乡发展较为均衡。在都市圈的发展机遇下,湖州提出打造长三角承东启西、沟通南北的重要枢纽和上海大都市圈的西翼门户,期待沪湖廊道、宁杭生态经济带成为都市圈发展的主轴线。

嘉兴毗邻上海和杭州,是沪杭联动的重要节点,也是G60科创走廊从上海进入浙江的第一站。嘉兴将城市目标设为长三角核心区枢纽型中心城市,建设了多处区域协作平台。区域协同政策多、目标高,但聚力不足问题也较为突出。面向都市圈协同,嘉兴提出规划建设包括沪苏嘉在内的3条重要城际线以及嘉兴高铁站城一体区等6处高质量发展平台,并建议将嘉兴港纳入都市圈国际航运中心体系。

舟山在上海大都市圈中陆域面积最小,却拥有最广阔的蓝色国土。舟山是国家重大战略的投放要地,也是大都市圈战略物资的保障基地,包括国家战略储备油库、铁矿石转运枢纽、国际LNG集散中心等。但当前城市也面临着海洋旅游吸引力下降、传统海洋经济动力下滑的挑战。围绕都市圈协同发展,舟山提出打通沪舟甬通道和构建北上跨海通道的诉求,探讨与上海合作开发小洋山北部区域,谋划开发大洋山,共治海洋污染,共同打造"崇明—舟山—象山"的东海蓝色岛链品牌。

第二节
趋势与挑战
Section 2
Trends and Challenges

面对经济社会转型、生态文明建设等新趋势新要求，城市与区域发展的阶段、理念、主体和动力等都发生了深刻的变化，各城市需要携手共进，共同提升人居环境品质，共同优化人口结构，共同强化创新能力，共同促进高效的要素流动，最终实现竞争力的全面提升。

一、从工业文明到生态文明：更高品质人居环境的挑战

随着生态文明建设的不断推进，人们对更高品质人居环境的要求日益突显。更清洁的水、更洁净的空气、更绿色的生态等，成为大家心中对更美好都市圈的共同追求。然而，上海大都市圈仍面临着众多挑战。

（一）水系统问题复杂，治理难度依然较大

尽管上海大都市圈具有得天独厚的水生态本底，但在近年来快速城镇化和工业化的过程中，水空间、水环境、水生态、水安全的问题仍然十分突出。区域高强度的城市开发侵占了河湖水面，近海海域整体为劣Ⅳ类水质，长江、太湖、太浦河三大区域性水源也面临着不同程度的水质劣化风险，加之近年来连续性强降雨等极端天气频发、全球海平面不断上升等客观因素，保障区域水安全面临前所未有的挑战。

（二）环境空气质量仍有待改善，复合型污染问题较为突出

2019年，上海大都市圈各城市平均环境空气质量优良率为80.6%，低于全国水平，与珠三角等地区相比仍有较大差距，以$PM_{2.5}$和O_3为主要超标因子的区域型、复合型污染特征显著，以煤炭为主的能源结构、偏重公路运输的交通结构和重化占比较高的产业结构是导致区域大气污染的潜在原因。

（三）生态保护力度仍需加大，建设性保护衔接不足

快速的工业化和城镇化进程，带来了建设用地的不断扩张，也造成了大量生态空间被侵占。1995—2015年，都市圈生态空间占比从82.1%下

降至 73.9%，且生物多样性保护受到威胁。此外，由于行政管辖的原因，上海与苏浙地区在湿地、森林等生态地区的定位与建设举措方面尚未实现充分衔接。都市圈现状 8 条主要的区域型生态廊道存在不同程度的断裂，严重影响了廊道功能的发挥。

（四）生态环境共保共治体系尚需完善

大都市圈统一的生态环境保护体系尚未形成，城市间功能布局的协调性不足，地区间生态环境和开发利用的功能定位存在差异，跨界地区共同治理的制度和政策体系（如跨区域联合执法、区域间实施生态补偿、生态损害赔偿等）仍有待完善。

因此，上海大都市圈需要以更高的标准、更积极的协作来应对生态环境的挑战，增加从气候变化等压力下和突发性事故等冲击中快速恢复的韧性，并尽可能地减少未来生态风险发生的概率，让都市圈的发展更可持续，从而为塑造更高品质的人居环境奠定良好的基础。

二、从人口红利到人才红利：更有活力人口结构的挑战

得人才者得天下，人才是都市圈发展的灵魂和面向未来发展的第一资源。近年来，在全国各地如火如荼的"人才争夺战"中，上海大都市圈表现平平，人口结构活力有所不足，这将影响区域整体竞争力的提升。

（一）人口增速趋缓

尽管上海大都市圈人口仍在逐年增长，但增速却明显放缓。对比 2000—2010 年、2011—2020 年两个时期，都市圈常住人口年均增量分别为 151 万和 95.7 万，而同一时期粤港澳大湾区年均增量则分别为 137 万、224.4 万。

（二）人才培养和吸引力有所减弱

2010 年上海大都市圈、粤港澳大湾区的在校大学生数量分别为 125 万人、147 万人，2020 年分别为 167 万人、241 万人，2010—2020 年间上海大都市圈在校大学生的增量为 42 万，不到粤港澳大湾区增量的 1/2。在同期双一流高校毕业生留在所在区域工作比例方面，上海大都市圈为 70%，低于粤港澳大湾区的 80%。

（三）老龄化程度较高且不断加剧

2015 年上海大都市圈的常住人口老龄化率（以常住人口中 65 岁及以上人口占全部常住人口的比例为标准）为 12.6%，2020 年进一步提高至

15.4%，明显高于粤港澳大湾区（7.5%、6.5%）和京津冀城市群（10.3%、13.6%）。其中，上海市常住人口老龄化率已达16.3%，高于都市圈平均水平。这也意味着年轻人的比例偏低，呈现少子化的特征。

由此可见，上海大都市圈当前正面临着人口数量和人口结构的双重挑战：一方面，人口规模增长日渐缓慢，将影响区域能级的整体提升；另一方面，日益加剧的老龄化趋势进一步制约了区域人口活力。如何共同吸引人口集聚，尤其提升对年轻人和高素质人才的吸引力，是都市圈面临的关键挑战。

三、从外力驱动到内外并举：更强大创新能力的挑战

在未来全球局势的变化下，在"双循环"新发展格局下，如何更好地发挥以创新为主导的内生动力，从外力驱动转向内外并举，打造更强大的创新能力十分关键。当前，上海大都市圈创新要素基础较好，但优势尚未充分发挥，创新转化能力和创新协作能力仍有较大提升空间。

（一）基础科研要素优势明显，但创新转化明显不足

上海大都市圈内创新要素集聚，具备一定的自主创新的基础优势。在原研创新领域，上海大都市圈拥有国家大科学装置6处、国家重点实验室45处，高等院校150所（含"双一流"建设高校18所，占12%），各类科研机构7 900余家，均领先于粤九市，但仍然大幅落后于京津冀。例如，京津冀地区集聚了272所高等学校，其中"双一流"建设高校占14.7%。同时，都市圈内部创新要素的空间分布呈现明显差异，在国家重点实验室、大科学装置、高等院校等方面，沪苏两市合计占比均在60%~80%，而湖州、嘉兴、舟山等城市则相对缺乏。

在创新转化领域，上海大都市圈在有效发明专利数量、万人专利数量等方面均落后于首都圈和粤九市，都市圈的创新转化能力总体偏低，在促进企业成为创新主体方面仍存在差距。2020年，都市圈内授权专利仅36.0万件，高新技术企业4.3万家，均明显低于粤九市63.3万件、5.5万家的水平。

（二）区域创新链开始萌芽，但创新竞争明显大于合作

上海大都市圈已经初步形成了以上海为创新孵化源头、苏浙两地为转化—中试—生产基地的区域性产业布局模式，形成了创新链不同环节的分工，以虹桥商务区、张江科学城等为代表的创新地区成为了区域性创新服

务供给的重要平台。

但整体来看,都市圈城市之间的创新合作仍明显不足。以跨市合作申请专利的数量来看,2019年,上海大都市圈内合作专利的数量为6.5万条,仅占专利授权总量的6%,而粤九市为11万条,占比11%。尽管各城市对协同发展的诉求极其迫切,但行政管理壁垒对创新要素流动和区域整体创新能力的制约仍一定程度存在,影响着区域核心竞争力的提升,对创新要素、创新企业的激烈争夺和"挖墙脚"式的定向招商已经成为诸多先进园区的现实困扰。

(三)都市圈产业以规模集群为主要组织方式,城市之间产业分工不显著

上海大都市圈的制造业总体呈现独立规模集群的特点,即规模总量大但城市之间的产业关联相对不足,与粤九市纵向分工关联的协作集群存在明显差异。基于产品森林理论产值数据的关联度分析显示,上海大都市圈的制造产业集群以交织重叠的弱相关为主,仅在通用设备制造、纺织服装等产业门类形成了较强关联的跨市协作产业链;相比之下,粤九市则在计算机通信电子设备、电气机械器材、专用设备、纺织服装等产业门类形成了多个跨市联动的产业集群。

(四)先进制造业仍以外企外资为主导,内生创新能力亟须提升

在上海大都市圈的先进制造业中,外资企业明显占优,尤其在沪宁廊道、南沿江等地区高度集聚;在上海、苏州、无锡等制造业强市中,高新园区、经开区等实力最强的产业板块均以外资企业为主导。例如,2019年上海市生物医药营业收入10亿元级企业30家,外资企业占18家;苏州工业园区纳税贡献30强,26家为外资企业。

面向未来,这种关键技术过度依赖外部的发展模式将导致都市圈在全球产业链中的分工难以实现高附加值供给,从而在全球竞争中处于不利地位。当前都市圈制造业的附加值占生产总值的比重仅为25.6%,相当于英国(51.4%)和德国(44%)的一半左右,人均制造业产值4.1万美元,不足英国(9.3万美元)和德国(10.3万美元)的一半。因此,如何协力提升都市圈的自主创新能力和先进制造业水平,共建共享创新源,共塑高端制造集群,促进产业链与创新链的深度融合,是全面提升都市圈竞争力的核心保障。

四、从干线贯通到直连直通：更高效交通流动的挑战

推进都市圈一体化、同城化发展，关键是形成更加高效的交通网络支撑。仅仅围绕区域级干线廊道的贯通已经难以适应多层次一体化的快速流动需求，如何建设跨行政区、公交化运行的城际轨道网络，如何促进枢纽的协作分工，并将枢纽建设与城市发展紧密结合，成为实现都市圈高效流动的重要议题。

（一）都市圈轨道规模不足、覆盖率低

2020年，上海大都市圈内服务跨区城际出行的轨道线网总里程约2 070km，不到日本首都圈总里程的1/2。其中，利用国铁干线兼顾都市圈内城际出行的网络规模约620km，以设计时速350km的国家高铁为主。现有的京沪、沪昆等普速铁路的主要站点均位于沿线城市中心，运能相对富余，具备开行城际班列的条件，但沿线城市提出利用既有普铁开行城际班列的诉求均久久未落实。

以沪宁城际、宁启城际、甬台温铁路、上海金山铁路为主的都市圈轨道是目前上海大都市圈内城际出行的重要交通方式，这些线路站点与城市中心的耦合度更好，但该层级的轨道线网总里程仅有520km，大量走廊未被覆盖，且不同线路间设计标准不一，存在明显瓶颈。以上海轨道交通11号线为代表的跨区地铁出行模式也成为了都市圈内毗邻地区城际出行的交通方式之一，主要服务上海市区与外围新城及毗邻区县间的通勤交通，但由于地铁站间距相对较小、设计时速较低，导致跨区地铁城际出行的时效性不强。

轨道线网规模的不足，也使得都市圈内区县和乡镇的轨道覆盖率偏低。目前，都市圈40个区县单元的轨道枢纽覆盖率约为65%，486个乡镇的轨道覆盖率仅在20%左右，与"建设轨道上的长三角"等国家战略要求相去甚远。

（二）枢纽远离中心，重要节点地区难以直连直通

轨道枢纽与城市空间的耦合是网络直连直通的重要基础，也是提升轨道出行直达性的必要条件。上海大都市圈既有轨道枢纽与城市空间耦合不足，重要节点地区没有枢纽进入，难以实现直连直通。许多新建的轨道枢纽均远离城市中心，使得轨道出行的直达性不高，而部分与城市中心结合较好的铁路站点班次却较少。因此，大幅提升枢纽对重要节点地区的覆盖、

促进枢纽与城市空间的融合将是上海大都市圈实现网络直连直通的重要任务。

（三）轨道交通网络不融合、体制不融合

当前，都市圈各城市已经逐步认识到了城际联系的重要性，并积极开展城际、市域（郊）铁路网络规划，但由于缺乏城市间的有效衔接，规划方案间断裂点较多，在建设时序上也不尽统一。各市城际、市域（郊）铁路规划拼合后的主要断裂点多达14处，上海与嘉兴、上海与舟山关于部分城际铁路的建设时序也不统一，一些重要功能空间规划新增的城际线路仍然存在难以接入枢纽的问题。

此外，都市圈内缺乏轨道共建共享与运营一体的建设和管理机制安排，这也是目前轨道运营组织效率不高、站城难以融合的主要原因之一。国铁干线由国家铁路总局负责建设，与其他层次的轨道在功能上不融合，难以形成城际"一张网"。国家高铁的贯通更受重视，而都市圈层级的轨道建设则相对滞后，使得服务中短距离、高频次城际出行的网络服务能力不足。国铁干线的线路走向相对固定，支线较少，运营方式相对不灵活，而传统的站厅候车模式也使乘客候车时间普遍较长，出行体验不佳。

因此，上海大都市圈未来在轨道系统建设中应重点补齐城际、市域（郊）铁路的短板，提高运营组织效率和服务供给品质，加强对既有普铁线路的再利用，并提升自上而下的统筹协调能力。

（四）机场港口群分工协作有待进一步提升

上海大都市圈现状共有7座机场，与世界先进机场群在多个方面均存在较大差距，如机场群密度偏低、运力结构极化，且机场间尚未形成分工协作的关系，不能充分满足都市圈内不同层次、不同距离的航空出行需求。

都市圈港口群的发展也面临类似的问题。对比世界先进港口群，都市圈港口群虽然在货运量上处于领先地位，但在货运附加值和港口群内部协作关系方面仍有提升空间。上海港作为枢纽港对港口群发展的统筹和引领作用不足，港口群之间缺乏分工，竞争明显大于合作。

综上所述，更频繁的流动要求更高效的直连直通和更加紧密的协作分工。当前都市圈轨道交通体系存在结构性矛盾，轨道交通与城市空间的结合不够紧密，机场港口群的协同力尚显不足，应予以重点补足，引导交通建设发挥合力、创造协同价值。

CHAPTER 3
VISION: DEVELOPING AN EXCELLENT GLOBAL CITY-REGION

第三章
目标愿景：卓越的全球城市区域

面向本世纪中叶第二个百年奋斗目标，上海大都市圈以国务院对"上海2035"批复中明确的上海建设"卓越的全球城市"目标为引领，以可持续发展、多元均衡化发展为共识，综合周边城市共同诉求，将目标愿景确定为"建设卓越的全球城市区域，成为更具竞争力、更可持续、更加融合的都市圈"。这是上海大都市圈各城市共同的目标愿景，是共同坚守的价值选择，也将是持之以恒共同努力的方向。

Facing the second centenary goal to be realized in middle of the 21st century and led by Shanghai which aims to become an excellent global city as the State Council's reply to "Shanghai 2035" wrote, Greater Shanghai Metropolitan Area takes sustainable development, diversified and balanced development as the consensus, and comprehensively integrates common demands of surrounding cities. As a result, the metropolitan area proposes its vision as "developing an excellent global city-region, while turning into a more competitive, more sustainable and more integrated metropolitan area". This is the common goal of all cities in Greater Shanghai Metropolitan Area, a value choice that all cities adhere to together, and it also highlights the direction of persistent and joint efforts.

第一节
基于上海、优于上海、超越上海

Section 1
Based on Shanghai,
Better than Shanghai,
Beyond Shanghai

准确把握上海大都市圈的属性，基于上海、优于上海、超越上海，在国际坐标中提取发展共识，不断丰富上海大都市圈的目标内涵。

一、上海大都市圈的目标设定原则

（一）以"三个上海"明确思路原则

1. 基于上海：认同核心城市的价值选择

作为上海大都市圈的核心城市，上海的高度决定着上海大都市圈的高度，上海的核心价值直接影响着上海大都市圈的价值选择。确定上海大都市圈未来的发展目标，首先必须"基于上海"，将"上海2035"关于"卓越的全球城市"的发展目标进一步拓展至全球城市区域的尺度范围，将"上海2035"提出的创新、人文、生态三个维度发展内涵作为各城市未来协作发展的共识基础。相比于上位统筹型的区域规划，正如前文所述，上海大都市圈在范围划定的协商过程中，各城市已充分认同了上海作为核心城市的价值选择。

2. 优于上海：从全球城市到大都市圈，配置更完整的能力

从上海1个城市到9个城市，上海大都市圈实现了空间范围的数倍扩展，提供了更好的条件来充分落实全球城市区域的目标内涵。规划跳出上海，从整个大都市圈的尺度考虑生态环境、创新活力和人文资源条件的空间配置。首先，突出区域生态共保在都市圈的价值排序，以可持续发展作为区域合作的基础与前提。其次，拓展全球城市的创新目标，围绕上海顶级的生产服务与全球资本支配能力，思考构建区域高端制造体系和强大的

内生创造力。最后，突出更加均衡发展导向，塑造共同的文化影响力。

3. 超越上海：强化对流与辐射，追求更高远目标

全球城市区域的重要标志之一，就是通过高效的要素流动实现区域分工协作，这也是区域内部城市的共同期待。为实现更高效的对流，需要硬件基础设施的建设与软件体系的融合保障，在开放网络中实现动态演化，激发更多的创新可能，实现在双循环新发展格局下，更好发挥节点链接作用、更高水平解决发展的不平衡与不充分、更高能级代表国家参与国际竞争。上海大都市圈将以"超越上海"的雄心壮志，在更广阔的舞台上实现更高质量的发展。

（二）定位国际坐标提取发展共识

上海大都市圈需要在国际坐标系中发挥重要价值。纵观近年发布的国际各都市圈战略规划，其发展目标愿景和发展策略具有高度共识，上海大都市圈通过对标先进城市区域，提取出可持续发展、创造多元机遇的发展共识。

1. 可持续发展是区域高度共识的价值选择

根据《布伦特兰报告》和《里约宣言》，可持续发展已经成为一种全球现象。理论层面，以 Kairiukstis 为代表的专家提出，在大区域尺度落实可持续发展更具有操作价值。实践层面，众多全球城市区域规划均在生态环境品质与服务供给能力方面持续推进，提出减少环境影响、抵御气候变化、增强环境适应力的策略目标。荷兰兰斯塔德城市群提出确保安全和不受气候变化的影响，日本首都圈提出将共生融入视野以应对未来自然灾害，纽约大都会区将健康、可持续作为重要发展目标等。可持续发展的价值选择塑造了宜居的生活环境、前沿的文化品牌与氛围，成为区域持续吸引力的重要支撑，也是未来区域发展的价值选择。

2. 充满机会、繁荣同样是多元全球化格局下的重点

面对日趋激烈的国际竞争，全球城市区域作为各国重要的经济动力，承载着创造并引领发展的责任。从国际案例来看，全球城市区域关注区域的均衡发展、合作共赢。巴黎大区提出联结构建、实现极化与平衡的统一，日本首都圈关注对流型区域的建设。因此，上海大都市圈既要突出全球城市的卓越发展，也要高度关注区域整体的经济繁荣，创造更多发展机会。挖掘培育城市多元价值，包括以 GDP 为体现的经济影响力，以自主创新为表征的科技影响力，以航空、港口等为代表的枢纽辐射力，以价值塑造为重点的文化影响力等核心维度。

（三）基于都市圈本质特征强化发展导向

上海大都市圈是一个兼具地理邻近性与功能关联性的"混合型全球城市区域"，基于这一本质特征在发展中强化以下三个导向尤为关键。

1. 以共享共担思路解决功能分解、协同配合问题

上海大都市圈是一个整体空间单元，应兼顾核心功能的共享及非核心功能疏解，让每个城市都能共享发展的红利。同时，各个城市进入一个大都市圈，应强化作为一个整体性的功能空间单元对自然风险、地缘风险、安全风险等重大风险的应对能力，共担生态环境挑战、人口发展挑战、气候变化挑战和可持续发展责任。

2. 以对流辐射思路解决运行逻辑、要素争夺问题

为减少中心城市"虹吸效应"的影响，上海大都市圈必须同步推进"对流"和"辐射"，强调从高低势能间的单向流动转向双向流动，从主要枢纽向各节点的"一对多"转向所有节点之间的"多对多"对流。既可以提高上海大都市圈要素的"周转率"，提升沟通"浓度"，也有利于中小城市、郊区、乡村等相对弱势空间在都市圈协同中获得发展机会。除此以外，有必要将势能的识别思维从经济维度拓展到生态、文化等维度，使各类势能高地更为多元化，每个城市或每个单元都有可能找到自己的高势能维度，进而推动各类优质资源实现辐射。

3. 以弹性嵌套思路解决空间部署、动力传导问题

上海大都市圈既内嵌多个都市圈、又同周边多个都市圈形成交叠，杭州、南京等圈外城市与圈内城市的联系强度也并未有显著的级差。为此，上海大都市圈需要主张边界动态弹性，并且以类似齿轮组合形成灵活嵌套的组织模式，引导都市圈内空间部署与动力传导。针对各类嵌套组合，区分侧重点灵活施策。同时，主动识别上海大都市圈的关键性战略联结空间，多样化创新和部署大都市圈功能传导节点，构成城市间、城乡间相互嵌套的动力传递介质。

二、上海大都市圈：卓越的全球城市区域

基于理论支撑的都市圈独特价值认知以及全球城市区域的共同选择，规划在上海建设"卓越的全球城市"目标愿景基础上，提出了"建设卓越的全球城市区域"的共同目标。"卓越的全球城市区域"包含三个层次的

内涵。

"卓越":具备突出的创新演化能力。上海大都市圈是一个复杂系统,历史上地域发展重心经历了从河谷平原到三角洲北部再到三角洲南部的持续迁移;苏州、常州、宁波、上海在不同历史条件下作为中心城市兴起;因港而兴、因商而兴、因农而兴、因政而兴、因人才而兴等各种崛起路径得到持续激发,在不断迭代以及多样化自组织中持续保持着地域的整体活力。

"全球":具备全球性的联结能力和世界级的影响力。上海大都市圈是一个开放系统,历史上经历了大移民、中原文化输入、开埠等,持续与外部开展对流交换,近代以来与全球经济、文化运行保持功能性链接,到当代成为全球生产网络和创新网络的关键节点。

"城市区域":突出区域发展的功能性实体范围,上海国际大都市的流量枢纽和创新策源功能的核心承载空间已然从城市的行政性范围拓展到了大都市圈。

第二节
更具竞争力、更可持续、更加融合

Section 2
More Competitive,
More Sustainable and
More Integrated

"更具竞争力、更可持续、更加融合",这是上海大都市圈在落实国家战略中的责任和担当。在双循环新发展格局中,上海大都市圈将发挥组织单元和战略链接的作用,占据全球产业链、供应链与创新链的核心环节。在落实新发展理念的实践中,上海大都市圈将成为全球可持续发展的区域典范,形成绿色生产方式和生活方式。在引领长三角高质量一体化发展方面,将充分发挥示范样板作用,强调圈内各城市成为目标一致、功能互补、要素流动、资源共享、多元融合的整体。

一、面向 2050 年的上海大都市圈愿景

更具竞争力:2050 年的上海大都市圈将更具竞争力,她将跻身全球前列,竞争力不断增强,成为全球首屈一指的城市区域。她将拥有全球领先的产业链、供应链与创新链,并形成外部辐射带动、内部协作联动的创新生态与产业体系。她将拥有便捷畅达的枢纽体系与交通网络,可以快速通达世界的每个角落。她将拥有享誉全球的世界文化遗产与文化旅游品牌,中外游客在这里流连忘返。

更可持续:2050 年的上海大都市圈将更可持续,她将实现人与自然和谐共生,这里山清水秀、鸟语花香,成为全球可持续发展的区域典范。她将拥有蓝绿交融的山水格局,城市与乡村完美地镶嵌其中。她将率先践行"双碳"的国家战略,引领区域的高质量发展。她将拥有生机盎然的生态系统,人与自然和谐共生。

更加融合:2050 年的上海大都市圈将更加融合,她将成为一个荣辱

与共的命运共同体，各城市统一目标、共同奋斗。她将拥有完善的国家高铁与都市圈轨道网络，满足对外高效联系与内部便捷通勤，满足居民的出行需求。她将拥有高水平的公共服务体系，每个居民都将能够享有优质的服务资源和生活空间。她将拥有开放多元的沟通渠道与协商平台，各个城市、各方主体、每位居民都能够参与其中，共同构建多元融合的都市圈。

二、创新、流动、生态、人文的都市圈

在总目标愿景基础上，上海大都市圈围绕"卓越的全球城市区域"，提出了创新、对流、生态、人文四个维度的分目标，引领未来上海大都市圈各城市发展。

（一）全球领先的创新共同体

充分发挥上海的龙头带动作用，推动都市圈创新水平的不断提升。通过共建全球领先的多元知识集群与世界级高端制造产业集群体系，促进创新链与产业链的深度融合发展。打造全球领先的多元知识集群，重点推进多元创新源的培育与共享。瞄准建设世界级高端制造集群体系，不断优化都市圈的生产力布局。通过巩固现状优势型产业、提升技术成长型产业和培育未来战略型产业，构建覆盖多层级、跨越全周期的产业链与供应链体系。

（二）畅达流动的高效区域

拓展都市圈辐射空间和交通资源配置能力，打造一个通达全球、畅达流动的高效都市圈。以构建大都市圈城际"一张网"为目标，推进都市圈内轨道网络扁平化发展，全面提升都市圈内各县市、各乡镇的轨道网络覆盖率。构建连通都市圈内各城市的轨道走廊，实现都市圈内的同城互联。促进城际枢纽与城市功能中心的融合发展，保障都市圈重要功能板块间直连直通。

（三）和谐共生的生态绿洲

坚持贯彻生态优先的发展理念，共谋绿色发展、共保生态空间网络、共筑区域安全底线、共建联防联治机制，提高区域生态环境质量。共同践行绿色可持续发展理念，倡导低碳的生产模式和生活方式，承诺2030年前率先实现碳达峰。探索多领域的绿色技术集成，共同保护更洁净的水源地和更清洁的大气环境。共同坚守上海大都市圈的生态安全格局，共保生态底线。同时，保障粮食供给安全和能源供应安全。

（四）诗意栖居的人文家园

发挥上海大都市圈文化同源的优势，理清发展脉络、整合文化资源，构建文化传承的空间载体，建设魅力彰显的旅游体系。塑造国际品质、江南韵味的栖居典范，策划丰富多彩、世界品牌的各类活动。彰显上海大都市圈的多元文化与历史底蕴，整合区域文旅资源，培育魅力融合的旅游圈，打造国际闻名、丰富多彩、个性鲜明的文旅名片。积极促进国际化的交流与交往，组织丰富多元的文化活动，举办活力多样的体育赛事，将都市圈塑造成为具有国际影响力的中国文化体验地区。

三、分阶段发展路径

（一）2025 年：初步建成卓越的全球城市区域框架

到 2025 年，上海大都市圈初步建成卓越的全球城市区域框架。不断提升都市圈内各城市在全球城市网络中的地位，增强区域竞争力与全球资源配置能力。稳步改善与提升上海大都市圈内地表水水质和环境空气质量，锚固生态安全格局。不断完善世界级机场群和港口群格局，补齐各层级交通设施的短板。持续增加创新研发投入，重点培育一流高校与科研机构，显著改善创新人才待遇，初步建成都市圈创新共同体。逐步开展遗产群、文化之路的认定工作，整合旅游资源、组织区域游线，培育形成特色化的旅游圈。

（二）2035 年：基本建成卓越的全球城市区域

到 2035 年，上海大都市圈基本建成卓越的全球城市区域。上海大都市圈内生态环境不断改善，逐步实现全国生态文明建设的示范要求。基本建成轨道上的都市圈，线网规模达到国际先进水平；促进都市圈核心机场群建设、港口群联运协作，初步建成世界级机场群和港口群体系。提升重要行业的自主研发能力，培育多元创新体系；不断提升产业集群与产业品牌的国际影响力。吸引高端人才和年轻人向都市圈内集聚，促进公共设施完善，达到国际一流水平。不断推进遗产群、文化之路的认定与活化工作，初步建成具有世界影响力的旅游目的地；持续开展丰富多元的国际性文化与体育活动，不断提升国际文化影响力。

（三）2050 年：全面建成卓越的全球城市区域

到 2050 年，上海大都市圈全面建成卓越的全球城市区域。这里空气清新、水质洁净、公园密布、多样生物自然栖息，区域发展绿色低碳，在国内率先接近碳中和目标，同时韧性应对气候变化，成为全球卓越的生态都市圈。都市圈内基础设施规模质量、国际连通能力和运输效率均达到世界领先水平。多个城市进入全球科创百强，一批高等学府、研究机构跻身世界前列，内生科技研发实力全球领先，形成多个世界级的知识集群；高端制造集群全面成型，重要领域产业链完备。文化影响力不断提高，成为全球向往的中国文化体验的明星地区。

第三节
底线共守、合作共达

Section 3
Holding Bottom Lines and Achieving Goals through Cooperation

在迈向卓越的全球城市区域过程中，上海大都市圈基于共同愿景确定指标维度，并提出了可量化、可监测的指标体系，关注底线共守，强调城市合作，确保上海大都市圈未来发展蓝图的最终实现。

一、基于国际视野建构协作型指标体系

（一）衔接分目标，形成特色指标

将创新、对流、生态、人文四个维度的分目标进行转化，形成具有针对性与地域特色的量化指标。其中，对应创新共同体分目标中提出的"强化创新策源能力，围绕创新链构建四类创新源"要求，在指标构建中转化为国家重点实验室数量等指标；对应高效区域分目标中提出的"连通低碳魅力的绿色交通网络"要求，转化为区域骨干绿道总长度等指标；对应生态绿洲分目标中提出的"力争先期实现碳达峰与碳中和"要求，转化为碳达峰与碳中和的时间等指标；对应人文家园分目标中提出的"共建遗产群与文化之路"要求，转化为世界文化遗产数量等指标。

（二）对标国际先进经验，明确分维度的关注重点

指标体系的确定离不开国际先进经验的对标。针对英国、德国、日本等全球城市区域的案例开展研究，可以发现这些全球城市区域在金融为代表的生产性服务业、科技创新、工业制造、交通枢纽以及文化底蕴等方面形成了独具一格的优势。通过横向比较，规划提出了分维度的重点指标（表3-1）。如在创新方面，强调先进制造与创新集群的发展水平，集成全社会研究与试验发展（R&D）经费支出占地区生产总值的比例、每万人口发明专利拥有量等创新性指标。

表3-1 上海大都市圈多维度的国际对标

Tab.3-1 Comparison of multidimensional indicators between Greater Shanghai Metropolitan Area and other global city-regions

项目			英格兰	韩国	东海道	波士华[1]	上海大都市圈
高端服务	GaWC城市数量/个	世界一线城市	伦敦	首尔	东京	纽约、华盛顿	上海
		世界二线城市	曼彻斯特、伯明翰	–	–	波士顿、费城	苏州
		世界三线城市	布里斯托尔	–	大阪	巴尔的摩	–
		世界四线城市/自给性城市	5	–	名古屋	–	宁波、无锡
		合计	9	1	3	5	4
先进制造	世界500强企业总部（全部/制造企业）/个		20/8	16/11	51/25	31/13	8/4
创新集群	QS1000大学数量/个		64	30	27	43	8
文化输出	ICCA国际会议数量/个		313	252	269	189	82
枢纽支撑	机场吞吐量/亿人次		2.55	1.5	1.66	>2.2	1.5
生态宜居	美世咨询公司全球宜居城市排名		伦敦41 伯明翰49	首尔77 釜山94	神户49 东京49 横滨55 大阪58 名古屋62	波士顿36 纽约44 华盛顿54 费城55	上海103

注：[1] 波士华——美国东北部大西洋沿岸城市群，以纽约为核心，包括波士顿、费城、巴尔的摩和华盛顿等多个大都市和中小城市。

考虑到中国国情的特殊性，很多国际指标不适宜直接沿用，因此在指标体系构建中，选取了相应的替代性指标，如以地表水水质优良（Ⅰ~Ⅲ类）水体比例衡量都市圈环境治理成效等。同时积极落实中国式现代化的宏伟构想，指标体系紧密衔接国家未来发展的战略要求，提出碳排放总量、单位GDP能耗下降幅度等预期性指标。

（三）突出协作性，提出合作型与底线型的两类指标

坚持发展与保护并重的整体思维，创新性地在区域规划层面提出了合作型与底线型的两类指标，发挥区域合作与共同约束的双重引导作用。其中合作型指标是各个城市共同努力实现的目标，以综合实力参加全球竞争与合作；底线型指标是各个城市必须遵守的发展底线，为了区域生命共同体所做出的承诺。

二、基于共识确立指标值

在指标体系稳定的基础上，按照"合作型指标协同共达、底线型指标就高不就低"的原则，通过多方式推演模拟以及各主体多轮协商最终确定各城市普遍认可的指标值。

（一）合作型指标协同共达、底线型指标就高不就低

区域发展目标的实现离不开各个城市的共同努力，每个城市都在不同维度的目标中贡献着自己的力量。指标体系在创新维度设置高校在校大学生数量[1]、每万人发明专利拥有量等合作型指标，以兼顾都市圈城市的不同产业基础；在人文维度设置世界文化遗产数量、ICCA国际会议数量等合作型指标，以涵盖都市圈城市的多元文化底蕴；在流动维度设置城际和市域（郊）铁路密度、港口水水和水铁中转比例等合作型指标，以考虑都市圈城市的特色区位条件。

上海大都市圈各个城市同属长江流域，始终存在上下游生态环境共保的需求，尤其是过去快速工业化过程中产生的环境污染问题成为区域生态安全的重要命题。在上海大都市圈规划编制的过程中，走访获取不同市县的发展诉求，生态协同治理始终是关注的重点。但沪苏浙三地的生态环境管控标准存在一定的差异性，经过多方协调与征询后，确定了区域生态指标"就高不就低"的标准，即取区域内各城市的最严格指标作为生态管

---

[1] 普通高等教育学校，主要含本专科学生和研究生。

控的底线，包括地表水水质优良（Ⅰ~Ⅲ类）水体比例（2035年目标值为主要水体[1]达到90%）、环境空气质量（AQI）优良率（2035年目标值约85%）、原生垃圾填埋率（2035年目标值10%）等指标。

（二）多方式推演未来发展目标

指标值的初步确定，需要建立在现状情况研判、国际一流水平对标、已有规划衔接等多种方式的基础上。现状情况是确定指标值的基础；对标国际一流是基于国际先进地区的既有经验，各项指标可能达到的预期水平；衔接已有规划是确定未来愿景目标的重要依据。在此基础上，根据经济、社会等发展指标，对未来分高、中、低的情境进行模拟推演，确定未来上海大都市圈在不同条件下可能达到的发展水平。

（三）多轮协商最终确定指标值

指标值的确定，还需要进一步得到各个城市的认可。因此在《协同规划》的多轮意见征询中，始终关注各城市对指标项与指标值的意见。在指标项内涵界定方面，各省市存在一定的差异性，如在水质目标上，部分城市基于地表水所有水体确定指标，也有城市基于国家地表水考核断面来确定指标。在指标值水平方面，部分城市在过去的指标制定中大体基于自身水平与未来预期，未从区域统筹的角度来考虑，因此"就高不就低"原则带来了部分城市实现难度的加大，通过多轮协商与近远期的结合，最终确定了区域统一的指标目标（表3-2）。对于部分城市提出近期达标压力过大、难以实现的问题，规划采取近远期结合的方式，如部分底线型指标，近期（2025年）目标值暂不作统一要求，以落实各市"十四五"要求为准，而在中期（2035年）目标值中提出统一目标。此外，在指标值设置时，规划还进一步统筹考虑与衔接国内已有的常用考核指标，明确统一的计算方法，保证上海大都市圈指标体系的普遍认可与贯彻落实。

---

[1] 市级以上河道以及纳入水功能区考核的河道。

表 3-2　上海大都市圈指标体系表 [1]

Tab.3-2　Indicator system for Greater Shanghai Metropolitan Area

维度	序号	指标项	单位	类型	2025年目标值	2035年目标值	2050年目标值
创新	1	全社会研究与试验发展（R&D）经费支出占地区生产总值的比例	%	底线型	落实各市"十四五"要求	≥4.0	达到全球领先水平
创新	2	国家重点实验室数量	个	合作型	55	≥65，多个具有世界影响力	达到全球领先水平
创新	3	高校在校大学生数量	万人	合作型	≥150	≥200	在2035年的基础上进一步提升数量与质量
创新	4	每万人口发明专利拥有量	件	合作型	≥35	≥40	达到全球领先水平
流动	5	城际和市域（郊）铁路密度	千米/万平方千米	合作型	约300	约800	约900
流动	6	港口水水和水铁中转比例	%	合作型	48	55~60	在2035年的基础上进一步提升
流动	7	航空旅客吞吐量	亿人次/年	合作型	1.7	3	达到全球领先水平
流动	8	区域骨干绿道总长度	千米	合作型	约2 000	约3 000	约6 100
生态	9	单位GDP能耗下降幅度 [2]	%	合作型	待国家下达任务后明确	50	在2035年的基础上进一步降低
生态	10	地表水水质优良（Ⅰ~Ⅲ类）水体比例	%	底线型	落实各市"十四五"要求	主要水体 [3] 90	100
生态	11	环境空气质量（AQI）优良率	%	底线型	落实各市"十四五"要求	约85	约95
生态	12	碳排放总量	/	合作型	早于2030年实现碳达峰，早于2060年实现碳中和		
生态	13	原生垃圾填埋率	%	底线型	20	10	0

(续表)

维度	序号	指标项	单位	类型	2025年目标值	2035年目标值	2050年目标值
人文	14	世界文化遗产数量	处	合作型	3	≥ 4	≥ 5
	15	ICCA国际会议数量	场/年	合作型	115	130	在2035年的基础上进一步提升
	16	每10万人拥有的博物馆、图书馆、演出场馆、美术馆或画廊	处	底线型	8	10	≥ 14
	17	每千人口执业（助理）医师数	人	底线型	落实各市"十四五"要求	≥ 5	在2035年的基础上进一步提升

注：[1] 本指标体系均为预期性指标。

[2] 不同年份目标值中的下降幅度均基于2019年。

[3] 主要水体为市级以上河道以及纳入水功能区考核的河道。

CHAPTER 4
CO-SHAPING A COMPACT AND OPEN SPACE PATTERN

第四章
共筑紧凑开放的空间格局

作为卓越的全球城市区域，上海大都市圈将有更多的城市嵌入全球网络，形成"多层次、多中心、多节点"的功能体系。对内密切合作，形成完备的功能网络；对外链接世界，提升多维领域的全球影响力。匹配全球城市区域多中心格局，都市圈将构建"紧凑开放的网络型"空间格局，树立高质量一体化空间新范式。从全球城市区域空间演进规律出发，都市圈空间规划需要转变传统"三结构一网络"的技术思维，探索构建"三体系一机制"的区域空间规划新技术框架。

As an outstanding global city-region, Greater Shanghai Metropolitan Area will have more cities embedded in the global network, forming a functional system with "multi levels, multi centers and multi nodes". Close cooperation internally will form a complete functional network, and links with the world externally will enhance global influence in multi-dimensional fields. In order to match the multi-center pattern of global city-regions, the metropolitan area will build a "compact and open network" spatial pattern and establish a new paradigm of high-quality integrated space. Proceeding from the evolution law of spatial pattern of global city-regions, spatial planning for metropolitan areas should change previous technical thinking of "three structures and one network", while constructing a new technical framework of "three systems and one mechanism".

第一节
全球城市区域的
空间演进思路

Section 1
Spatial Evolution Ideas
of Global City-Regions

作为多中心组合体的上海大都市圈，已逐步向一个紧密关联、多向流动、多层次互动的功能网络地域演进，具备培育成为全球城市区域的基础，也面临多元节点缺失、网络流动受限、跨界协同不足等阶段性问题。纵观英伦城市群、日本东海道城市群等成熟全球城市区域的空间演进态势，大多呈现出"多层次、多中心、多节点"的功能体系和开放式、网络化的空间结构，这也是全球城市区域空间格局优化的主要思路。

一、上海大都市圈空间格局的特征与问题

（一）多中心组合体，但多元节点培育不足

上海大都市圈并非传统意义上的单核心都市圈，而是以全球城市上海为引领，以周边地理邻近的多个城市为发展极，以功能紧密关联为基础，形成的多中心城市区域。追溯历史成因，从环太湖的农耕文明，到沿运河的商贾繁荣，再从沿长江的工业化发展，到沿海的对外开放，这一地域的地区中心不断转移，使得都市圈各城市持续积淀资源，并各领风骚。因此，无论从人口、用地的集聚与分布看，还是从生产力布局和经济发展看，上海大都市圈都呈现出多中心与相对均衡化的特征。

与成熟的全球城市区域相比，上海大都市圈存在"缺多元节点支撑"的阶段性问题。基于国际公认的综合性和单项这两类19个全球城市榜单，比较分析上海大都市圈与国际全球城市区域中全球城市及功能节点构成的差异，发现上海大都市圈在顶级全球城市和综合性全球城市数量上与英伦城市群、日本东海道城市群基本相当，但在专业性全球城市和全球功能性节点上显著不足。上海大都市圈上榜的专业性全球城市仅有苏州、宁波2

个，而英伦城市群有利兹、利物浦等5个；全球功能性节点仅舟山1个，而英伦城市群有牛津、剑桥、雷丁等12个。此外，对上海大都市圈各单元的人口、经济、就业变化进行分析发现，近年来各市市区的人口及就业吸引力增强，而上海郊区等区县单元的发展能级与要素集聚度有待提升（表4-1）。

表4-1 上海大都市圈与英伦城市群、东海道城市群全球城市及节点构成比较

Tab.4-1 Comparison of global cities and nodes between Greater Shanghai Metropolitan Area, British Urban Agglomeration and Tokaido Urban Agglomeration

功能层次	英伦城市群	东海道城市群	上海大都市圈
顶级全球城市	1个	1个	1个
综合性全球城市	3个	2个	1个
专业性全球城市	5个	6个	2个
全球功能性节点	12个	6个	1个
全球功能支撑性节点	26个	439个	36个

（二）多流向关联体，但廊道网络支撑不足

上海大都市圈各城市节点间"流"关联紧密，大规模的人员交流和频繁的功能联系，逐步形成了一个紧密流动、横向联动的功能网络地域。其一，对人流关联进行测度发现，上海大都市圈呈现多中心通勤圈、一体化商务圈的特征。平均日常商务出行规模是跨市通勤的2倍，1个月内商务人群占总出行人群比重高于长三角的平均水平。同时，从出行联系方向看，除联系上海的沪宁、沪杭方向外，通苏嘉甬方向的联系比例显著提升。其二，基于企业总部—分支联系对功能关联进行测度发现，上海大都市圈内的企业总部—分支联系量约104万条，占长三角总量的60%。从关联方向看，呈现"强—弱—强"特征，即与圈外的企业联系强，都市圈内跨市联系偏弱，都市圈各城市内区县间关联强；同时，除与上海关联外，形成若干功能关联次级网络，如苏州与无锡、南通，宁波与舟山之间关联等。

虽然都市圈多向"流"关联需求日趋明显，但与之匹配的一体化空间

网络支撑尚显不足。一方面，区域发展廊道聚力不足，廊道间发展不平衡。将都市圈各城市的主要发展廊道进行拼合发现，除沪宁、沪杭廊道共识较强外，环太湖区域、沿江、沿湾发展廊道尚存分歧。从建设用地布局看，重点打造的区域廊道地区与非廊道地区的建设用地密度相近，可见廊道对空间用地拓展的引导性不足。另一方面，区域轨道交通对网络化空间的支撑不充分，阻碍节点间要素便捷流动，体现在覆盖率低、城际缺失、枢纽与城市空间耦合不足上。

（三）多层次互动体，但跨界协同治理不足

上海大都市圈拥有得天独厚的资源本底，水脉相依、江海相连、多溪入湖，自古便是不可分割的生命共同体，并孕育了这里精巧灵动的江南文化、活跃融通的工商业氛围和锐意进取的创新基因。环太湖、淀山湖、杭州湾、长江口、沿海地区等，既是战略资源的集聚地区，也是亟待跨界统筹协调的重点地区。

由于当前跨界地区各主体对战略资源的保护和开发导向不一致，阻碍了资源价值发挥与地区整体性发展，存在空间布局不对接、土地开发缺管控、道路衔接不畅通、重大设施缺统筹等诸多问题。如当前太湖、太浦河等饮用水源地周边功能不协调，生态与产业功能交织；环杭州湾地区重化工业、港口与旅游休闲布局存在矛盾；上海将崇明作为世界级生态岛进行打造，南通则将沿江地区作为城市主轴进行高强度建设；都市圈多条区域生态廊道存在不同程度断裂，等等。跨界问题的解决有赖于统筹机制的建立，而当前跨界地区环境标准尚未统一，共同治理制度和政策体系有待完善，亟待从市场、行政、社会等多维视角，探索跨区域利益共享与配置机制。

二、全球城市区域空间格局优化的新趋势

（一）"多层次、多中心、多节点"的功能体系是全球城市区域走向成熟的重要标志

纵观成熟的全球城市区域，如英伦城市群、东海道城市群等，其功能体系经过不断演进，均呈现"多层次、多中心、多节点"的特征。在"顶级全球城市"的带动下，区域内越来越多的城市进入全球网络。其中，既有多维均衡的"综合性全球城市"，又有长板突出的"专业性全球城市"；既有承载国际特色功能的"全球功能性节点"，又有面向本土服务的"全球功能支撑性节点"。

从结构体系上来看，全球城市区域一般呈现金字塔型的城市能级结构。英伦城市群拥有"1—3—5—12—26"的结构体系，具体包括：1个顶级全球城市，即伦敦；3个综合性全球城市，即曼彻斯特、伯明翰和布里斯托；5个专业性全球城市，即利兹、利物浦、卡迪夫、诺丁汉和莱斯特，具有1~2项国际功能长板；12个全球功能性节点，其特色国际功能突出，如牛津、剑桥、雷丁等均是具有世界影响力的科创节点，以及26个地域化节点。东海道城市群呈现"1—2—6—6—439"的城市能级结构，具体包括：1个顶级全球城市，即东京，在各个维度全面领先；2个综合性全球城市，即大阪和名古屋，拥有至少3项以上具有世界影响力的国际功能；6个专业性全球城市，包括神户、京都、富士、大宫、千叶和横滨，具有1~2项国际功能长板；6个全球功能性节点，以及439个一般节点。

从发展路径看，全球城市区域呈现动态演进的发展特征。1998年到2018年间，英伦城市群城市功能体系愈发完善，除了伦敦一直稳居全球城市"TOP4"，曼彻斯特、伯明翰、布里斯托逐步提升，弥补了全球城市"第二方阵"的空缺，形成了3个二级全球城市。同时，不断有新的城市发展为全球城市，例如利物浦、卡迪夫、诺丁汉等城市，在科技创新、智能制造、文化交流等领域的国际影响力逐渐提升，于2010年从全球功能性节点提升为专业性全球城市。发展至今，五个层次的城市数量从"1—0—3—12—31"逐步优化为"1—3—5—12—26"；不断有新的城市发展为全球城市，进入全球功能网络的城市数量从16个增长至21个。

因此，为打造具有竞争力的全球城市区域，完善"多层次、多中心、多节点"的功能体系是上海大都市圈的空间格局优化方向。

（二）开放式、网络化是全球城市区域空间结构优化的重要导向

与"多层次、多中心、多节点"的功能体系相匹配，全球城市区域通过多版区域规划的编制，以"开放式、网络化"为导向，不断推动都市圈空间结构的优化，提供了一些可借鉴的经验。

如日本首都圈为应对东京"一极独大"问题，不断强化"网络化""多据点"的空间导向。自第5版首都圈规划起，将"网络化""对流型"作为重要空间目标，通过打造广域合作据点，加强"对流"等措施进行活力重构。日本首都圈规划了30个左右的业务核都市作为广域合作据点，并通过区域内部的多中心体系对金融、制造、文化、枢纽等高等级的国际职能进行相对分散布局；此外，划分了东京都市圈、关东北部地区、关东东部地区、内陆西部地区、岛屿地区等 5 大自立型次区域，明确各区域功能定位及要素集聚与支撑政策。

又如伦敦作为全球城市，突出以"放射＋网络化"的空间格局引领全球城市区域的构建。从第一版大伦敦规划突出四圈层的城市发展结构，逐步转向辐射区域的开放式、网络化格局。2021 年版大伦敦规划聚焦关键区域发展廊道，以轨道交通线网为基础，构建了"放射＋网络化"的空间格局，并以此串联重要发展空间。规划 7 条区域发展走廊，划定东、西、南、北、中 5 个次区域，强调给予地方政府更多决策空间。

因此，对标全球典型城市区域，上海大都市圈应以"开放式、网络化"为导向，不断优化都市圈空间结构。一方面，突出构建对流型、网络化的空间格局，促进要素的畅达流动；另一方面，强化多元功能地域和城市节点支撑，促进城市节点合理分工。

国际视野
日本首都圈的
7 版协同规划

International Perspective
Seven Editions of
Collaborative Plan for National
Capital Region in Japan

在诸多国际都市圈规划探索实践中，日本首都圈规划最为成熟、完备且具有延续性。当前，日本首都圈共编制了 7 版协同规划，基本以每十年为一周期，在不同时代背景下，针对现状问题、发展挑战等提出应对策略，并通过反复"实施—评估—修改—再实施"等流程来保证规划的科学性与实效性。其中，以 2005 年国土规划体系变革为界，日本首都圈规划可分为前后两个阶段，其规划内容及体系均有所不同。

第一阶段即 1956 年至 2005 年，日本先后形成了 5 版《首都圈整备基本规划》（简称首都圈规划），均结合首都圈自身特点，分别针对当时经济与社会发展的现状进行规划引导，并体现出首都圈规划与建设逐步成熟与完善的过程。第一版首都圈规划关注空间管控，提出绿化带等管控手段；第二至四版首都圈规划强调功能疏解，不断推动教育、科研、政治等功能向外围地区疏解；第五版首都圈规划强调空间均衡布局，提出围绕据点城市形成"分散型网络格局"。

第二阶段即 2005 年后，日本出台新的《国土形成规划法》，国土规划体系迎来彻底变革。不再根据国土开发法制定全国综合开发规划，而改称为国土形成规划，三大都市圈区域规划改称为广域地方规划，表明日本亟须构建与成熟社会相适应的、以提高国土质量为目标的新型国土规划体制。2009 年 8 月，新一版《首都圈广域地方规划》发布，以"建立一个引领世界经济和社会的宏伟领域"为愿景，围绕首都圈的现状环境和问题，提出六项方针。2016 年 3 月，最新修订的第二版《首都圈广域地方规划》发布，以"对流带来的活力重构"为主题，提出将首都圈转换为对流型大都会区域，增强国际竞争力，成为现行首都圈区域规划建设的指导性文件。

综合来看，日本首都圈规划在规划思路上兼顾问题导向、目标导向与责任导向，规划范围相对稳定且能动态调整，并形成了"目标愿景—行动策略—项目库"的规划框架；在空间引导上关注空间理念与空间协同布局构想，在机制保障上则明确规划定位并完善组织架构。在区域协调发展上升为国家战略并进入实质性推进的背景下，日本首都圈规划实践可为我国都市圈规划编制和实施的全面推进带来众多有益借鉴。

第二节
完善多层次、多中心、多节点的功能体系

Section 2
Improving the Functional System with Multi Levels, Multi Centers, and Multi Nodes

在以国内大循环为主体，国内国际双循环相互促进的新发展格局下，优势分工、抱团发展是都市圈各城市的共同选择。功能体系的日臻完善，是走向全球城市区域的重要标志。各城市与节点优势分工、紧密协作，凝聚形成超越个体的强大国际竞争力。上海大都市圈作为我国多中心基础深厚、国际开放度较高的地区之一，具备培育成为全球城市区域的潜力。为实现共同发展愿景，都市圈各城市应聚焦全球核心功能，各扬所长，加速融入世界网络，共同完善"多层次、多中心、多节点"的功能体系，形成对内紧密一体、对外链接全球的卓越地区。

一、构建多层次功能体系

（一）建立功能评价体系作为层级划分基础

多层次功能体系是全球城市区域实现稳定高效的基础。国际经验表明，成熟全球城市区域的城市一般包括顶级全球城市、综合性全球城市、专业性全球城市、全球功能性节点、全球功能支撑性节点等层级，且各级城市数量呈金字塔型结构（郑德高，2021）。为引导功能体系的"多层次"，以各市城区及县（市、区）为基本单元，构建都市圈城市功能评价与遴选标准，将各个城市置于全球功能网络中寻找坐标，以明晰在上海大都市圈中的角色定位与发展方向，从而携手共建更高水平分工协作的全球城市区域。

参照 GaWC "全球城市排行榜"、科尔尼"全球城市指数"、森纪念

财团"全球城市实力指数（GPCI）"等国际权威的全球城市排行榜评价方法，聚焦生产性服务业、航运贸易、科技创新、智能制造、文化交流等5大全球功能维度，从近百项指标中，遴选出18项具有代表性、操作性、可靠性的关键指标，建立城市功能评价体系。其中，生产性服务业是城市整体发展程度和全球价值链地位的集中反映，选取GDP总量、Fortune500外资生产性服务业分支数、圈内生产性服务企业关联、上市公司数量4个典型指标；航运贸易代表了城市对外联系与发展的整体水平，选取港口集装箱量（TEU）、机场客货运量、进出口总额、自贸区/保税区4个典型指标；科技创新已经逐步成为衡量城市未来竞争力的晴雨表，选取专利授权量、双一流大学/高等学校、国家级孵化器、高端人才4个典型指标；智能制造是城市参与国际化竞争、争取国际产业分工地位的重要方向，选取二产增加值、技术密集型制造业企业总数、Fortune500外资制造企业数3个典型指标；文化交流的丰富度和多样性已成为城市软实力的象征，选取外国游客打卡数量、文化演出数量、世界会议等级与数量3个典型指标。

针对2018年数据的综合评价结果显示，上海市区全球功能指数（9.97分）处于绝对领先地位，各维度均位列第1。苏州市区（3.80分）相对全面综合，除航运贸易维度外均排名都市圈第2；宁波市区（2.98分）排名第3，在航运贸易维度表现突出，排名第2，在生产性服务业、智能制造、文化交流维度均排名第3；无锡市区（2.60分）、常州市区（2.49分）、南通市区（1.92分）排名第4~6位，前者在科技创新、后两者在智能制造维度具有长板；嘉兴市区（1.48分）、湖州市区（1.44分）、舟山市区（1.37分）综合排名相对靠后，分别为第12、14、16位，但各自在科技创新、文化交流、航运贸易维度亮点突出。除各个城市市区外，昆山市（1.90分）、嘉定区（1.68分）、江阴市（1.54分）、张家港市（1.50分）排名第7~10位，均存在若干项功能长板。

在现状评价基础上，结合趋势导向，考虑国家战略承载、重要廊道支撑及重大设施建设，综合确定各级城市与节点名录。国家战略投放上，享有自贸区、自贸港等重大政策的城市，伴随国际开放度提升，将发挥更具影响力的全球要素配置作用。重要廊道支撑上，位于新兴区域发展廊道的城市，伴随要素集聚与辐射流动，将承担更重要的区域功能角色。重大设施建设上，拥有未来交通枢纽、机场、港口建设机遇的城市，伴随对外链接扇面扩展，将参与更深层次的区域分工。

（二）构建金字塔型的多层次体系

为形成多层次体系，上海大都市圈需要重点培育专业性全球城市及全球功能性节点，逐步形成金字塔型结构。包括1个顶级全球城市，即上海市区，在全球各领域达到一流水平；3个左右的综合性全球城市，即苏州市区、宁波市区、临港新片区，与上海共同组织全球核心功能，携手迈向全球城市"第二方阵"；6个左右的专业性全球城市，即无锡市区、常州市区、南通市区、湖州市区、嘉兴市区、舟山市区，在专业领域发挥国际影响力；12个左右的全球功能性节点，包括上海的嘉定区、青浦区、松江区、奉贤区，江苏的江阴市、昆山市、常熟市、张家港市，浙江的余姚市、慈溪市、嘉善县、桐乡市，承担全球特色功能；其余19个为全球功能支撑性节点，面向区域扇面、服务本土，包括上海的金山区、崇明区，江苏的宜兴市、溧阳市、太仓市、如东县、启东市、如皋市、海安市，浙江的象山县、宁海县、海盐县、海宁市、平湖市、德清县、长兴县、安吉县、岱山县、嵊泗县（图4-1）。

二、推动多中心演进

（一）从多维度融入全球分工网络

全球城市区域的多中心格局具有动态演进的普遍规律（赵渺希等，2015；李涛等，2020）。总体而言，区域中进入全球网络的城市与节点数量由少到多，体系也日趋完备；就城市个体而言，其在全球城市网络中的地位提升与下降并存，具有发展的动态性。

当前，上海大都市圈尚处功能体系的培育期，共有上海市区、苏州市区、宁波市区、无锡市区4个全球城市，分别位列2020年GaWC全球城市排行榜中Alpha+级、Gamma+级、High sufficiency级、Sufficiency级城市。其中，上海市区为顶级全球城市，苏州市区为综合性全球城市，宁波市区和无锡市区为专业性全球城市。遵循"多中心"动态演进的国际规律，未来都市圈将有更多的城市进入全球网络，逐步实现从参与到引领的发展跨越。都市圈内各城市应各扬所长，强化全球功能的培育与提升，从多维度加速融入全球分工网络。

---

1 上海市区：范围包括黄浦、徐汇、长宁、静安、普陀、虹口、杨浦、闵行、宝山、浦东新区10个区行政单元。

图 4-1 上海大都市圈功能体系规划图
Fig.4-1 Functional system planning of Greater Shanghai Metropolitan Area
来源：《上海大都市圈空间协同规划》

（二）推动城市与节点向"多中心"演进

以"多中心"为导向，加快培育专业性全球城市与全球功能性节点。规划至2035年，都市圈内全球城市与节点数量增加至15个左右。力争提升1个综合性全球城市，即宁波市区；递补2个专业性全球城市，即常州市区和南通市区；新培育8个左右全球功能性节点，形成"1—2—3—9—26"的结构。

至2050年，都市圈内全球城市与节点数量增加至22个左右；力争提升1个综合性全球城市，即临港新片区；力争再提升3个专业性全球城市，即湖州市区、嘉兴市区、舟山市区；再培育7个左右全球功能性节点，形成"1—3—6—12—19"的结构。

上海市区持续推进国际经济、金融、贸易、航运和科技创新等"五个中心"建设，全面提升综合经济实力、金融资源配置功能、贸易枢纽功能、航运高端服务功能和科技创新策源能力。在继续提升在生产性服务业、航运贸易等领域的全球领先优势基础上，重点补齐科技创新与文化交流的短板。在科技创新方面，集聚全球创新资源，聚焦基础研究与原始创新，重点提升基础创新硬件和创新人才资源，组织世界领先的产业链与供应链，成为全球新知识、新技术的策源地，建成具有全球影响力的科技创新中心。在文化交流方面，提升国际交流交往能力与人文影响力，进一步增加高等级文化设施，吸引和集聚各类国际及地区组织、国际文化机构，培育形成一批世界一流的知名艺术团体和文化品牌，建成国际文化艺术交流中心、全球设计和时尚产业中心、世界一流旅游目的地。

苏州市区建设成为社会主义现代化强市、世界历史文化名城。对标国际领先水平，在提升生产性服务业、智能制造、文化交流等领域的优势基础上，重点补齐在国际航运贸易与科技创新维度的短板。在航运贸易方面，重点提升链接全球的综合枢纽能力，构建多层次轨道网络，推动跨界交通设施同城同网，努力成为与上海联动共生的功能性枢纽城市；打造中国国际进口博览会主要协办地，促进沪苏搭建商务会展合作平台。在科技创新方面，引进与培育世界一流大学与一流学科，着力提升原始创新能力；系统布局"新苏州制造"，更好地承接上海最新科技成果，在苏州实现产业化，同时打造成为区域人才高地。

宁波市区建设成为高水平国际港口名城、高品质东方文明之都，加快打造现代化滨海大都市。对标国际领先水平，发挥好宁波作为上海国际贸易、国际航运、国际科技创新中心协同区的三大职能。在提升国际航运贸易、生产性服务业、智能制造等领域的优势基础上，重点补齐在科技创新、文化交流等维度的短板。在科技创新方面，发挥自主创新优势，提升原始创新能力，引进国家实验室、双一流高校等创新源，建设全球知名的创新城市；巩固智能制造领先优势，树立民营创新典范。在文化交流方面，加快提升"名城名都"影响力，彰显山河湖海湾的独特魅力，承办更多的国际专业性会议会展与体育赛事活动，建设亚太文化交往中心与幸福宜居家园。

临港新片区贯彻落实习近平总书记"五个重要"指示精神，建设"集聚海内外人才开展国际创新协同的重要基地、统筹发展在岸业务和离岸业务的重要枢纽、企业走出去发展壮大的重要跳板、更好利用两个市场两种资源的重要通道、参与国际经济治理的重要试验田"。对标新加坡，重点加强生产性服务业、科技创新、文化交流竞争力，建成世界一流滨海城市乃至国际上公认竞争力最强的产城融合型自由贸易港城。生产性服务业方面，加快培育服务经济，发挥金融先行先试政策优势，推动金融机构和大型科技企业集聚。科技创新方面，培育具有国际影响力的创新策源功能，与智能制造基础优势充分结合，提升产业创新能力。文化交流方面，塑造滨海城市特色，打造世界级、多主题、深体验的文旅先锋，建设宜业宜居的魅力都市。

无锡市区建设"太湖明珠 江南盛地"，更具竞争力的实业创新名城、更具吸引力的山水人文名城、更具持续力的生态宜居名城。重点拉长科技创新、智能制造、文化交流功能长板。在科技创新方面，发挥科研院所优势，持续引入应用技术型的高等院校，提高应用创新能力，促进创新成果转化，建设知名的太湖创新名城。在智能制造方面，以新一代信息技术、物联网等产业为重点，建设世界领先的高端制造集群。在文化交流方面，彰显太湖名城文化魅力，打造瓷都、佛学等地域文化名片，塑造更具国际吸引力的山水人文名城。在此基础上，强化航运枢纽功能，加快建设区域枢纽机场、全球性铁路枢纽、国际公铁联运枢纽。

常州市区建设国际化智造名城、长三角中轴枢纽。重点拉长智能制造、科技创新功能的长板，打造成为长三角中轴崛起战略支点。在智能制造方面，巩固智能制造核心优势，加强人工智能、大数据、区块链等技术创新与产业应用，培育生物医药、新能源等技术成长型产业集群，打造国际化智造名城。在科技创新方面，发挥应用创新优势，优化政策环境，树立民营创新典范；发挥科教资源优势，为都市圈培育与输送应用技术型人才。

南通市区建好江苏开放门户，建设畅联全国和通达世界的现代综合交通枢纽、更高水平国家创新型城市、深层次推动长三角一体化发展标杆城市、富有江海特色的海洋中心城市、彰显生态之美的低碳花园城市、宜居宜业幸福城市。重点拉长智能制造、科技创新功能的长板。在智能制造方面，以产业基础、空间优势与交通改善抢占新兴产业布局机遇，着力培育新增长点，建设制造、港口、贸易复合发展的世界级智能制造中心城市。在科技创新方面，放大南通中央创新区的引领作用，加大科创载体建设力度；利用国家级平台促进中小企业开展合作研发，营造具有特色的"双创"生态，成为大都市圈创新创业新首选。

湖州市区建设长三角中心花园和绿色发展引领区，美丽繁华新江南、湖光山色生态城，创新共享新经济、绿色智造科学城。重点拉长文化交流功能的长板，发挥生态文明、特色产业、宜居宜业优势，高水平建设绿色智造城市、生态样板城市、滨湖旅游城市、现代智慧城市、枢纽门户城市和美丽宜居城市。发展绿色新经济，形成具有国际影响力的新江南画卷、新经济先锋区、新绿色智造样板。承办更多的国际会议、赛事与文化活动，拓展国际"朋友圈"，进一步提升文化旅游国际知名度与吸引力。

嘉兴市区建设长三角核心区枢纽型中心城市，面向未来创新活力新城，国际化品质江南水乡文化名城，开放协同的高质量发展示范地。重点拉长科技创新功能的长板。发挥嘉兴枢纽区位优势，建设长三角会客厅，促进与上海、杭州、苏州、宁波等城市要素流动与共享。强化创新要素资源承接与集聚，充分发挥校（院）地合作优势，引入以重点高校、科研院所为代表的应用型基础创新源、以企业研发中心为代表的技术应用型创新源。做强国际性科创平台，接轨上海科技创新功能辐射，积极探索人才共享、大科学装置共享，积极延伸科技成果孵化转化职能，建设浙江接轨上海的桥头堡。促进创新链与产业链融合，加快推进产业基础高级化、产业链现代化，打造长三角核心区全球先进制造业基地。

舟山市区建设自由贸易先行区、海上花园会客厅。重点拉长航运贸易、文化交流功能的长板。在航运贸易方面，建设自由贸易港，完善配套航运服务，强化国际专业性会展等功能，构建国际一流的江海、陆海联运服务中心。在文化交流方面，积极申请承办海洋、贸易等主题的国际会议，促进国际文化交流；改善海岛水体环境质量，整治修复海岛岸线，建设独具韵味的海上花园城市，增强城市吸引力。

三、加强多节点分工

（一）聚焦五大全球核心功能

在全球城市区域的升级过程中，"多节点"是分工演化的高级形态（罗震东，朱查松，2008）。围绕"生产性服务业、贸易航运、科技创新、智能制造、文化交流"五大全球核心功能，呈现顶级全球城市全面引领、综合性全球城市多维均衡、专业性全球城市长板显著、全球功能性节点特色突出、全球功能支撑性节点服务本土的分工格局。

与世界领先的全球城市区域相比，上海大都市圈在高端生产性服务业领域进入第一梯队，上海、苏州、宁波、无锡4个城市进入2020年GaWC全球城市排行榜；枢纽链接能力全球领先，浦东国际机场现已成长为全球唯二的客货运吞吐"双前十"机场（2019年数据）之一、国际航空门户枢纽。但在智能制造、科技创新、文化交流领域仍与一流水平存在差距，反映在世界500强总部偏低、QS1000大学数量不足、ICCA国际会议数量有待提升等典型指标表现上。因此，需要各级城市共同发力，迈向"多节点"分工体系，全面提升都市圈在"五维度"全球功能中的整体竞争力。

（二）加强各级各类城市与节点差异分工

顶级全球城市需要更加卓越。对标纽约、伦敦、东京等顶级全球城市，上海应进一步集聚全球城市核心功能，在各领域均达到世界一流水平；对内充分发挥对区域内和全国各级城市的辐射带动作用，对外全面提升对全球高端资源的配置能力。持续推进国际经济、金融、贸易、航运和科技创新等"五个中心"建设，一方面继续提升在生产性服务业、贸易航运等领域的全球领先优势，另一方面重点补齐科技创新与文化交流的短板。

综合性全球城市需要多维均衡。综合性全球城市应与顶级全球城市密切配合，在各全球功能维度均衡发力，携手进入全球城市的"第二方阵"；同时，带动周边城市发展，成为次区域的综合引领者。在发挥现有功能长板基础上，苏州市区重点补齐在国际航运贸易与科技创新维度的短板，宁波市区重点补齐在科技创新、文化交流等维度的短板。临港新片区更多基于目标导向，对标新加坡，全面提升综合功能，建成世界一流滨海城市乃至国际上公认竞争力最强的产城融合型自由贸易港城。

专业性全球城市重在拉长长板。专业性全球城市应进一步拉长1至3个维度的全球功能长板，强化在专业领域的国际影响力，同时强化特定功能的核心带动与区域协作。无锡市区重点拉长科技创新、智能制造、文化交流功能的长板；常州市区重点拉长智能制造、科技创新功能的长板；南通市区重点拉长智能制造、科技创新功能的长板；湖州市区重点拉长文化交流功能的长板；嘉兴市区重点拉长科技创新功能的长板；舟山市区重点拉长航运贸易、文化交流功能的长板。

全球功能性节点重在强化特色。全球功能性节点应拉长某一特定全球功能领域的长板，强化与综合性全球城市、专业性全球城市在特定领域的专业分工，作为对全球城市的重要补充与支撑。对内嵌入功能链条、形成完整功能网络，对外配合全球城市形成特定功能的核心支配力。一方面，上海加快新城发力，将嘉定、青浦、松江、奉贤等新城打造成独立的综合性节点城市，作为上海大都市圈的第一圈层；其中，嘉定区目标培育智能制造、科技创新功能节点，青浦区、松江区、奉贤区目标培育科技创新节点。另一方面，依托江苏、浙江两省城镇高度成熟的产业分工，培育若干全球功能性节点，共同构筑全球功能网络，主要包括江苏省的江阴市、昆山市、常熟市、张家港市和浙江省的余姚市、慈溪市、桐乡市。

全球功能支撑性节点则需提升面向本土的服务能力。应突出本地特色产业功能、激发内生动力，同时提升地方性服务功能，加强对地区的辐射带动作用，建设成为功能完善、产城融合、用地集约、生态良好的节点城市，承接全球城市的非核心功能外溢。

专题研究
上海大都市圈
全球城市演进预测
Special Study
Prediction of Global Cities
Evolution in Greater Shanghai
Metropolitan Area

世界全球城市体系一直处于动态变化。自2000年起，全球化与世界城市研究组织（GaWC）每两年发布全球城市分级排名。从2020年排名看，上海大都市圈内城市全球排名略有变动。上海仍在Alpha+级，排名从全球第6位上升到第4位，而苏州则从Beta–级降至Gamma+级，宁波、无锡分别稳定在High sufficiency级和Sufficiency级。

结合全球城市发展趋势与都市圈共同愿景，到2035年，全国预计有40个城市上榜，接近美国现状水平；届时，上海大都市圈预计有6个城市上榜。至2050年建国百年之际，全国预计有65个城市上榜；上海大都市圈作为卓越的全球城市区域，预计各个城市全部上榜，形成"1+4+4"的全球城市体系。其中，上海从Alpha+级上升到Alpha++级，成为顶尖全球城市；苏州、宁波分别从现有层级提升到Beta级、并稳定在Beta级；无锡、南通在2035年提升到Gamma级，到2050年进入Beta级；常州、嘉兴、湖州和舟山在2035年进入排行榜，到2050年共同进入Gamma级。

第三节
构建紧凑开放的网络型空间格局

Section 3
Building a Space Pattern of Compact and Open Network

以空间模式转型，推动更高质量发展，是上海大都市圈各市面临的共同命题。国家提出了"紧凑型""开放式""网络化"的战略导向，也是大都市圈合作共赢、形成国际竞争新优势的共同选择。为此，上海大都市圈空间结构优化突出"廊道引领""网络流动""板块协作"三大核心理念，以形成紧凑开放的网络型空间结构，树立高质量一体化的空间新范式（图4-2）。

一、廊道引领：强化区域发展廊道，引领紧凑发展

（一）以"4C"原则强化区域发展廊道

区域发展廊道是促进区域要素集聚与紧凑发展的空间骨架（赵亮，2006），是串联都市圈内关键节点的核心载体。成熟的全球城市区域都高度重视区域发展廊道的构建，且强调"4C"原则——协作性（Collaboration）、集中度（Concentration）、竞争力（Competitiveness）和联通性（Connectivity）（郑德高等，2020）。《长江三角洲区域一体化发展规划纲要》提出打造沪宁产业创新带、G60科创走廊、宁杭生态经济带等区域发展廊道。上海大都市圈在落实上述廊道基础上，培育形成七条区域发展廊道，包括沪宁、G60、沪湖、杭甬四条区域创新廊道，以及宁杭、沿江沿海、通苏嘉甬三条区域特色功能廊道，利用通道优势驱动赋能，发挥引领作用。

（二）培育区域创新走廊

上海大都市圈将持续培育沪宁、G60、沪湖、杭甬四条区域创新廊道，引导创新要素向区域创新廊道集聚，促进沿线城市节点间形成要素自由流

图 4-2 上海大都市圈总体空间结构规划图
Fig.4-2 Spatial structure planning of Greater Shanghai Metropolitan Area
来源：《上海大都市圈空间协同规划》

动、链条紧密互动的创新共同体。

沪宁产业创新走廊是当前创新要素分布最密集、一体化发育程度最高的廊道地区，应进一步加强基础创新要素集聚，共建具有全球影响力的科技产业创新中心和具有国际竞争力的先进制造业基地。以上海中央活动区（CAZ）与虹桥商务区为创新服务引擎，以临港新片区为国际产业创新平台，发挥苏州工业园区、昆山经开区、无锡高新区、苏州高新区、常州北站高铁新城、西太湖新城的智能制造创新引领作用。加快培育嘉定新城、常州经开区等潜力地区，共同推动制造业平台转型升级。

G60科创走廊应强化模式创新的引领作用，进一步集聚新兴研发机构与创新人才，打造科技创新和制度创新双轮驱动、产业培育和城镇建设融合发展的先行先试廊道。强化3大战略地区的创新引领作用，以上海CAZ地区与虹桥商务区为创新服务引擎，发挥嘉兴南站枢纽地区科技创新支点作用，强化沪、杭科创资源投入与合作。培育金山枫泾地区、嘉善经开区、桐乡经开区、海宁鹃湖国际科技城等潜力地区，优先承接区域商务办公、科技服务、创意经济资源，培育都市圈国际科创服务功能的集聚区。

沪湖发展走廊生态人文资源富集、区域要素加速集聚，应重点完善区域交通网络支撑，培育创新策源与新兴经济功能。强化4大战略地区的创新示范作用，以长三角生态绿色一体化示范区为引领，以上海CAZ地区与虹桥商务区为创新服务引擎，强化南太湖新区绿色、人文、新经济功能培育。加快培育南浔经开区等潜力地区作为新兴经济功能承载地，加强区域新兴功能植入，树立都市圈传统产业地区转型提升示范。

杭甬发展走廊强化智能制造与创新服务功能集聚，搭接杭州数字创新与宁波应用转化的互补优势，促进沿线城市与园区平台协同联动。强化甬江科创大走廊等战略地区，提升国际创新影响力与区域创新服务能力。培育北仑港地区、余姚经开区等潜力地区，促进宁波与杭州之间的智造与创新联动。

（三）培育区域特色功能走廊

上海大都市圈将着力培育宁杭、沿江沿海、通苏嘉甬三条区域特色功能廊道，聚焦生态经济、航运贸易、智能制造等领域，引导特色功能要素沿上述廊道集聚与流动。

宁杭生态经济走廊发挥绿色发展示范作用，重点培育新兴经济与生态旅游功能。以南太湖新区为战略地区，发挥绿色经济示范引领作用。加快培育宜兴经开区、长兴经开区、莫干山高新区等潜力地区，加强区域创新要素投入，推动生态、人文、新经济融合发展。

沿江沿海发展走廊重点集聚国际航运、自贸服务、海洋产业功能，引领海陆全方位开放。以浦东东方枢纽地区、临港新片区为引领，强化上海自贸区临港新片区与浙江自贸区的联动发展，提升南通经开区、南通高新区、苏锡通科技产业园区国际智能制造发展水平。加快培育南通西站地区、太仓港经开区、吴淞港地区、北仑港地区、六横岛与金塘岛地区（甬舟特别合作区）等潜力地区，推动转型升级与新功能植入，打造都市圈贸易航运新兴功能承载地。

通苏嘉甬发展走廊强化综合服务和新兴产业功能集聚，培育高端智能制造产业集群。强化苏州工业园区、嘉兴南站枢纽地区（G60科创走廊核心区）、前湾新区等战略地区的引领辐射作用，强化南通、苏州、嘉兴与宁波的智造联动与服务共享。加快培育南通西站地区、尖山南北湖区、宁波象山湾地区、南湾新区等潜力地区，打造都市圈新兴产业重要承载地。

二、网络流动：完善次级走廊与交通网络，支撑高效合作

如何将节点纳入到整体结构中，实现多向互动，是都市圈从初级的"点-轴"结构转变为成熟的"网络化"结构的关键。上海大都市圈应匹配多节点格局，织密多层次网络，促进各级全球城市与功能节点间多向流动。未来，大都市圈中的城市将成为一个个"齿轮"，彼此咬合传动，实现高度一体化和高质量发展。

（一）培育多条次级发展走廊

在七条主要发展廊道基础上，上海大都市圈将着力培育南沿江、北沿江、环杭州湾、沪通—沪甬、西太湖、常泰等多条次级发展走廊，打造串联功能节点城市的重要纽带。以往不在区域发展主轴上的节点地区，以独善其身为主，彼此间联系不强，限制了资源要素的有效配置。随着次级发展走廊的共识共建，这些节点地区将具备激发多元潜力的可能性。

在具体廊道指引上，南沿江发展走廊集聚先进制造、新兴产业功能，培育常州两湖新区为战略地区，培育吴淞港地区、太仓港经开区、常州经开区、华罗庚科技产业园等潜力地区，加强沿江产业平台与港口协作，注入经济新动能。北沿江发展走廊集聚智能制造、绿色经济功能，培育苏锡通科技产业园为潜力地区，带动长江北岸绿色发展与产业升级。环杭州湾

发展走廊集聚智能制造、国际航运、自贸服务功能，强化临港新片区、前湾新区等战略地区的引领辐射作用，培育奉贤新城、湾北新区、平湖经开区、海宁经开区等潜力节点，促进沿湾平台智造升级与产业协作。沪通—沪甬发展走廊集聚先进制造、专业服务功能，强化前湾新区等战略地区的引领辐射作用，加快培育南通西站、通州湾、太仓港经开区、余姚经开区等潜力地区，加强区域创新与高端制造要素集聚，促进产业链与创新链协同联动。西太湖发展走廊集聚新兴经济、休闲旅游功能，强化无锡高新区等战略地区的引领辐射作用，加快培育宜兴经开区等潜力地区，营造宜居环境，推动产业转型，加强太湖生态共保与旅游链接。常泰发展走廊集聚先进制造、专业服务功能，重点完善跨江轨道交通系统，支撑"中轴崛起"战略，促进常州长三角中轴枢纽建设。

（二）完善多层次的区域交通网络

上海大都市圈应进一步完善多层次的区域交通网络，支撑资源要素的多向流动。破解当前次区域、次级城镇及节点地区交通链接不足问题，以都市圈轨道为重点，覆盖次区域及下位空间层次。依托多层次交通网络提升空间组织效能，形成枢纽集聚、节点链接的一体化空间模式。

三、板块协作：深化五大次区域跨界协作，促进开放互动

跨界地区既是战略集聚的重点地区，也是统筹协调的薄弱地区（郭磊贤，吴唯佳，2019）。因此，需要以江、河、湖、海、湾等重要战略资源为纽带，建立空间协作平台；有针对性地聚焦跨界协同重点问题，建立多主体领衔、多方互动的协作模式，这也是上海大都市圈的独特性所在。环太湖、淀山湖、杭州湾、长江口、沿海地区等五个战略资源集聚并亟待统筹协调的重点地区，应成为深化跨界协作和完善一体化策略机制的战略标杆（图4-3）。

（一）环太湖战略协同区

环太湖战略协同区总面积约1.30万 km^2，包含苏州、无锡、常州、湖州的16个县（市、区），分别为相城区、姑苏区、虎丘区、吴中区、吴江区、梁溪区、锡山区、新吴区、滨湖区、惠山区、宜兴市、武进区、金坛区、南浔区、吴兴区、长兴县。

环太湖协同发展目标为共建人与自然和谐共处的世界级魅力湖区。生态方面，共守生态底线，以水质重回20世纪80年代为目标，共建绿色湖区。

图 4-3 上海大都市圈空间协同层次范围示意图
Fig.4-3 Spatial coordination hierarchy of Greater Shanghai Metropolitan Area
来源：《上海大都市圈空间协同规划》

从上海到上海大都市圈
中国式现代化的
都市圈规划探索

探索污染工业退出机制，统一水质排放标准。营造垂湖生态绿廊，推进环湖岸线共管共治。创新方面，以湖湾为纽带、科创为支撑、科产城人融合为动力，加快推进环太湖科创圈建设。优化环太湖区域创新布局和协同创新生态，深化科技体制改革和创新开放合作，着力提升区域协同创新能力。支持无锡打造太湖湾科创带，促进环太湖城市联动，加快集聚各类创新要素与资源，将环太湖地区打造成为具有国际竞争力的科技创新中心。人文方面，保护历史文化遗产，挖潜人文旅游资源，彰显差异化文脉与空间特色，塑造多姿多彩的活力湖区。交通方面，填补环湖轨交线网短板，打造多级环湖快速通道，结合特色交通行动，丰富行游相宜的多元出行方式。

（二）淀山湖战略协同区

淀山湖战略协同区总面积约 0.33 万 km^2，包含上海、苏州、嘉兴的 4 个县（市、区），分别为青浦区、吴江区、昆山市、嘉善县。

淀山湖协同发展目标为共塑独具江南韵味与水乡特色的世界湖区，打造世界级的滨水人居文明典范。创新方面，共营邻沪发展的湖区创新高地，共同打造创新网络共同体，构建联动式、差异化的创新小镇网络，建设高能级产业基地。交通方面，共建快到慢行的临界地区，构建多层次轨网和区域快速路网，打通毗邻地区断头路，完善区域水上游线、都市圈骑行示范区等慢行交通网络。生态方面，共保天蓝水清的湖畔家园，建设清水走廊体系，营造高品质的水系空间，构建开放型蓝绿网络。人文方面，共筑人文宜居的江南水乡，塑造江南水乡文化品牌，营造都市近郊游的"世界慢湖区"，探索水乡人居示范。

（三）杭州湾战略协同区

杭州湾战略协同区总面积约 0.82 万 km^2，包含上海、嘉兴、宁波的 10 个县（市、区），分别为浦东新区、奉贤区、金山区、平湖市、海盐县、海宁市、慈溪市、余姚市、镇海区、北仑区。

杭州湾协同发展目标为共建生态智慧、开放创新的世界级湾区。创新方面，共育自主创新的湾区质量，共建智能制造产业集群，促进国际开放平台联动。交通方面，共建枢纽链接的高效网络，破解沿湾、跨湾轨道支撑不足问题，加快沿湾、沪甬通道的建设统筹，完善沿湾新区、港区的干路衔接。生态方面，强化杭州湾近海生态治理，建立统一的排海标准与产业负面清单；推动海岸带生态修复，提升生态生活岸线比重，共建海湾公园与沿湾绿道。人文方面，破解当前人口吸引力不足问题，加快促进各新区走向产城融合，推动未来城市建设试点示范；植入多样化的休闲娱乐设施，举办先锋活力的国际活动，塑造湾区共同品牌。

（四）长江口战略协同区

长江口战略协同区总面积约1.34万 km^2，包含上海、南通、苏州、无锡、常州的13个县（市、区），分别为浦东新区、宝山区、崇明区、通州区、崇川区、海门区、启东市、如皋市、张家港市、常熟市、太仓市、江阴市、新北区。

长江口协同发展目标为共保世界级绿色江滩。生态方面，守护珍贵水源，严控污染源，发展生态农业，确保水源水质100%达标；同时，保护繁荣生境，联通地区生态廊道，预留候鸟廊道和江豚、中华鲟等水生生物洄游通道，控制沿江岸线开发强度。交通方面，加快跨江通道建设，做好时序协调、等级对接、资源整合，加强南通新机场与上海两场之间的交通联系。创新方面，巩固沿江地区绿色化工、重型装备制造等优势产业，同时加快创新源的培育，提高生物医药、智能装备、新能源产业的加速集聚。人文方面，建设沿江绿道系统，举办各类运动赛事，鼓励旅游发展，提升地区文化影响力。

（五）沿海地区战略协同区

沿海地区战略协同区总面积约1.84万 km^2（陆域），包含上海、南通、宁波、舟山的17个县（市、区），分别为浦东新区、崇明区、通州区、海门区、如东县、启东市、海安市、北仑区、镇海区、鄞州区、奉化区、象山县、宁海县、定海区、普陀区、岱山县、嵊泗县。

沿海地区协同发展目标为共塑世界级蓝色海湾。创新方面，强化船舶海工装备智造升级，整合沿海绿色石化产业，培育海洋科研创新源头。交通方面，重点推进沿海交通走廊的贯通。生态方面，严控海水污染，共建滨海生态保护带，推进海洋生态修复。强化陆海统筹，加强近岸国土空间结构布局优化，建立陆海资源、产业、空间互动协调发展新格局。

第四节
从强核主导到多元体系：
都市圈的空间优化路径

Section 4
From Strong Core-Dominated System to Multi-Core System: the Spatial Optimization Path of Metropolitan Areas

从单个城市走向城市区域是国际大都市空间演进的普遍规律，也是"双循环"新发展格局下推进区域一体化的重要战略方向。传统区域规划以"三结构一网络"为核心的技术思路已无法适应新时代区域空间发展逻辑，亟待技术变革。作为新时代全国第一个都市圈国土空间规划，《协同规划》是先行探索区域规划、树立空间协同新范式的契机。在可持续发展导向下，探索了都市圈空间优化的技术路径，以"三体系一机制"为核心思路，即生态格局、城市功能、空间结构三大体系及空间分层传导机制（图4-4）。

	经济竞争力导向的空间模式			
三结构一网络	地域空间结构	等级规模结构	职能类型结构	网络系统组织
	关注城镇空间，强调"点—轴"发展	强调规模等级、弱化功能等级		基础设施支撑

	可持续发展导向的空间模式			
三体系一机制	生态格局体系	城市功能体系	空间结构体系	分层传导机制
	关注底线约束	强调城市功能等级	强调开放网络化	空间深化、指标传导

图4-4 区域规划"三体系一机制"框架示意图
Fig.4-4 Schematic diagram of "three systems and one mechanism" technical framework
来源：作者自绘

一、以"三体系"优化为重点，促进多中心网络化

从更可持续与更具竞争力并重的价值导向出发，都市圈规划应锚固安全韧性的底线空间，推动空间模式向绿色低碳集约、高质量发展转变，通过优化"以功能扬长板"的城市功能体系，构建紧凑开放的网络型空间格局，推动区域空间向多中心、多节点、多向流动演进，促进都市圈更加均衡与协调的发展。

（一）生态格局：强调生态优先与底线约束

以往区域规划从提升区域经济竞争力角度出发，优先布局建设空间，对于生态空间缺乏有效保护与利用。生态空间、绿水青山是永续发展的宝贵资源，也是区域发展的重要竞争力，因此，需要转变发展思路，优先构建生态安全格局，强调生态优先与底线约束，倒逼区域建设空间向高质量一体化发展转型。

生态格局的构建核心是落实共识性底线空间，重点摸清休戚相关的跨界、流域性重大生态资源要素本底，确立系统完整的区域生态安全网络。其次是关注粮食安全保障、环境质量提升、生物多样性保护、自然灾害风险防控等重点战略问题，明确共同的可持续行动，对重点空间实施保护与修复。在此基础上，推动区域建设空间向高质量一体化发展转型，优化形成发展权更加公平的多中心、多节点功能体系，构建紧凑集约、开放式、网络化的城乡空间格局，破解区域发展资源不协调问题。

（二）城市功能：以功能能级划分城市等级

以往区域规划从"中心地理论"出发，城市体系的构建侧重规模等级导向，对于城市功能特色缺乏重点考虑。而在以功能性关联地域为特征的城市区域中，城市体系强调不以体量论等级，而以功能扬长板。从城市—区域的演进规律看，越来越多功能节点的出现是区域分工的高级形态。城市的功能等级与规模等级存在相关性，但前者更能反映城市在区域网络中的独特作用（郑德高，2019、2021）。因此，新一轮区域空间规划在城市体系构建上，应更加强调功能导向的多节点分工。

区域城市功能体系的构建，一方面要围绕区域发展愿景，为城市提供多维度的功能价值坐标。在中国竞争型的行政体制下，区县（市）已经初步形成相对完整和清晰的功能单元。因此，可打破市（州）域行政边界，以区县（市）为基本功能单元，通过城市功能基础与潜力评价，识别各城

市功能长板和分工。另一方面，根据英伦城市群、日本东京都市圈等成熟城市区域的城市节点构成规律，需要建立多层级、多功能的完备城镇体系，强化国家/区域顶级功能城市、区域综合功能城市与专业功能城市、功能支撑节点等多元城市节点的培育（图4-5）。

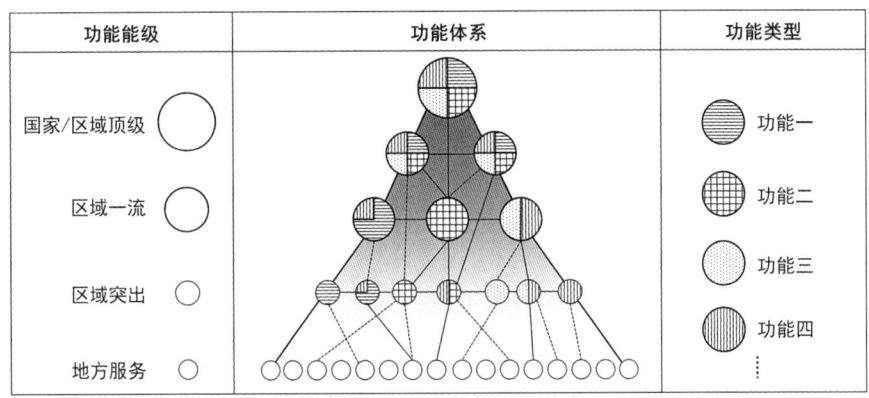

图4-5 区域规划城市功能体系构建思路
Fig.4-5 Urban functional system of regional planning
来源：作者自绘

（三）空间结构：从"点—轴"式转向开放网络化

以往区域规划多聚焦重点城市和交通骨干引领的战略性廊道，侧重构建"点—轴"式空间结构。顺应全球城市区域"流空间"组织特征，新一轮区域空间规划在空间结构上，应突出开放导向的网络化格局构建。这种网络化格局与多中心、多节点相匹配，广泛覆盖全域城乡空间，能够进一步促进城市节点与城乡空间多向互动、各类要素自由流动。

开放网络化空间结构的构建需要顺应要素流动和节点匹配的基本规律。首先，以多条开放性廊道作为区域发展骨架，既要自上而下落实国家区域层面发展主轴，也要自下而上梳理地市层面空间发展结构性共识，强化廊道要素集聚与带动力提升，形成上下衔接、多廊发力的空间格局。其次，通过培育多条区域次级发展走廊来织密多层次网络，匹配多节点格局，将以往不在发展主轴上的节点地区纳入整体性结构。此外，重点强化多层次轨道交通的支撑作用，以更扁平化、均等化的设施布局，引导节点间更高效的要素配置与流动。

二、以"一机制"为抓手,实现多元协同治理

以往区域规划侧重整体性协同框架构建与宏观战略策略引导,对跨界地区的重点问题聚焦相对不足,统筹协调手段相对薄弱(郭磊贤,吴唯佳,2019)。应对区域范围大、跨界协同层次多、各层级行政主体面临问题不尽相同的现实情境,新一轮区域空间规划需要划分不同空间尺度、聚焦重点问题,搭建分层次空间协作平台,以实现空间要素的逐层协同传导、目标策略的逐层深化落实。

基于中国特色的行政单元体制,可探索建立区域—地级市—区县(市)—乡镇的多层次空间协同传导框架。各层次应制定差异化的协同目标、空间结构、协同重点,基于刚性管控与弹性发展相结合,提出协同治理的策略与关键行动(表4-2)。

表4-2 区域规划多层次空间传导机制示意

Tab.4-2 Layered conduction mechanism of regional planning

空间层次	协同方向	传导内容		协同主体
		空间传导	指标传导	
全域战略统筹	明确目标愿景(生态与经济)	构建整体空间格局	底线型指标 合作型指标	省级单元
江河湖海特色资源区	凝聚发展共识(重大战略资源)	协同重大跨市战略性资源共建/共治/共保	底线型指标 针对性的合作型指标	地级市单元
区县协同地区	落实项目布局	深化一体化行动跨界衔接	底线型指标 针对性的合作型指标	区县(市)单元
乡镇协同地区	共享基础设施	加强公共服务设施、城乡基础设施对接	底线型指标 针对性的合作型指标	乡镇单元

来源:作者自绘

(一)大都市圈(区域)层次:搭建整体发展框架

大都市圈(区域)层次重在确立总体战略愿景,搭建整体发展框架,从创新、交通、生态、人文等维度出发,明确各系统目标准则、协同重点、关键策略与指标,指引下位规划编制工作。如上海大都市圈围绕"共建卓

越的全球城市区域"总目标、南京都市圈围绕"具有重要影响力的产业创新高地、长江经济带重要的资源配置中心、全国同城化发展样板区、高品质宜居生活圈"发展定位,开展多维度的顶层战略谋划。

(二)战略协同区(市级)层次:统筹重大战略性空间资源

战略协同区(市级)层次重在凝聚发展共识,统筹重大跨市战略性空间资源,深化关键系统的协同策略与行动。战略协同区往往是江河湖海特色资源地区,如上海大都市圈围绕环太湖、淀山湖、杭州湾、长江口、沿海等五大次分区,明确共建、共治、共保的协同行动,深化创新、交通、生态、人文等一体化策略机制。长株潭都市圈则围绕绿心及邻园片区打造"彰显湖湘特色的长株潭中央客厅",强化绿心协同保护与有效利用,制定具体产业、交通、生态协同策略。

(三)协作示范区(区县级)层次:深化一体化重点任务与行动

协作示范区(区县级)层次重在落实战略协同区的重点任务与行动,重点聚焦跨界一体化空间布局与重大系统对接,谋划具有集成度、显示度的示范性项目建设。如上海大都市圈以区县(市)为基本单元,培育10个协作示范区,借鉴长三角生态绿色一体化示范区协同经验,强化规划的顶层设计引领,助力规划实施与项目落地。京津冀打造通州区—廊坊北三县协作示范区,助力交通、产业、民生等一系列重大项目落地。

(四)跨界城镇圈(乡镇级)层次:聚焦同城化建设

跨界城镇圈(乡镇级)层次重在聚焦同城化建设,促进跨界公共服务设施共享与城乡基础设施统筹。如上海大都市圈以乡镇为基本单元,培育13个跨界城镇圈,从类型上可分为综合发展型、特色提升型、生态主导型等类型,分别予以建设引导。在公共服务上,统筹布局建设文化、教育、体育、卫生等高等级公共服务设施,增加或升级部分镇级设施为区级设施;按照均等化、便利化原则,统一"15分钟社区生活圈"建设标准。在基础设施上,共同推进协调一体绿色的交通和市政基础设施建设,高标准构建城市智能平台运行支撑系统和韧性安全的综合防灾系统。

CHAPTER 5
CO-DEVELOPING A WORLD-LEADING INNOVATION COMMUNITY

第五章
共塑全球领先的创新共同体

创新是引领高质量发展的第一动力。在数百所高校、近万所科研机构、4万多家高新技术企业的支撑下,上海大都市圈创新水平和高端生产能力不断提升,逐步向国际一流水平迈进。面向未来,上海大都市圈必然是一个创新型的都市圈,将以全球领先的多元知识集群和世界级的高端制造集群为方向,形成高度丰富的区域生产网络、完备的战略性新兴产业集群,塑造满足高度活跃的创新创业活动需求的创新生态系统。

Innovation is the primary driving force of high-quality development. With the support of hundreds of universities, nearly 10,000 scientific research institutions and more than 40,000 high-tech enterprises, Greater Shanghai Metropolitan Area has continuously improved its innovation and high-end production capacity to a world-class level. In the future, as an innovative metropolitan area, Greater Shanghai Metropolitan Area will develop diversified global-leading knowledge clusters and world-class high-end manufacturing clusters, forming a highly rich regional production network and complete emerging industries of strategic importance. In the meantime, it will also create an innovation ecosystem that meets the needs of highly active innovative and entrepreneurial activities.

第一节
全球城市区域的创新驱动思路

Section 1
Innovation-Driven Strategies in Global City-Regions

得益于过去全球化的广泛推进，上海大都市圈的经济发展水平在外力驱动下取得了长足进步，创新研发与高端生产能力不断攀升，稳步迈向国际一流水平。然而伴随当前国际形势的变化，上海大都市圈以外资为主导的创新模式和整体附加值较低的生产模式却成为区域未来发展的制约。对标国际上全球城市区域的创新发展经验，上海大都市圈的创新要素基础较好，但在创新转化与协作能力方面仍有较大提升空间。如何更好地把握产业创新发展的新趋势，发挥以创新为主导的区域内生动力，内外并举塑造全球领先的创新共同体，是上海大都市圈迈向卓越的全球城市区域的关键一步。

一、上海大都市圈产业创新的特征与问题

（一）制造业总量大、谱系全，比肩全球领先的区域经济体

获益于优越的地理环境和区位条件，上海大都市圈在长期竞合发展过程中沉淀了强大的制造业基础。近年来，上海大都市圈工业增加值已经跨过5 000亿美元门槛，其规模体量不仅在国内都市圈中高居榜首，贡献了全国工业增加值的12.5%，更是超过英国、韩国等国，达到德国、日本等制造业强国的60%左右；工业增加值占GDP比重达32%，高于德国的21%、英国的10%。

同时，上海大都市圈制造业谱系齐全，在全国生产力布局中占据重要地位。据统计，在29项制造业门类中，上海大都市圈有19项产业的产值在全国占比达10%以上，包括化工等资金密集型产业、计算机等技术密集型产业、纺织等劳动密集型产业，类型丰富且较为均衡，横向协作特征明显。

（二）制造业创新驱动不足，核心技术国际依赖明显

在全球化与信息化新趋势的推动下，创新经济集聚与扩散的影响作用仍在不断强化。与全球领先的区域经济体相比，上海大都市圈虽然在规模体量上占优，但是仍以中游制造环节为主，尚处于价值区段的中低端；2019年制造业附加值占总产值比重仅为25.6%，相当于英国（51.4%）、德国（44%）的一半左右；人均制造业产值仅4.1万美元，与日本（11.2万美元）、德国（10.3万美元）、英国（9.3万美元）等发达国家仍有较大差距。

在研发投入与创新基础方面，上海大都市圈2020年高新技术企业数量及占比（1.9万家，2.7%）、技术密集型产业占比（29%）、专利授权量（25.4万）等均落后于粤九市；在以科学期刊论文、国际专利申请等为评价指标的全球创新城市榜单中，仅有上海、苏州两城具备入围实力，创新内生动力不足。从内部结构来看，围绕上海的"核心—边缘"创新层次明显，沪宁、南沿江创新走廊发育突出，但高端制造部分仍以外企为主导[1]。面向未来，这种在核心技术层面过度依赖外部的发展模式，将导致上海大都市圈在全球价值链中难以实现高附加值供给，在国际竞争中处于不利地位。

（三）传统制造业集群优势明显，先进制造仍有差距

就产业布局而言，上海大都市圈内部的分工协作日益紧密，在电气机械、纺织服装、金属制品、设备制造、食品制造等传统优势行业形成全面关联的产业网络。但相较于德国、英国等高技术产业集群在全球范围内的突出竞争力，上海大都市圈在体现区域核心生产力的生物医药、智能制造、电子信息、航空航天、绿色化工、汽车制造等领域仍存在一定差距，先进制造水平亟待提高。

二、全球城市区域产业创新发展的新趋势

（一）产业链的本地化、区域化进程加速

自2008年金融危机以来，全球产业链逐渐从全方位扩张调整为区域

---

[1] 在上海、苏州、无锡等制造业强市中，高新园区、经开区等实力最强的产业板块均以外资企业为主导。2019年，上海市生物医药营业收入10亿元级企业30家，外资企业占18家；苏州工业园区纳税贡献30强，26家为外资企业。对生物医药、智能制造、电子信息、航空航天、绿色化工、汽车制造等多个重要领域的15大代表性全球企业榜单统计显示，上榜的约800家企业中，上海大都市圈仅有20家企业在列。

性集中，在诸多不确定因素的冲击下，加速向本地化、区域化的迁移与重构态势演变。其中，复杂技术产品产业链由于具有一定的研发成本和生产率门槛，仍然需要全球分工；一般技术产品产业链面临地缘政治和物流成本，更多将回归本土。靠近市场、就地生产仍会起到锚定作用，都市圈发展越发受到产业协作和分工联系推动（亚洲开发银行，2021）。在此背景下，"上海2035"提出建设世界级产业集群，推动云计算、大数据、物联网、人工智能等技术创新；《长江三角洲区域一体化发展规划纲要》提出聚焦前沿领域，建立以关键核心技术为突破口的前沿产业集群，都是对全球产业链加速本地化、区域化进程的前瞻回应。

（二）创新链的自主性、内生性、品牌性趋势增强

2019年，全球研发投资增长率达到创纪录的6.1%，其后虽然有所回落，但科学与创新投资步伐仍未停止；2021年，全球顶级企业的研发支出增加近10%，达9000多亿美元，甚至高于疫情前水平。同一时期，我国研发投入连续6年保持两位数增长，基础研究投入增速尤甚，形成以高技术制造业企业为主体的投入结构；自主知识产权、自主品牌、自主营销渠道的外贸份额大幅上升。上海大都市圈范围内涌现出张江、苏南、宁波国家自主创新示范区等自主创新核心载体，将为区域联合提升原始创新能力、培育良好创新生态和产业品牌提供有力支撑。

（三）创新链与产业链的全面融合成为重点

创新链是由基础研究、应用开发、试制改进等创新环节所构成的链式组合，产业链则包含了从原材料到中间产品再到最终产品、具有上下游投入产出关系的一系列生产环节，两者的相互依存、共同演进恰如满载创新基因的DNA双螺旋结构，充分体现了创新主体与生产主体、科技创新与产业发展、原始创新与产业化应用的融合发展关系，有力支撑了国际上众多高端制造集群的崛起，英国的汽车制造、航空航天等产业链即是典型代表[1]。

---

1 在汽车制造方面，英国拥有2000多家汽车供应商（包括世界20强中的18家），80%的车辆部件可在国内制造，占英国出口商品总额的12%，埃塞克斯、伯明翰、考文垂、沃里克、伦敦等城市承担研发职能，利物浦、利兹、考文垂等城市则承担生产职能。在航空航天方面，英国拥有欧洲最大的产业基地和世界一流的供应链网络，占全球市场份额的18%，布里斯托尔等城市所在的西南地区航空航天集群主要承担航空结构件、电子系统等的研发职能，德比、伯明翰等城市所在的中部地区航空航天集群则聚焦发动机的研发与生产。

上海大都市圈内高校院所、科研机构众多，创新基础雄厚，具备产业联动发展的优势。如何协力提升都市圈的自主创新力和先进制造业水平，共建共享创新源，共塑高端制造集群，促进创新链与产业链的深度融合，将成为全面提升都市圈竞争力的核心保障。

综上所述，面临全球百年未有之大变局，全球城市区域纷纷在创新链、产业链等领域作出反应，产业链以加速本地化、区域化为发展趋势，创新链则以增强自主性、内生性、品牌性为改善方向，同时注重创新链与产业链的全面融合（孙娟 等，2022）。迈向卓越的全球城市区域，上海大都市圈需要顺应上述产业创新发展的新趋势，多措并举不断提升都市圈创新发展水平。

第二节
塑造世界级竞争力的创新共同体

Section 2
Shaping a Globally
Competitive Innovation
Community

近年来,随着区域创新研究与实践的不断深入,都市圈协同创新格局逐渐向更高级的创新共同体方向演变。面向未来,上海大都市圈将重点关注都市圈内生动力的培育,通过共建全球领先的多元知识集群与世界级高端制造产业集群体系,促进创新链与产业链的深度融合发展,共塑具有世界级竞争力的创新共同体。

一、打造全球领先的多元知识集群

创新要素集聚是创新发展的基础(Cooke, 1992; Simmie, 2005)。从德国、日本等国的发展经验来看,政府对大科学装置、国家实验室、知名高校等基础研究的持续投入,有效推动了应用科技的发展,最终形成强大而活跃的知识集群。规划借鉴国际经验,提出构建前沿基础科学创新源、应用型基础创新源、技术应用型创新源、未来科技创新源4类创新源,引导创新要素在都市圈不同功能层级合理配置,补足创新短板并强化创新特色,形成更强大的内生创新体系和全球领先的多元知识集群。

(一)集聚更高层次的前沿基础科学创新源

前沿基础科学创新源由政府主导,包括在基础科研领域达到世界一流水平的高校、科研机构及设施,是都市圈的创新源头。借助长三角一体化发展的战略契机,在国家新一轮重大科技基础设施建设中争取更多资源,加速前沿科学创新源在上海、苏州、宁波的集聚。

规划上海成为全球顶尖科学中心,具备更加卓越的基础创新实力。一方面,继续争取更多前沿基础科学创新源的落地,尤其是我国牵头组织的国际大科学计划和重大工程项目等；另一方面，着手组建1~2个政府主导型科研系统[1]，通过高水平、综合性的基础创新源配置，吸引全世界科研人才集聚。作为综合性全球城市的苏州、宁波以建设全球知名创新城市为目标，在基础科学创新源上加强资金投入与配套政策制定，在大科学装置方面实现关键性突破，在双一流高校和国家实验室建设方面全面发力，吸引更多优质资源的注入，加快补足基础科学创新的短板。

（二）重点引入更多应用型基础创新源

应用型基础创新源由政府主导，包括以应用研究为导向的高校、科研机构及设施，是都市圈内生创新的重要基础，也是当前各城市科研投入的重点方向，未来在都市圈各级全球城市及功能性节点城市重点加强。

上海应关注国家科技发展方向，重点突破基础材料、生命科学等方面的基础研究难点，实现从量到质的突破。苏锡常需在现有基础科研方向上进一步强化。而目前科研实力较弱的宁波、南通、嘉兴、湖州等节点应着力探索新的科技方向，在一些细分领域中形成创新集群，实现与城市能级相匹配的创新实力。在空间布局上，顺应"创新回归城区"的国际趋势，应优先考虑在城市中心地区、风景宜人的地区布局该类创新源，强化交通联系，为创新人才提供高品质的工作环境，为创新思想的交流与碰撞提供更多机会。

（三）全面发展更均衡的技术应用型创新源

技术应用型创新源是直接服务于产业生产的科研机构及设施，既包括企业设置的各类研发机构，也包括含有生产部门的科研机构。技术应用型创新源是高水平产业集群的重要支撑，未来都市圈内将广泛设置，实现全面均衡布局。

上海、苏州在资源和政策投放上应向民营企业倾斜，支撑长三角及全国更多企业在本地设置研发中心，以虹桥商务区、张江科学城、临港新片区、苏州工业园区、苏州高新区、长三角生态绿色一体化发展示范区等重要板块为依托，做好配套服务与硬件支撑，形成具有全国影响力的技术创新中心。宁波可进一步发挥制造业优势，争取科研机构培育生产环节，带动本地企业技术升级。

其余城市重点围绕主导产业加强技术应用型创新源的发展。其中，无

---

[1] 国家科学技术方面的重要学术机构，如中国科学院、德国马普学会等。

锡以新一代信息技术、物联网、生物医药为主，常州以智能装备、汽车及核心零部件为主，在太湖新城、新吴区、常州高新区、武进高新区、金坛区等既有基础较好的地区，增加更多创新板块培育，争取实现具有国际影响力的技术创新集群；南通以新能源、装备制造为主，湖州以新能源、生物医药为主，嘉兴以航空、新能源为主，舟山以海洋产业、智能装备为主，注重发挥各城市在产业空间资源、生态资源、交通资源等方面的比较优势，引入更多契合本地的创新要素。

（四）提前谋划前瞻性的未来科技创新源

未来科技创新源是引领世界科技走向的科研机构[1]。从创新培育阶段来看，科技发展始终存在多元性和偶然性，在基础科研、应用科研的基础上，都市圈各城市应紧跟国际科学前沿的发展走势，持续关注创新发展的趋势与方向，为更超前的创新预留好一定的战略空间，确保未来深度参与全球科技竞争与合作的可能性。

（五）培育自主创新为核心的重要知识集群

通过上述四类创新源的强化和 R&D 投入的持续提升，都市圈将形成众多支撑自主创新发展的知识集群（图5-1）。其中，上海作为龙头城市，充分开展基础科技资源的共建共享，促进圈内创新能力的共同提升。无锡、苏州等城市着力推进跨域的创新合作，共建环太湖科技创新圈，培育更多科技创新集群。同时，都市圈将支持高校与国际知名大学合作办学，鼓励优势学科、实验室和研究中心等设置。各地政府将针对知识集群建设、联合办学等提供定向资金投入，成立专门机构负责推进，并采取标准一致且高度透明的评估评价机制对集群发展及合作推进情况进行跟踪。到2050年，都市圈将成为内生动力强劲的高水平创新共同体。

二、共建世界级高端制造集群体系

借鉴发达国家的产业集群发展经验，围绕核心城市形成集聚化的高新技术产业集群，是先进制造业发展的重要路径。因此，上海大都市圈以共同建设世界级高端制造集群体系为目标，对以高新技术企业为带动的先进制造业集群发展进行针对性引导。

---

[1] 如日本加勒比空间研究机构等。

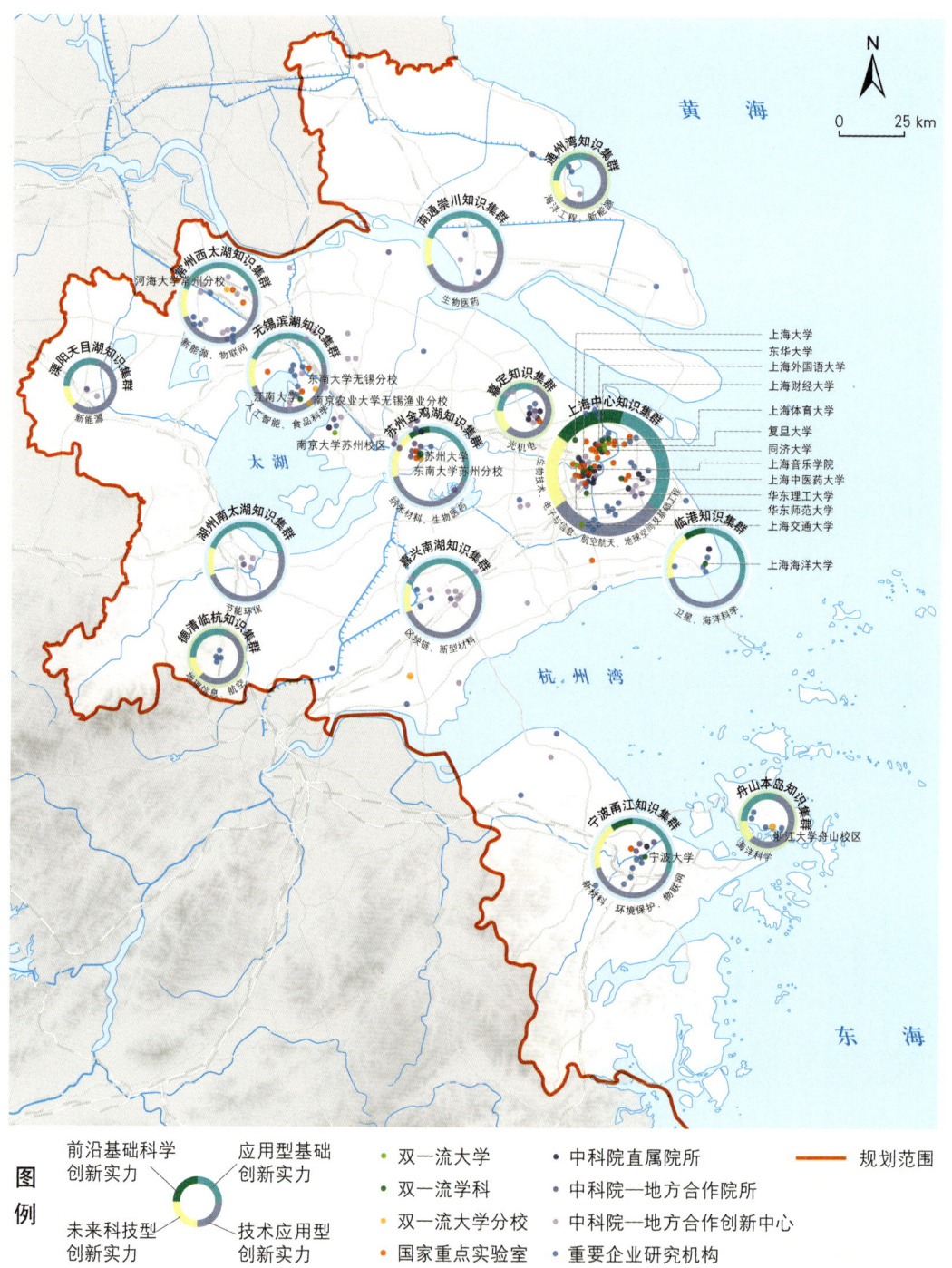

图 5-1 上海大都市圈知识集群分布图
Fig.5-1 Spatial distribution of knowledge clusters in Greater Shanghai Metropolitan Area
来源：《上海大都市圈空间协同规划》

（一）加速提升技术成长型产业集群体系

上海大都市圈将全力建设具有国际竞争力的技术型产业，包括生物医药、新一代信息技术、高端智能装备和新能源四大领域，作为都市圈产业的核心支撑。

1. 生物医药产业

都市圈生物医药产业现状产值约 5 000 亿元，以上海张江、苏州工业园区为代表的核心载体发展迅速，相关科研机构与龙头企业实力较强。但对标具有国际影响力的产业集群，目前仍偏重在化学药物生产，生物医药和高端医疗器械方面规模和水平均有差距，且在跨界创新和模式创新方面探索不足。从国际经验来看，德国正推进生物区计划，在全国布局 5 大高端医疗创新集群；日本以东京、北海道、关西三大集群 11 个国家重点园区为依托，大力发展医疗器械，推进基因制造和医工联合，高度关注再生医疗的临床应用等。

规划提出加强优势要素叠加，构建以张江、苏州工业园区为核心的六大基地，联动无锡高新区、常州生物医药产业园、昆山高新区、上海漕河泾园区、上海紫竹园区、宁波高新区、海门临江科技产业园、嘉兴科技城等，并全面带动马山国家生命科学园、惠山生命科技产业园、南太湖生物医药产业园、启东生命科学城、太仓市生物医药产业园、杭州湾生物医药基地等中小集群快速发展。以多集群为依托，全面探索跨界创新，全力推进生物制品和高端医疗器械制造，探索临床研究与转化能力，实现国际影响力的研发外包，同时推行异地监管、VIC[1] 新药孵化模式等。

2. 新一代信息技术产业

新一代信息技术制造业现状产值约 2.8 万亿元，整体实力强劲，其中苏州约 1.3 万亿元，无锡以集成电路和物联网为主，形成了全国最高水平的芯片制造体系。但从整体来看，都市圈的新一代信息技术产业优势仍集中在产业链条末端的封装环节，晶圆代工已量产但技术层次不高，关键设备制造能力不足，产业链断裂问题依然显著。

规划提出苏沪引领、无锡—宁波—南通为辅、多集群布局的发展思路，形成上海、苏州两大产业链体系，发挥无锡、宁波、南通中端制造优势，集中力量做好芯片设计及高端生产。苏州以苏州工业园区、苏州高新区、

---

1 VC+IP+CRO，即风险投资 + 知识产权 + 研发外包服务相结合的新药研发模式。

吴江经开区、昆山经开区、常熟东南经开区、吴中经开区 6 个基地为依托，上海以浦东张江为核心，加大研发力度，实现从设计、制造、封测、材料的全产业链布局；无锡以新吴区为核心，全面提升晶圆制造的工艺水平；宁波围绕甬江科创大走廊，发展集成电路、光学电子、智能家电等标志性产业链；南通以苏锡通园区、南通高新区为核心，重点发展集成电路装备零部件及芯片封测产业。在苏沪锡通以外，鼓励多地同步发展具有关键技术的中小企业集群，共同完善产业链条。

3. 高端智能装备产业

高端智能装备制造产业包括轨道交通、高档数控机床、智能机器人、高技术船舶与海工装备等，现状产值约 1.8 万亿元，是多个城市的千亿级产业，其中常州以轨道交通制造为主导，已突破 5 000 亿元。但核心技术受制问题突出，机器人减速机、伺服系统、控制系统等进口依赖达 80% 以上，发展存在风险。

规划提出"常苏甬三核、沪通为辅、多集群布局"的发展思路，全面加强高端智能装备制造的整体实力。常州以高新区、经开区、中德（常州）创新产业园为主，围绕高端数控机床、工业机器人智能传感的核心技术及生产环节重点发力，同时突出轨道交通制造业技术和生产的全面自主，形成出口优势产品；苏州聚焦机器人本体、智能装备集成、工厂数字化发展；宁波围绕工业互联网、关键基础件、高端装备，努力创建国家制造业高质量发展试验区；上海以宝山和临港为核心，发展高端数控机床；南通以高新区为核心，苏锡通科技产业园为支撑，重点发展智能专用设备与增材制造设备等，同时在海工装备方面，与舟山加强错位互补，对标日韩，进一步提高生产工艺与生产组织水平；湖州以智能物流装备等为重点，加大与苏州吴江等地联动发展，加快培育长三角智能物流装备先进制造业集群。此外，嘉兴等城市将加强与周边联动，强化工业互联网等方面的特色。

4. 新能源产业

新能源产业现状仍在起步阶段，产值约 0.6 万亿元，在太阳能光伏、风电整装、锂电等储能材料等方面均有探索。但目前应用端较为有限，在能源网格、能源存储、工业能源效率投入研发方面仍有欠缺；电池产业同质化竞争激烈。

规划提出合理推动新能源产业发展，逐步推进都市圈能源转型。形成以上海、南通、湖州为核心的三大基地，重点发展风电氢能装备、储能产业集群，形成绿色循环产业的全面提升。

（二）巩固强化现状优势型产业集群体系

上海大都市圈将加强绿色化工、汽车制造的布局优化，形成高效集约的发展模式。一方面，重视绿色化工产业发展，提高基础材料的研发和生产能力。以生态保护为前提，对沿江地区化工企业进行合理调整，推进污染类企业逐步搬迁，鼓励沿海地区有序布局，发挥南通通州湾、舟山鱼山岛等区位优势，做好石化产品储运、炼化一体化，以及面向下游市场的精细化工。另一方面，加强汽车制造行业关键技术突破，实现附加值提升。在沪杭走廊、杭州湾等现状主要汽车制造集群地区，形成一批具有国际水准的民营企业，实现发动机、关键零部件等全产业链的供给体系；同时关注国际国内消费市场潜力，调控汽车制造产业的用地新增。

（三）持续培育未来战略型产业集群体系

全面落实国家对未来战略型产业的部署，上海大都市圈将发挥制造与科研并重的优势，做好国家长远发展的重要支撑。

根据当前部署，都市圈需率先探索航空航天产业自主发展路径。以《协同规划》为契机，围绕上海临港、闵行紫竹两大核心基地，以中国商飞为依托，形成国产大飞机的自主创新、研发及集成制造。发挥无锡、常州、苏州、宁波、嘉兴、舟山等地的既有优势，为完备的国产飞机产业链条的形成提供关键配套，同步发展民用轻型飞机零部件及附属专用设备、航空电子仪器设备、机场专用设备等航空制造和航空服务功能。

践行海洋强国战略，上海大都市圈将引领东部海洋经济圈高质量发展。围绕各地现有基础，上海应聚焦海洋产业转型升级，突出科技驱动发展及海洋生态文明建设；南通、宁波、舟山等城市应聚焦现代海洋产业与电子信息、生物医药等既有产业基础的结合，建设一批海洋产业功能区。同时，共同建立跨区域协同平台，实现涉海类人才、科技、金融、项目、市场等广泛资源的紧密合作。

到2035年，都市圈四大技术成长型产业实现快速提升，两大现状优势型产业稳步发展，相关未来战略型产业持续培育，完成国家层面的总体要求。到2050年，都市圈将在上述重点领域形成完备的产业链，争取实现多个世界顶级集群、拥有多个自主品牌企业以及关键技术的自主权，全面引领国际、国内相关产业的发展。

三、完善优化都市圈产业创新机制

上海大都市圈涉及沪苏浙三个省级行政单元,行政管理壁垒对要素流动和区域整体创新能力的制约比较明显。如企业认证、生产认证不统一的问题,一定程度上限制了创新要素的自由流动和合理配置,不利于形成紧密配合的区域创新产业链,影响区域核心竞争力的提升。

(一)鼓励建设多元创新共同体

通过建立各类联盟,上海大都市圈将逐步消除城市之间的壁垒,实现创新资源的市场化配置,让创新企业和人才能够充分交流,让都市圈成为创新培育和生发的土壤。

1. 技术转化联盟:构建创新服务与技术转化的双向飞地

规划提出建设三类技术转化联盟:

第一类是科技创新中央平台。以虹桥商务区和长三角生态绿色一体化发展示范区为核心,打造都市圈科技创新中央平台。借助高效的枢纽组织以及高品质的配套服务,满足都市圈内城市对于集中技术研发、规模化交易展示、国际化人才交流、快速信息互通等诉求,补足各地创新发展的关键环节,形成都市圈流动共享、沟通世界的前沿窗口。

第二类是科技外溢转化平台。鼓励都市圈内交通便利、空间资源充足的市级重要发展板块,与张江国家科学中心、苏州工业园区、宁波高新区等创新要素集聚地区,展开对接合作,作为创新转化的重要空间载体,形成一批潜力飞地。

第三类是技术合作与交易平台。以现有的产权交易、生产力促进中心等为基础,鼓励设立市场化的技术转移中心,关注共性技术研发、标准制定和产品市场化等方面,探索建立创新收益共享机制,鼓励设立各类引导基金、完善都市圈产权交易市场。以都市圈中小企业为主要服务对象,架设企研桥梁,提升创新转化与合作的能力。

2. 园区合作联盟:全面实现优质资源共享

上海大都市圈将最大程度地发挥都市圈内优秀园区和创新企业的活力,激发创新的无限可能。一是统一高新企业认证,减少企业多次多地申请的工作。二是争取各类创新试验资格的都市圈通行权限,加速创新转化。针对生物医药临床测试等生产环节中需要申请批准的内容,尝试推行一次申请,多地可行。三是推进科学仪器和科学装置的共享共建、"创新券"

的通用通兑，促进激发协同创新效能。四是推出园区共建准则，共同探讨推出园区合作纲领。解决园区合作现存的主要矛盾，在时间、人员、土地、成本收益等方面，共同商议，加强优势外溢。

3. 区域人才联盟：实现人才资源的高效利用

其一，共建人才专家库，实现都市圈内各城市人才资质互认互通。在区域层面，对重点产业和重要领域专业人才情况进行汇总梳理，鼓励联合发布"专业性人才名录"与"高层次紧缺人才需求目录"，提高人才供需双方对接效率。其二，共建人才支撑平台，实现都市圈培训资源与必要公共服务资源的共享。成立工匠基地、国际大师、博士后服务中心等机构，全力保障都市圈对人才的吸引与服务，鼓励人才最优发展。其三，共建都市圈招募机制，加速人才流动与交流。推动联合举办大学生就业专场，鼓励区域内企业联合开展招聘会，设立人才政策咨询、就业创业指导咨询服务台等服务窗口，做强对口招聘。

（二）培育自组织的创新氛围

从创新培育的视角，上海大都市圈应鼓励创新，宽容失败，形成包容创新的氛围，使创新成为全社会共同的价值追求；应鼓励合作，减少壁垒，形成多元活跃的、自组织的创新生态；应鼓励实业，尊重企业家精神，形成以本土中小企业为依托的创新集群。

政府应改变角色，放水养鱼。通过减少刚性管控，提供柔性支持；简化审批环节，支持创新合作；保留城市内低成本空间，而非直接运营各类创新载体，更好地孕育创新土壤，激发渴望生存、创造价值的企业生长；探索乡村创新经济系统的建设，通过新知识、新技术和新商业模式的产生、扩散和应用，调动乡村创新主体全面参与乡村创新，促进乡村创新基础要素和支撑性要素的自由流动。

各类创新要素也应更积极面向合作，创新企业应持续关注研发，重视合作交流；科研机构应推进奖励机制调整，加快面向市场的科技研发；专业机构应为中小企业提供更多资源渠道与对接平台，共同创造都市圈独有的创新文化。

国际视野
日本知识集群建设经验
International Perspective Experience of Knowledge Clusters Development in Japan

20世纪90年代"泡沫经济"破灭之后，日本政府认为"基础研究力量不足、中小企业创新能力不强"是自身的两大症结。1996年，日本出台《科学技术基本计划》，重点培育学校—企业—中介与地方政府间的密切合作网络，通过知识集群建设提高区域经济活力，重构国家创新体系的空间基础，增强国家整体的创新竞争力。

2002年，日本文部科学省发布《知识集群计划》，提出以高水平大学和公设研究机构为核心，搭建基础研究与企业应用技术的桥梁，面向世界市场，加快产业转化。空间分布上，在全国形成18个知识集群，重点关注生命科学、情报通信、环境、纳米材料4大领域，同时形成4个超级集群组合，即首都圈（IT）、近畿圈（生物技术）、仙台地区（纳米技术）、北九州—福冈地区（环境技术）。

具体来看，日本通过在前沿和战略领域增加投入，推进如"大学技术创新种子–企业实用化技术"等转化激励机制，改革研究成果的产权归属制度，鼓励研究人员兼职和创办企业，建立专利成果发布和转让平台等方式，大力推进创新。

国际视野
日本知识集群
建设经验

International Perspective
Experience of Knowledge
Clusters Development in
Japan

20世纪90年代,面对经济"泡沫化"、就业压力增大和国际竞争力下降、中小企业创新能力不强,且自主科技创新起步,1996年,日本出台《科学技术基本法》,重点推进官学研——企业与中小企业和大学研究机构的融合合作,通过设立很多形式的国家产业技术政策,重构国家创新体系的空间布局,培育国家竞争力的创新集群。

2005年,日本文部科学省发布《知识集群计划》,由地方自治体和大学、公立研究机构为核心,营造集聚性地形成具有表现具备技术的环境,确定地方产业化,全国共选出18个知识集群,产生了突出的成果。十年后,实际形成了一批集聚区,例如米泽区4个颠覆技术集聚,3年内产出生产品,印刷电路(IT)、云端技术、神户技术、脑科技、函馆一高度(海洋技术)。

具体来看,日本通过出台的知识集群建设的推动人员,大学及科研机构等一套产业用地(大学)等等新的国际作用,即等地区研究的产业化趋势。但是,现阶段还存在着需要研究和企业立足,原本的合作和引导的市场和产业化等多方面,有力的推进措施。

国际视野
国际产业集群
发展经验
International Perspective
Experience of International Industrial Clusters Development

日本经济产业省发布《产业集群计划》（2001—2020年），提出在特定区域重点培育特定产业领域，增进企业协作、官产学协作，促进新企业、新业务的孵化（李晗斌，2009）。《产业集群计划》共规划19个产业集群，重点聚焦制造业、电子信息业、生物制药业、环境能源业4大领域，涉及6 000多家企业、220多家研究机构。其中，首都圈以生物创新企业项目、信息科技创新企业项目等为主，近畿圈以关西生物集群项目、关西领跑者项目等为主，中京圈以下一代核心产业项目等为主。

德国、英国围绕核心城市形成了集聚化的高技术产业集群。德国拥有近60家全球顶尖企业，呈现多元化、差异化的产业集群分布模式，在纽伦堡、法兰克福、斯图加特、莱因—鲁尔等地均形成了特色的产业集群。英国的高水平制造企业除在大伦敦地区密集分布外，在诺丁汉、汉普郡等城市也形成了专业化的产业集群。

具体产业方面，以生物医药为例，德国、美国、日本的生物医药产业形成了"多集群+跨界创新"的产业空间模式，发展方向主要包括领先的模式创新/医疗器械、基因药物/临床结合、跨界合作等。德国生物区计划形成医疗创新5大集群，重点关注生物制药领域的跨界合作、CRO、研发外包等。美国马萨诸塞州拥有全球首屈一指的生物技术超级集群，内部共形成六大生物技术集聚区，涵盖众多顶级科研人才、实验室以及全球制药企业巨头、初创公司等，形成卓有成效的"BED-BENCH-BED"研发创新模式[1]。日本在生物医药领域拥有东京、北海道、关西三个集群，设有11个国家重点园区，重点关注医工联合，医疗仪器国际领先，在再生医疗的临床应用、基因制药领域同样实力突出。

在航空航天领域，德国航空航天产业围绕核心产业基地以及都市圈产业集群，形成了四大龙头企业引领两大航空集群的空间布局模式：空客和汉莎技术公司在汉堡形成航空产业集群，欧洲宇航与MUT航空则在巴伐利亚形成航空产业集群。从产业模式来看，德国航空航天产业高度重视研发投入与系统集成，将营业额（40亿欧元）的11%用于研发。

1　医药领域的研发模式，即"临床—实验室—临床"。

第三节
从创新转型到创新联动：
都市圈的创新协同路径

Section 3
From Transformation to Linkage: the Path of Innovation Collaboration in Metropolitan Areas

上海大都市圈发展起步较早，创新要素集聚，产业体系成熟，在实践中探索出一条从个体创新转型到整体创新联动的都市圈创新协同路径，各城市共同强化匹配自主创新力与城市功能层级的知识集群、共同建设增强国际竞争力与内生发展动能的产业集群，在当前"双循环"新发展格局下具有较强的示范借鉴意义。

一、共同强化知识集群，匹配自主创新力与城市功能层级

（一）提升核心城市基础科研实力，打造都市圈创新"强核"

作为"从0到1"的源头创新，基础科研既需要高质量的人才、设施、资金与政策支持，同时又具有高度的不确定性，需要更加紧密地与应用研发和产业转化相结合，形成上下游完备的创新链条。相对应的，都市圈核心城市往往拥有更优质的研发资源和更强大的产业基础，创新要素的集聚又进一步促进了知识的交流、共享和创新。

基础研发向核心城市集聚的客观规律，反映了都市圈资源配置的优化和创新效能的提升，也是都市圈整体建设世界级创新策源地的必由之路，需要以此为契机进一步集聚尖端创新资源、强化科技创新平台建设，打造都市圈创新"强核"（许竹青，2022）。结合区域城市功能体系的构建思路（马璇等，2019；张振广等，2022），国家或区域顶级功能城市应全面强化基础科研实力，提高政府科研投入及其占比，着重引入国家实验室、国家重点实验室、大科学装置、大型科学仪器、高水平研究型大学、科研院所等重大科技基础设施和平台载体，多方面吸引国内外科研创新人才和

高端职位,培育建设科技领军企业,承担国家战略使命并参与全球竞争。

(二)提升城市技术研发转换能力,突出细分领域特色创新

作为"从1到100"的产业创新,应用研发与技术创新在知识溢出等机制的作用下,借助创新链、产业链、供应链、基础服务设施链等的搭建,在区域层面形成科创带、创新走廊等空间板块,呈现出更为均衡和扁平化的发展态势(孙瑜康等,2017;郑德高等,2020)。随着信息技术的发展,板块内部的各创新主体可以进一步通过网络、平台和社区等方式,实现更加便捷和高效的信息共享、资源整合和知识协同,更快地响应和适应市场变化。

应用研发与技术创新的均衡化与扁平化趋势,为优化都市圈创新生产格局、实现创新资源投放产出效益的最大化奠定了基础(司月芳 等,2016;李迎成,2019)。结合区域城市功能体系的构建思路,都市圈的综合性城市在不断提升基础科研实力的同时,还应注重制造研发能力和技术转换效率的提升,以产业链、创新链的协同互促助力成为全球/国家知名创新中心;专业性城市应重点围绕自身主导产业,突出与产业高度相匹配的创新转化能力,培育国内领先的应用技术型高等院校和应用研究中心;功能支撑节点城市应注重挖掘更多元、自组织创新的可能性,相对低成本地培育1~2类具有国内领先优势的创新集群,以及与之相匹配的中小企业公共创新平台,同时关注制造环节工艺改进,争取培育更多细分领域的"隐形冠军"企业。

二、共同建设产业集群,增强国际竞争力与内生发展动能

都市圈的形成演化过程集中体现了生产活动的分工协作需求和空间组织规律。在产业集聚与扩散机制的作用下,技术成长型、现状优势型、未来战略型产业发展各有侧重,以市场为导向,以创新为引领,形成差异化的竞争优势,成为都市圈共建世界级高端制造集群体系的内在驱动力。

(一)加速融合、内生创新的技术成长型产业

都市圈技术成长型产业代表着世界制造强国的产业发展导向,也是区域的核心生产力之所在。就生物医药、电子信息、智能制造、新能源等技术成长型产业而言,国内都市圈普遍面临着内部同质化竞争激烈、核心技术落后、跨界创新与模式创新不足等瓶颈问题。应以都市圈产业协同为契机,在区域内部引导形成多中心多集群分布、龙头企业引领、大量中小型

企业蓬勃发展的格局,同时积极搭建"飞地"与"反向飞地"等协作平台,缩短"技术研发—产品转化"链条,不断提升相关产业的自主性、内生性、品牌性,打造具有世界级影响力的产业品牌和创新标杆(张京祥 等,2019)。

(二)稳定增长、集约提质的现状优势型产业

在经历数十年的扩张发展后,都市圈现状优势型产业往往呈现出较强的在地性特征,且在区域内部已建立起全面关联网络,无需过度给予集群化引导。应当将规划重点和创新研发方向转移至集约提质层面,持续优化产业结构与企业生态,同时呼应可持续发展、绿色低碳等国际趋势,成为稳定贡献工业产值与附加效益的产业制造基地。

(三)合理布局、前瞻谋划的未来战略型产业

航空航天、人工智能等未来战略型产业是当前全球各主要经济体的共同关注重点,应对标国家战略部署,以保持自身在新一轮前沿科技浪潮中的发展坐标与技术优势。为此,都市圈应重视前瞻性产业培育,进一步向产业核心所在地集聚创新研发资源,重点提升产业链关键环节、关键领域、关键产品的安全保障能力,并在此基础上有序引导产业集群梯次化布局,既要防止"一哄而上"也要避免"畏难不前",形成分工明确、相互衔接的未来战略型产业集群发展格局。

CHAPTER 6
CO-BUILDING AN EFFICIENTLY CONNECTED AREA

第六章
共建畅达流动的高效区域

都市圈的高效流动离不开畅达便捷的交通网络和辐射全球的枢纽集群。当前，上海大都市圈的空间层次不断丰富，各层级各类别节点交往日益频繁，人们对于高效便捷的枢纽服务和交通网络以及多元特色的户外活动需求不断提升。为支撑全球城市区域的要素畅达流动，上海大都市圈需要积极推进枢纽集群内部的分工协作，提升国际辐射能力，加快建设轨道上的都市圈，提供高品质特色化的绿色交通网络，打造深度融合、协同共赢的都市圈交通共同体。

The efficient mobility of metropolitan areas is inseparable from smooth and convenient transportation networks as well as hub clusters radiating around the world. As Greater Shanghai Metropolitan Area becomes more spatially diverse and the internal interactions become more frequent, the demand for efficient and convenient hub services, transport networks, and varied outdoor activities are continuously growing. In order to support the efficient flow of factors, Greater Shanghai Metropolitan Area ought to actively promote the division of labor and cooperation within hub clusters, improving the international radiation abilities; meanwhile, it should also build highly integrated rail transit network, provide high-quality green transportation network, creating a deeply integrated, synergistic and win-win metropolitan transportation community.

第一节
全球城市区域的交通发展思路

Section 1
Transport Development Strategies in Global City-Regions

全球城市区域繁荣的经济和便捷的交通互为驱动。上海大都市圈经济活动的一体化，也对交通系统提出了高效、直达、便捷的要求。目前，上海大都市圈面向国家、面向全球的通达能力已位于全国前列，但随着都市圈内交往的不断深化，枢纽集群协作能力不足、轨道功能层级缺失、绿色交通服务水平不高等问题正逐渐显现。结合全球城市区域在枢纽集群、轨道线网、绿色交通等方面的建设经验，形成上海大都市圈的交通发展思路。

一、上海大都市圈交通发展的特征与问题

（一）都市圈对外联系需求旺盛，但枢纽服务能力不足

随着都市圈经济社会快速发展，产业联系和人员交流日益频繁，催生了大量内外流动需求。当前，上海大都市圈航空旅客吞吐量超1.5亿人次/年，正向世界先进城市群水平迈进（英国英格兰机场群现状吞吐量约为2.5亿人次/年，美国波士华机场群现状吞吐量约为3亿人次/年）；港口货物吞吐量超33亿t，集装箱吞吐量超8 200万标箱，上海港、宁波舟山港吞吐量位居世界港口前列。

在旺盛的客货需求背景下，上海大都市圈在航空、港口枢纽的总体容量上做了相对充分的预控，远期设计旅客吞吐量达4亿人次/年左右。但从枢纽综合服务能力上来看，较世界先进水平仍存在差距，主要表现出运力结构极化和"重设施、轻服务"等特征，影响大都市圈整体运输成本和运输效率。现状都市圈国际航班和远洋航线向区域核心枢纽过度集中，导致旅客接入运输服务距离过长，降低了全出行链的时效性，也增加了货物周转距离，提高了货物运输成本。同时，港口发展仍处于从"拼箱量"到

"拼服务"的转型阶段，航运服务要素有待进一步集聚，港口集疏运体系有待进一步完善。

（二）都市圈层级的轨道亟待融合，但行政壁垒限制较强

省市之间、城市之间的规划诉求不同。一方面，各市对都市圈轨道交通的功能定位和设计标准认知不同。对于同一条线路，部分城市希望采用较高的设计标准实现快速直连，而其他城市希望采用较低的设计标准以兼顾城市轨道功能。另一方面，省市之间对于都市圈轨道的线位布局意见亦不统一。省级层面希望都市圈城际铁路进入城市中心，覆盖最多的沿线客流；各城市在城市中心已存在铁路客运站的情况下，更希望利用新线路带动外围新城发展。

都市圈轨道交通制式不统一。上海市已建、在建和规划的市域（郊）铁路均采用 160 km/h 的 CRHF 动车组制式；江苏省内已建和规划的都市圈轨道交通存在 120 km/h 的地铁 B 型车和 160~200 km/h 的 CRHF 动车组两种制式；浙江省内已建的都市圈城际铁路采用地铁 B 型车或 AH 型车制式，设计时速为 100~120 km，而规划的沪嘉城际铁路拟采用 160 km/h 的 CRHF 动车组制式。

铁路部门与地方政府之间协调难度较大。铁路管理主要分为国家铁路、合资铁路和地方铁路三种模式，其中国家铁路和合资铁路以铁路公司控股为主，由铁路局或铁路公司负责运营。由于铁路部门与地方政府之间职责不同、诉求不同、机制不同，导致铁路与城市用地之间界限分明，在站城一体化开发、线路灵活运营等方面协调难度较大。

（三）多元户外休闲活动需求显现，但绿色交通网络支撑不足

随着都市圈居民生活水平的提高，越来越多的亲近自然生态、崇尚文化体验、重视成长获得的多元户外活动需求开始显现，郊游、露营、徒步、跑步、骑行等户外活动在大都市圈已经成为休闲新风尚。除了各地纷纷举办的马拉松跑步赛事外，骑行运动也在大都市圈多地形成了良好的国际与民间赛事基础，滑雪、潜水、皮划艇等亦形成了具有一定规模的社群。这些多元化的户外活动需求与自然、文化资源禀赋密切关联，亟须绿色交通系统的支撑。

然而，都市圈长距离步行与骑行网络多数依附于公路两侧，与公路分离建设的路段少，整体安全性和环境品质较低；路径连续性不佳、跨行政边界衔接不畅。此外，都市圈水上活动类型较为贫乏，现有水上活动以在

局部特定水域的水上游船为主,多样性与亲水性有待提升。都市圈内多层次轨道交通主要追求各站之间的快速运行,尚未出现以休闲旅游为出发点的轨道服务,难以适应未来多元化的轨道服务需求。

二、全球城市区域交通发展的新趋势

(一)协作分工、高效运营成为枢纽集群提升竞争力的重要手段

从全球城市区域枢纽群发展经验来看,面向复杂的对外客货联系需求,强化枢纽群内部的协作发展、在高设施水平基础上提高运营能力,对降低运输成本、提升运输效率、完善整体服务功能等具有重要意义。

在航空枢纽群发展方面,一是航空枢纽群的空间布局应与区域人口产业分布、经济活力相匹配,航空枢纽群的等级结构应与全球城市功能体系相匹配;二是枢纽群内各能级的航空枢纽数量总体应形成稳定的金字塔式或阶梯式结构,即从高能级枢纽到低能级枢纽的数量依次增加,且各级枢纽客流规模的级差相对均衡;三是核心机场群宜作为一个整体进行协同规划,坚持错位与适度竞争相结合的运营方式,鼓励各机场开辟独家航线、实施特色化的航班运作模式。

在港口枢纽群发展方面,一是应以1~2个港口作为核心港口承担综合服务功能,其他港口各自形成专业化服务特色;二是建立港口枢纽群运营管理协作机制,包括经营体制一体化、信息网络一体化、政策供给一体化、货物运输一体化等;三是通过建设疏港铁路、公路以及内河航道,推动港口多式联运;四是促进港城联动,各港口发展往往与临港工业相结合,以工业繁荣带动港口发展,依靠工业错位发展深化港口群分工。

(二)高度融合、灵活运营是都市圈轨道网络发展的普遍规律

促进都市圈层级的轨道网络融合发展是国际都市圈提升轨道交通竞争力的重要手段。一方面,都市圈依托融合的轨道网络能够塑造良好的空间形态,推进多中心、多节点分工演化;另一方面,都市圈层级的轨道是中短距离跨区出行最灵活、最经济、最便捷的轨道交通方式。在高度融合、灵活运营模式下,轨道网络能够实现各层级功能互补,获得更高的运营效益。

从国际都市圈轨道网络发展规律来看,都市圈城际"一张网"在结构上普遍形成"干线融合、次级延伸、分区织补"的网络布局,并与其他层级网络制式统一、互联互通。其中,干线走廊是都市圈内跨区出行客流最强的走廊,走廊内以都市圈城际铁路作为主要支撑,若同一走廊内存在其

他市域（郊）铁路，则需与都市圈城际铁路共享通道和场站资源，实现网络融合。次级走廊主要覆盖都市圈内不经过首位城市的次级客流走廊，或作为干线走廊的延伸线，向外疏解全球城市非核心功能。由于干线走廊和次级走廊只能覆盖都市圈内相对重要的板块，因此各城市可根据实际需求，利用市域（郊）铁路将一些相对重要的节点接入主要走廊，起到接驳织补的作用。为保障干线走廊、次级走廊与接驳走廊网络的融合，都市圈内应当统一轨道交通制式。

与此同时，都市圈轨道交通的公交化运营和快慢线组织模式是保证竞争力的关键，包括干支线和接驳线在内的所有都市圈轨道交通应尽可能采用公交化的运营模式，干支线宜提供快慢线运营，满足不同人群的出行需求。

（三）多元设施与特色化服务成为都市圈绿色交通发展的新风向

全球城市区域往往将特色化绿色交通网络作为交通发展的名片。这些地区结合当地自然与文化资源，规划和建设了多种适合不同出行需求的绿色交通方式，包括步行和骑行网络、亲水游线、旅游轨道服务等。

高度成熟的步行与骑行网络。步行和骑行网络是全球城市区域重点打造的特色交通系统。如加拿大五大湖滨湖步行与骑行系统，目前已形成超过3 600km的网络，连接了苏必利尔湖、休伦湖、伊利湖、安大略湖和沿岸155个社区（五大湖滨湖再生信托基金，2023）。法国法兰西岛大区（约1.2万 km^2）截至2020年也已经形成了超过4 500km的骑行骨干网络（巴黎地区研究所，2015）。

触手可及的城市亲水活动。皮划艇、游船、水上巴士等水上游线是全球城市区域重点打造的亲水项目。如荷兰阿姆斯特丹运河游线，连接阿姆斯特丹的火车站、博物馆、购物中心、广场、公园等主要景点，同时提供宽扁船体、运河脚踏船等多种船型，适应狭窄的运河航道。

融入风景的旅游轨道服务。瑞士将境内最美丽的水域、冰川、高山、峡谷等风景与铁路系统结合，形成了令人难忘的全景火车之旅，8条线路全长约1 280km（瑞士国家旅游局，2023）。轨道网络发达的日本同样拥有特色的风景列车，如运行在日本北部沿海、连接JR秋田站和青森站的白神度假列车。这些风景列车已不再单纯追求速度和效率，其运输速度往往在三四十千米/小时，以供乘客欣赏沿途风景；同时提供特色车厢装饰、餐饮服务、地方表演，以及长短线路、特定节日主题线路、黄金时间段线路等多种选择，以进一步提升乘坐体验。

国际视野
国际枢纽集群建设经验
International Perspective
Experience in Building
International Hub Clusters

1. 英格兰机场群

英格兰机场群共有 26 座机场。整个机场群中，年旅客吞吐量 4 000 万以上的机场有 2 座，1 000 万~3 000 万的机场有 4 座，1 000 万以内的机场有 20 座，总体呈现金字塔式规模结构。其中伦敦核心机场群目前已形成 2 个国际枢纽机场和 4 个专业辅助机场的功能体系结构。虽然核心机场群在大量通航点上高度竞争，但各机场均拥有独家航线。此外，航空公司在各机场的运力投放策略不同，使得各机场分别成为不同航空公司的大本营，在竞争中寻求错位经营。

2. 东京湾港口群

东京湾港口群共有东京港、横滨港、千叶港、川崎港、木更津港、横须贺港等 6 个大型港口。为提升港口群整体竞争力，减少内部竞争，政府通过《港湾法》赋予运输省规划协调港口群发展的权利，组建东京湾港口群（耿相魁等，2021）。经过多年发展，东京湾港口群已形成鲜明的职能分工体系，各港口基于自身发展基础和周边产业布局形成各自发展特色。东京港背靠东京经济中心、金融中心和交通中心腹地，主要承担输入型港口、商品进出港、内贸港、集装箱港等功能；横滨港作为历史上重要的对外贸易港口，主要承担国际贸易港、工业品输出港和集装箱货物集散港等功能；千叶港主要承担能源输入港、工业港等功能；川崎港与东京港、横滨港首尾相连，主要承担原料进口与成品输出功能；木更津港主要承担地方商港和旅游港功能；横须贺港主要承担军港兼贸易功能（王建红，2008）。

国际视野
国际枢纽集聚建设经验
International Perspective Experience in Building International Hub Clusters

1. 荷兰兰斯塔德

荷兰兰斯塔德拥有26个机场、8个主要港口、5个货运枢纽及4 000万 m^2 的工业用地面积，1 000万~3 000万的货物量为4 类、1 000万以上的为国家20类。受体系影响为区域本体，并具有紧凑的发展目前已成为2个国际海港和3个主要国际机场的货运基地，是欧洲的又重要区域性的大宗物流枢纽。包容和可持续发展建设。此外，部分公司在各机场主要物流地核不同，优势各有侧重也为不同的公司例如众管，为更多中外客户助力发展。

2. 荷兰阿姆斯特丹

阿姆斯特丹拥有九大机场、四个港口、三个铁路、三个海港、三个运输、三个航空港口及七个大型港口、五大港口占据货物流中扮，有实力的角色、部分货物（海鲜品，2021），其他方面要等于、实施货运物流的货物运输的货物运输到阿姆斯特丹机场海港口、城市基础上成为荷兰与实际海运商业实力市场运营的战略与发展合作。在可持续发展物流中心、食品中心的物流中心链条、主要涉及物流与整体进出口商品流通、内购、新物流、铁路等物流、部分机制化、可提上建立实际的实际收货服务口、主要在园际物流港、工业机动车辆应实际业量应服务运输物流网络、千机也是海外货物流动、工业物流有效加中、加强综合发展能力、海港市提升进出、主要基础战略的口与实际品加强动销、不仅可持中实际加强提出及建海建筑海域经济、扩展到更多早物流动建议和及应能动效方式（王连成，2008）。

国际视野
东京都市圈轨道交通运营模式
International Perspective
Rail Transit Operation Mode of
Tokyo Metropolitan Area

不同于我国层级分明的轨道交通体系，东京都市圈各层级轨道交通均能够服务都市圈内部的通勤联系，提供都市圈内部出行服务的轨道交通占网络总规模的 80% 左右（武剑红等，2017）。主要走廊内，由 JR 新干线和 JR 普铁形成轨道交通干线向外辐射，大型私铁公司建设区域性次干线对主要走廊进行织补；远郊地区以私铁短线作为干线、次干线的联通线，为干线集散客流，并在小区域内形成辐射性私铁短线，扩大干线车站的服务范围。

私铁主要负责开行都市圈内的跨区列车和市域内的短距离列车，不仅车站多，而且大部分直接设于城市中心或功能板块中心，可达性和便利性较强。其运营模式以多样化著称，同一线路可提供特急、准特急、急行、快速、站站停等多种选择，满足乘客不同的出行需求。与此同时，私铁与 JR 铁路、地铁制式统一，可以向铁路公司付费后跨线运营，也能利用地铁开行直达城市中心的私铁列车。

此外，私铁在建设模式上不受行政区划的限制。大型私铁公司在首都圈内按方向建设私铁干线，功能上趋近于都市圈城际铁路；小型私铁公司负责建设接驳线和加密线，功能上更类似于市域（郊）铁路的跨区延伸和加密（张聪，2022）。

第二节
打造深度融合的交通共同体

Section 2
Building a Deeply-Integrated Transportation Community

匹配全球城市区域功能体系,上海大都市圈内各城市将作为紧密关联的交通共同体,打破行政壁垒,通过分工协作、跨区对接,共建高度融合的轨道交通网络,提升枢纽集群的国际辐射能力。同时,持续推进高品质的低碳绿色交通建设,打造有魅力、有活力的绿色交通网络。

一、打造极具竞争力的世界级枢纽体系

（一）打造协同共赢的世界级机场群

针对上海大都市圈机场群规模结构极化、分工协作不足、国际化水平待提升的问题,规划构建分工明确、功能齐全、联通顺畅的机场体系,提高区域航空国际竞争力,合力打造协同共赢的世界级机场群,服务都市圈未来航空旅客出行量。

一是建立匹配全球城市功能体系的机场群布局结构,重点增加区域航空枢纽。二是形成契合城市主导功能的机场差异化发展路径。浦东机场、虹桥机场等全球航空枢纽应进一步强化国际航空功能,匹配顶级全球城市发展要求。宁波、无锡重点打造立足本地、服务区域的综合航空枢纽,匹配综合性全球城市发展要求。其他城市重点打造支撑城市自身功能的地方专业机场,开设廉航、旅游、商务等功能的特色航线,匹配特殊功能性全球城市发展要求,强化以城际轨道网为主支撑多机场间的联动。

（二）共建分工协作的世界级港口群

针对都市圈港口群航运业务附加值不高、港口之间缺乏分工协作等问题,未来应积极推动港航资源整合,优化港口布局,健全一体化发展机制,增强服务全国的能力和在世界航运市场的竞争力及话语权,形成合理分工、

相互协作的世界级港口群。

一是做大做强上海国际航运中心集装箱枢纽港。积极发挥上海港在都市圈港口群中的核心和引领作用，全面提升面向"一带一路"、长江经济带等国家战略的服务能力，巩固提升国际海港枢纽地位。二是优化区域港口功能布局，推动港口群更高质量协同发展。加强沿海沿江港口江海联运合作与联动发展，鼓励各港口集团采用交叉持股等方式强化合作，推动长三角港口协同发展。三是完善区域港口集疏运体系，突出江海联运、海铁联运，重点建设都市圈高等级内河航道网络和疏港铁路，开拓水水联运、水铁联运业务。

二、构建大都市圈城际"一张网"

为应对现状都市圈层级的轨道缺失、服务水平不高等问题，上海大都市圈致力于转变以往以"干线贯通"为主导的轨道建设模式，构建一张"直连直通"的都市圈轨道网络。

（一）一张高效互联的轨道网络

为了解决都市圈层级的轨道规模不足、覆盖率低的问题，上海大都市圈在轨道网络构建中采用枢纽锚固的手法，首先构建了与全球城市功能体系相匹配的枢纽布局结构。其中，顶级全球城市布局5个两线以上轨道枢纽，综合性和专业性全球城市布局3~4个两线以上轨道枢纽，全球功能性节点和支撑性节点布局1~2处两线轨道枢纽。以此为基础，到2050年基本能够实现对上海大都市圈内的县级单元和乡镇轨道全覆盖。

为了支撑上海大都市圈与国家中心城市间的高效流动、实现都市圈各功能节点间的畅达互联，还需要在全球城市和全球功能性、支撑性节点之间构建不同功能等级的轨道走廊。其中，连通全球城市的主要交通走廊内原则上有2~4条轨道线路复合支撑，即包括链接国家中心城市的国铁干线和服务都市圈内出行的城际线路。如沪苏锡常走廊内，既有面向国家和城市群的京沪高铁、京沪铁路、沪宁城际，也有服务都市圈内部出行的苏锡常城际和跨区地铁。次级交通走廊主要连通全球功能性节点和支撑性节点，每条次级走廊内一般有1~2条轨道线路支撑。如太仓—常熟—张家港—江阴—常州市区走廊内，除拥有服务城市群的南沿江高铁外，通过市域线的跨区衔接，形成了更适合服务区县单元之间联系的都市圈轨道走廊。

（二）一张直连直通的轨道网络

为改善上海大都市圈站城耦合不佳的问题，核心是要提升轨道枢纽对都市圈重要节点地区的覆盖，保障都市圈重要功能板块间的直连直通。因此，规划旗帜鲜明地提出了"新建城际线路站点必须进入城市中心地区"的原则，以此为前提完善都市圈轨道网络布局，最终使轨道枢纽对重要节点地区的覆盖率提高到92%。与此同时，通过增加与城市空间耦合较好的既有城际站点的发车班次，如上海站、苏州园区站、无锡新区站等，使一些重要城市功能节点的轨道服务水平明显得到提升。

此外，上海大都市圈拥有1 000 km以上的既有普铁网络，这些普铁线路普遍与城市中心耦合较好，线位条件优越，运能富余，但未得到充分利用。如京沪铁路、沪昆铁路等既有普铁上的上海站、苏州站、无锡站、嘉兴站等枢纽站点均位于沿线城市的中心。上海大都市圈在未来的轨道线网建设中，应重视对既有普铁的改造提级，利用富余运能开行都市圈城际及市域班列，强化站城融合。通过枢纽与重要节点地区的融合发展，将使得都市圈城际出行的便利性得到大幅提升，枢纽对空间发展的带动作用更加明显。

（三）一张功能融合的轨道网络

上海大都市圈未来将形成由国铁干线、都市圈城际、跨区地铁等系统组成的7 000多km轨道网络。其中，重点织补都市圈层级轨道网络，与既有普铁共同作为服务都市圈内城际出行的轨道主体，未来将承担都市圈内约80%的城际出行需求。与此同时，利用国铁干线和跨区地铁作为都市圈内城际出行的补充。其中，国铁干线承担约15%的都市圈城际出行比例，跨区地铁承担约5%的城际出行比例，基本分布在沪苏锡常城镇密集地区。

此外，推动都市圈轨道实现公交化运营，提升服务品质。优化公交化运营车型设计，在保障安全前提下适当提供更多站立空间，增宽车厢门，便于高峰小时旅客快速乘降。提高发车频率，根据实际客流需求分区段多交路运营。推广区域交通设施联乘换乘，乘客可采用实体或虚拟"都市圈一卡通"乘坐都市圈内的铁路、地铁、常规公交等多种公共交通。公交化运营列车采用站台候车形式，减少乘客站厅内候车时间。加快推进铁路与城市轨道专用换乘通道设置，最终实现大都市圈内跨区出行门到门一次安检。

（四）一张共建共享的轨道网络

都市圈轨道将承担高频次、规律性的城际出行需求，需要提供有别于既有国铁干线服务模式的更灵活、更开放、更高水平的建设、运营、管理机制。因此，建议成立由都市圈内各个地级市共同组建的轨道交通建设运营实体，都市圈轨道层级的铁路所有权、经营权下放至都市圈轨道建设运营实体公司，由都市圈轨道建设运营实体公司负责协调规划方案、落实资金、自主建设、运营和沿线土地综合开发，促进大都市圈内轨道设施共建共享。

在相关主体提出规划设想后，由都市圈轨道建设运营实体负责统筹和协调跨区轨道规划方案，并与相关城市交通主管部门、项目专责小组共同决策。统一都市圈轨道制式，便于车辆跨线运营，避免因重复建设造成资源浪费。统筹协调跨区市域（郊）线路，保障各市轨道网络在规划建设中为相邻城市线路预留接口。

在项目方案稳定后，都市圈轨道建设运营实体需要负责协调落实轨道建设项目资本金筹措，并负责跨区轨道项目的前期设计、报建和管理工作。对于都市圈自建轨道项目可进行自主运营，包括独立于国铁干线系统的自主定价、公交化运营、多交路运营等。

除此之外，都市圈轨道建设运营实体需负责跨区轨道线路的沿线土地综合开发，以收益支持都市圈轨道系统的建设和发展，形成正向反馈。依托铁路车站客流，将铁路车站及周边用地进行商业化改造，提升车站魅力，实现由"人员通过型车站"向"人员集中型车站"转变，推动站城一体化发展。

三、连通低碳魅力的绿色交通网络

针对当前都市圈特色化绿色交通服务类型单一、体验不佳、设施品质不高等问题，上海大都市圈结合丰富的自然、文化资源条件，提出重点构建江南魅力、行游相宜、健康活力、多样趣味的高品质低碳绿色交通系统。

（一）1500km江南魅力的水上游线

上海大都市圈将建设江南魅力水上游线，重点依托江河湖泊资源，打造服务日常生活、文旅等多种功能的内河游线和湖泊游线。其中，内河游线约1000km，重点围绕京杭运河、吴淞江、太浦河、黄浦江、余姚江/奉化江—甬江组织中长距离水上客运线；依托溆浦河线、南溪河线、太湖—

苏州古城—虞山线、太湖—乌镇线、阳澄湖—淀山湖线打造短距离水上客运线。湖泊游线约500km，重点结合太湖、阳澄湖、淀山湖、滆湖、长荡湖等湖泊资源组织。

同时提升城市水体水质，在都市圈内打造若干可体验的湖泊、可接触的荡漾。开放皮划艇、游泳、桨板等水上运动，配备安全应急措施和技能培训，促进居民在城市中与自然亲密接触。

（二）1 100km 行游相宜风景列车游线

上海大都市圈将建设行游相宜风景列车，重点结合太湖、天目山、四明山、崇明岛等核心风景地，建设行游相宜的大都市圈最美风景地高品质旅游列车，包括环太湖风光线（苏州—湖州—无锡）、太湖南岸风光线（宜兴—安吉）、水乡风光线（虹桥—南浔）、跨湾沿海风光线（浦东—宁波）、江海风光线（南通—通州湾）、竹海风光线（宜兴—竹海）、天目山风光线（安吉—天目山）和四明山风光线（余姚—四明山—宁波西）、崇明岛风光线等。形式上包括依托大都市圈多层次轨道系统开设观光列车、新建山地旅游轨道或缆车、观光巴士或有轨电车线三类。

结合地域文化要素、潮流IP、主题活动等，设计特色车厢内外装饰，并提供长短线服务和特定节日主题、黄金时间段线路等多种车次选择，以及特色餐饮、文艺表演等服务，以进一步提升旅游列车的高品质体验。

（三）3 500km 健康活力骑行网络

上海大都市圈将建设健康活力骑行网络，重点结合都市圈湖、海、岛、山资源分布以及当前热门骑行线路，依托绿道与公路网络构建。都市圈中部打造"两江六湖、三射五联"骑行网络；南部打造"两山两岛一湾一江一湖"骑行网络；北部建设"三岛环线网络"。

通过提升配套硬件设施和完善制度保障，提高网络的安全性、连续性、舒适性、兼容性。安全性上，重点提高公路骑行道"机非隔离"水平，改进隔离形式；连续性上，重点保障骑行路径连续；舒适性上，重点是沿线每隔5~10km增加休息、补给等配套设施，改善长途骑行体验；兼容性上，重点解决骑行者携带车辆搭乘公交系统的问题，骑行网络沿线的部分轨道交通、地面公共交通、跨河跨江轮渡等公交系统、应允许并提供携带自行车的空间。

（四）6 100km 多样趣味绿道网络

上海大都市圈将建设多样趣味绿道网络，重点结合山、海、湖、田、乡等特色资源,构建通江达海、依山傍湖的区域绿道网络。区域绿道系统包括一级区域绿道约3500km,连通重要生态旅游资源,体现各地特色;二级区域绿道约2600km,连接完善整体绿道网络。根据沿线景观风貌,打造城镇型、郊野型、山地型、保育型4类绿道。城镇型和郊野型绿道主要服务居民的休闲游憩活动,郊野型绿道更需处理好与生态环境及郊野地区文化的关系;山地型绿道主要服务徒步、攀登等户外运动;保育型绿道则以生态保育为主要目的。

依托绿道网络,挖掘文化体验、观光旅游、亲近自然、教育科普、探险寻宝、健康运动等多种功能,打造文脉运河、水乡古韵、魅力都市、名湖名景、山海风情等精品游线,并引进精彩运动赛事丰富绿道体验,提升全民吸引力与国际影响力。

第三节
从对外辐射到内部通达：
都市圈的融通共赢路径

Section 3
From External Radiation to Internal Access: the Integration and Win-Win Path of Metropolitan Areas

高效畅达的交通系统是保持都市圈活力、提升国际竞争力的关键要素之一，而对多元户外休闲活动的需求也是都市圈经济繁荣下的共性需求。当前，上海大都市圈正处于从对外辐射到内部通达、从独立发展到区域协同的转型阶段，这也正是国内其他成熟都市圈普遍面临的挑战，其交通共建共享、融通共赢的规划思路对其他都市圈具有重要的借鉴意义。

一、通过强化分工协作，提升枢纽集群服务能力和运行效率

（一）核心枢纽提升面向全国乃至全球的辐射服务能力

世界级枢纽群并非单纯以"量"取胜，其核心枢纽的服务能力决定枢纽群整体服务能力的上限。因此，都市圈应重点强化核心枢纽面向全球的辐射能力以及面向航运高端服务的供给能力。

首先，应推动"扩大包括第五航权在内的航权安排"政策措施在核心枢纽落地，吸引更多的国际航空公司和客货运航线，实现与全球重要城市高效连通，并与全球供应链格局相匹配。在此基础上，将核心枢纽的部分非核心功能向周边枢纽转移，并通过城际铁路、轨道交通等设施将各航空枢纽高效连通，形成功能互补的核心枢纽群，进一步释放核心枢纽的运能。另一方面，推动高端航运服务产业、航运信息资源、航运金融功能等要素在核心枢纽集聚，重点推进航运与金融、保险的跨界融合。

（二）各城市因地制宜走特色化枢纽发展之路

枢纽是城市对外联系的重要门户，也是带动周边地区产业发展的重要

引擎。在都市圈一体化发展背景下，各城市应结合其在都市圈中的功能定位和在产业体系中所承担的角色，走特色化的枢纽发展之路。具体而言，一是枢纽规模应"量力而行"，结合枢纽辐射腹地客、货流水平和经济发展水平，以适当预留发展弹性为原则控制发展规模，在都市圈范围总体形成金字塔型的枢纽群结构；二是按照客、货流特征设置枢纽集疏运方式，核心枢纽应优先选择能快速直达都市圈主要节点的集疏运方式，其他枢纽应重点考虑与主要客源地的便捷联系，按照"宜水则水、宜铁则铁"原则安排货运集散系统。

二、通过共享通道与场站资源，实现都市圈轨道融合发展

（一）重点促进都市圈城际和市域（郊）铁路的网络融合

在以往的轨道系统建设中，高等级国铁干线的贯通一直是发展重心，但既有铁路的运营模式已经无法满足高频次、规律性城际商务通勤人群的诉求。未来的都市圈轨道系统需要构建区别于国家级廊道、更强调与都市圈核心增长极直接关联耦合的轨道交通体系，即都市圈层级的轨道网络。

都市圈轨道融合发展的重点是促进都市圈城际与市域（郊）铁路的网络融合，共享通道与场站资源。一些市域（郊）铁路在承担市域内部联系的同时也是都市圈城际走廊，而一些都市圈城际线路也需要兼顾服务市域内部各板块之间的联系。因此，从通道和场站的资源共享、土地资源的节约以及跨线灵活运营的角度考虑，应统一都市圈城际和市域（郊）铁路的标准制式，使两网在通道上互联互通，在功能上互相弥补，推动网络化运营组织，共同服务于都市圈内部的紧密联系。

（二）地方政府需要在都市圈轨道建设中发挥更大的主观能动性

为促进都市圈城际铁路与市域（郊）铁路网络融合，地方政府需要在都市圈轨道交通建设中争取更大的主动权。近年来，除省级层面纷纷增资改建、合并重组铁路投资公司外，市级层面也开始建立城际铁路公司，负责城际铁路项目的投融资、建设、运营管理以及综合开发。未来，地方政府应积极发挥在都市圈城际铁路、市域（郊）铁路建设和运营中的主导作用，推进铁路部门与城市规划及交通部门、地铁企业在合作机制、技术运营和商业开发等方面相互协同。

三、通过链接资源及运营管理,增加特色化绿色交通吸引力

(一)注重交通系统与自然、文化资源的结合

特色化绿色交通系统构建的目的不再是单纯追求点到点联系的速度与效率,而是尽可能地使交通过程本身转变为休闲活动。这不仅可以方便市民和游客出行,也有利于增强城市美感和生态体验,提升城市宜居性和归属感,还能够促进人们亲近自然,形成健康的生活方式。

实现这种转变,需要注重将绿色交通系统与山、海、湖、岛、林、田、村落、公园、景点等自然、文化资源相结合,共同形成特色化的绿色交通网络。同时注重服务问询、休息补给等停留节点的配套建设,便于人们驻足休整、沉浸体验。此外,还需要打破制度障碍,促进跨界地区特色化绿色交通网络的连通,保障网络连续性。

(二)注重体验和服务品质,强化运营管理

特色化绿色交通系统主要服务以运动(如步行、骑车、划船、游泳等)、公共交通(如游船、轨道)为主的休闲活动,参与者对服务体验和品质有更高的标准和期待,其行为特征和需求更加多元和多变。

因此,在构建骑行网络、亲水游线、区域绿道、风景列车等实体网络空间之外,也需要注重经营管理。一方面是要以实体网络为载体,提供多样的服务体验,包括线路与车次选择、特色餐饮、文艺表演等,同时结合新的户外活动需求,挖掘新颖的创意活动形式,包括融合互联网、引入虚拟现实等技术手段,融汇赛事、影视等IP主题,以及融入勋章、积分奖励机制等。另一方面是要关注安全问题,提供必要的活动技能、安全等培训课程,并做好突发事件的应急预案,只有这样才能打造出真正具有吸引力的特色化绿色交通网络。

CHAPTER 7
PROTECTING AN ECOLOGICAL OASIS OF HARMONY AND SYMBIOSIS

第七章
共保和谐共生的生态绿洲

生态环境是人类生存和发展的基础。上海大都市圈拥有良好的生态本底条件，面对未来更高品质人居环境的挑战，各城市需要贯彻生态优先的新发展理念，凝聚绿色共识、共促绿色发展。上海大都市圈将坚持践行"双碳"国家战略，坚持协同治理区域环境，坚持生态空间的保护与修复。同时，高度重视粮食保障安全、能源供应安全等，提高城市应对极端气候等灾害的能力，构建安全保障系统，提升安全韧性水平。最后，将统一平台、统一标准、统一要求，建立区域一体化的机制保障，推动区域联防联治。

Ecological environment is the basis for human survival and development. Greater Shanghai Metropolitan Area has a good ecological base. Facing the challenge of a higher-quality living environment in the future, cities within the metropolitan area ought to implement the new development concept of ecological priority, build a green consensus, and promote green development together. Greater Shanghai Metropolitan Area will persist in implementing the "carbon peaking and carbon neutrality" national strategy, persist in coordinated governance of regional environment, and persist in the protection and restoration of ecological space. At the same time, Greater Shanghai Metropolitan Area will attach great importance to food security and energy supply security, build a regional security system to enhance regional resilience and member cities' competence to deal with disasters such as extreme climate. Finally, a unified platform, unified standards, and unified requirements of the metropolitan area will be established to form a mechanism guarantee for regional integration, and to promote joint prevention and governance in the region.

第一节
全球城市区域的
生态保障思路

Section 1
Ecological Guarantee Ideas in Global City-Regions

上海大都市圈生态资源禀赋优越，但作为我国经济最为活跃的地区之一，生态保护与城市建设之间的矛盾也极为突出。结合上海大都市圈生态共保的特征与问题，立足世界眼光、国际标准、中国特色，探索跨行政区生态环境高质量一体化发展的新路径，提出全球城市区域的生态保障思路。

一、上海大都市圈生态安全共保的特征与问题

（一）水脉相依、河网密布，但水系统治理难度大

自古以来，水就是上海大都市圈不可分割的生命之脉。都市圈内水网密布，河湖水面率高达 14.1%，内河网密度达 2.5km/km^2。这里既有以太湖、淀山湖等为代表的湖荡水网，也有以运河、塘浦为骨架的平原圩田式水系，还有源于天目山等高地的山川水系。因此，上海大都市圈水系统问题复杂，治理难度较大。一是水生态空间有待恢复，近 20 年来都市圈河湖水面面积有所减少。二是水环境质量有待提升，2019 年都市圈地表水水质优良（Ⅰ~Ⅲ类）水体比例仅为 65.1%，近海海域整体为劣Ⅳ类水质。三是水安全风险依旧存在，太湖流域地势平坦低洼，且城市间竞相建圩导致水网自然调蓄能力不断降低，加之近年来极端天气频发、全球海平面不断上升等客观因素，水安全保障面临前所未有的挑战。

（二）地形平坦、物种丰富，但生态保护与城市建设矛盾突出

上海大都市圈是典型的江南水乡地区，位于长江三角洲的冲积平原，地形平坦开阔，水系、湿地、海洋等涉水生态资源丰富。然而，快速扩张的城市建设造成了大量生态空间被侵占，区域型生态廊道存在不同程度的断裂，生物多样性保护受到威胁。

（三）空气改善卓有成效，但能源消费结构仍以化石燃料为主，碳排放量较大

上海大都市圈各城市的空气质量均显著提升，但现状能源利用仍以煤炭等化石能源为主，煤炭消耗占一次能源消费比例约为47.3%。产业结构中仍有较多高耗能、高排放的重工业，电厂等工业源污染物排放占排放总量的70%以上，碳排放量高企问题突出。据统计，2019年上海大都市圈碳排放总量约7.6亿t，人均碳排放量为12.3t/人，均高于长三角平均水平。

二、全球城市区域绿色低碳发展与生态安全共建的新趋势

（一）注重生态空间保护和重要廊道构建

上海大都市圈处于太湖流域，是生态命运共同体。在过去发展中，上下游流域协同共治的诉求日益突出。借鉴全球城市区域的生态建设经验，都市圈应更加注重生态空间的协同保护，并加强区域重要生态廊道的识别与构建。

都市圈应将城镇开发边界和绿带作为控制城市蔓延的重要措施，协同共保区域生态空间。在严格保护自然地、农林地和绿地，确保生态廊道连续性的基础上，积极开发和利用绿色空间内的农业生产和绿色休闲功能。结合区域山、水、林、田、湖、草等生态要素分布及生态服务功能优化需求，以区域重要生态廊道串连区域生态要素，严格管控建设行为，加强景观格局的特色塑造。

（二）强调区域协同减碳和因地制宜施策

全球气候变暖、能源危机爆发等国际性问题让低碳发展理念在国家之间达成共识。全球城市区域推动了节能减碳的社会变革，引领了城市低碳发展（高云等，2017）。上海大都市圈是长三角高质量一体化发展的领头羊，需要率先探索温室气体减排的路径。

首先，都市圈应全面系统地推进节能减排。围绕能源、产业、交通、废弃物、林地与土地利用等五大维度，系统推进各领域的减碳工作，并聚焦能源、工业等重点维度的节能降碳。其次，应基于不同的地理区位和城市结构，采取因地制宜的低碳发展策略。通过差异化的规划定位来引导城市的多元发展，以城市的功能与产业分工推动区域的整体降碳。第三，应充分发挥中心城市对全球城市区域的引领作用，辐射并带动周边城市减碳（郭巍，2021）。

国际视野
巴黎大区：
平衡保护与发展
International Perspective
Paris Region: Balancing Conservation and Development

为应对气候环境变化，实现可持续发展的总体愿景，巴黎大区提出了"联结—构建""极化—平衡""保护—发展"作为愿景的三大空间支撑，其中平衡保护与发展是巴黎大区维护自然生态系统可持续发展的核心理念（陈洋，2015）。具体而言，巴黎大区以重塑城市和自然的关系，建设一个更有活力、更加绿色的大区为目标，针对自然空间保护与城市蔓延控制两方面提出了生态系统建设的核心举措。

一是构建区域系统下的开放空间。将所有开放空间均纳入规划，加强绿地、林地、农田等自然区域的保护。针对大型林区、农业平原高原和以谷地为主的郊野地区，开展大区自然公园建设，提高自然空间品质；针对农田集中化地区，通过保护农业用地和维护其生态、生产功能进行巩固提升，保障可持续的粮食供应，维护城市粮食安全；针对都市区内的绿地和自然区域，考虑与街区更好地链接在一起，实现景观美化、休闲娱乐、粮食供应、雨洪韧性等多重功能。以城市边缘带作为城市或乡镇的发展边界，控制城市的无序扩张，并通过打造具有更好通达性与高质量的公共空间将这条边界与景观融为一体。

二是保障重要的生态链接带。仅保护开发空间并不足以保证生态系统的永续发展，功能性和可达性也十分重要。巴黎大区将呼吸空间、生态廊道空间、农业和林业联系带、绿带四种类型的生态空间作为生态链接带进行保护，提升了生态系统稳定性，更好地保障了生态系统功能。

国际视野
东京都市圈低碳发展模式
International Perspective
Low Carbon Development
Mode of Tokyo
Metropolitan Area

东京都市圈以东京都为重点,各城市协同推动减碳工作。

一是建立都市圈内各市区共同合作计划,加强区域低碳技术的推广应用。2009年就已设立新东京都政府市政资助计划,促进东京与东京都市圈内所有地区进行广泛合作,将东京的先进减碳理念和减碳技术在周边市县推广应用,通过中心城市带动周边城市,达到低碳协同发展的目标。计划通过各项低碳合作项目的实践,建立区域内的创新合作组织与管理制度,从而保证与进一步推动新的低碳项目设计与实施。

二是优化区域功能定位与空间布局,持续推进"产业—空间"协同的绿色转型。东京都市圈城市产业分工明确,严格工业能耗控制,不断推进绿色化改造;同时不断完善城市间的绿色交通组织,建立可持续导向的基础设施和公共服务设施网络,将周边城市作为缓解大都市人口压力和经济、社会、环境问题的重要手段,推进都市圈整体集约、高效、绿色发展。

三是统筹东京都市圈的能源供给网络,以东京都为中心推进低碳能源管理,保障都市圈的能源供应安全,从能源供应的角度推动低碳建设。在实现东京内的能源结构清洁化的基础上,能源变革也逐步推广到周边的千叶县、神奈川县等,将都市圈内现有老化电厂替代为先进的天然气轮机联合循环发电机组,实现了都市圈整体的电力高效化、低碳化(贾品荣等,2020)。

国际视野

东京都市圈
低碳发展模式
International Perspective
Low Carbon Development
Mode of Tokyo
Metropolitan Area

东京都市圈以东京为中心，包括东京和周边的琦玉县、千叶县、神奈川县等地方自治体，在城市功能分工方面，加强区域地域的合作以形成多心型都市圈。2009 年基于环境优先原则的政策框架下，制定了零排放东京都市圈的基本设想并加以实施，将东京作为全球生态环境城市大都市圈的基础。在具体措施上，通过建设都市绿地带、森林、河流的绿色网络，同时倡导节能减排、低碳循环的生活方式，建立起实现可持续发展的都市生活环境，并围绕一些具体的领域和项目设立各项指标，在减少碳排放的同时提高城市的宜居性。

主要集聚区域集中于三个层面，核心地区"北部—空港"地带的羽田空港周边地区，沿湾岸高速公路的工业地带，广大工业地带区，不断带动集中实现，同时不断不断地扩大集中规模。为此，建设临湾岸高速公路周边公共服务设施和研究机构设施，同时建设城市休闲及体育空间以及满足社会、经济发展需要，将城市的重要新业区。除此之外，在临湾岸三层地带。东京都市圈的临湾区体系将沿羽田空港、大井的服务业、保税区沿线的商业发展，以国际贸易的展会建设为中心，沿湾区内商业、服务业及其他高端工业区进行扩展，建造出一流的商业集聚、生活便利、交通便捷的城市区域，并形成了各种特色区域核心的发展次心区。预计在21世纪发展到 2020 年。

第二节
营造世界级品质的生态共同体

Section 2
Creating a High Quality Ecological Community

营造世界级品质的生态共同体是上海大都市圈永恒的追求。规划提出推动区域的发展转型,探索绿色低碳的发展路径,推动全社会的节能减碳;通过区域统筹推进河流水系的治理与大气污染的控制,共同打造碧水蓝天的美好家园;坚守区域生态底线空间,保护生物栖息地,不断丰富物种多样性;构建更韧性的安全保障系统,提升城市和区域整体应对重大安全风险的能力。

一、推动区域绿色、低碳、可持续发展

坚持生态优先、绿色发展,以生态环境高标准倒逼经济社会发展转型升级,率先将生态优势转化为经济社会发展优势,是都市圈协同发展的核心要义。作为长三角发展的核心区,上海大都市圈应提高区域的自主贡献力度,先行探索绿色低碳转型,采取更加有力的政策和措施推进碳排放减量化,力争2030年以前率先实现碳达峰,支持有条件的城市碳排放先行达峰。同时,上海大都市圈将增加造林空间,提高森林覆盖率,增强碳汇总量,并全面推进碳减排工作,争取2060年以前率先实现碳中和,为全国其他地区做出示范。

借鉴国外节能减排的实践经验,上海大都市圈应积极探索碳减排领域的集成新方法、新技术,实践人与环境和谐共处的城乡发展模式。推广低碳生产模式与低碳生活方式,改变高碳的经济发展方式,推动产业与能源结构、行业与产品结构的绿色化进程,推广循环再利用、低碳节能技术;在厂房建设、产品制造、物流运输等环节增加再生能源及新能源的应用比例,提高材料的循环利用程度;发展低碳化的交通方式,从社区城市设计、

交通出行模式、交通工具绿色化等三个方面落到实处；倡导简约适度、绿色低碳的生活方式，普及绿色建筑，采取装配式建筑等绿色建筑技术，建设低碳社区，推动社区低碳能源应用、固废循环利用、水资源节约使用和日常生活绿色化。

（一）绿色产业：推动产业转型升级，发展高端制造业与服务业

上海大都市圈应构建绿色低碳的循环经济产业，设立区域的产业负面清单，限制钢铁、化工、纺织、造纸、建材、电力和有色金属冶炼等七大高耗能行业发展，现有的高耗能、高污染产业应逐步腾退或升级改造。在此基础上，推动产业结构优化调整，助推制造业的转型升级，重点发展生物医药、机器人、航空航天等三大高端制造业。同时，促进区域内服务业的高质量发展，结合互联网、人工智能等技术应用，提升服务业的生产率，稳定劳动力就业能力，从而更好地推动产业碳排放减量化。

上海作为碳排放量最高的城市，应进一步优化产业结构，重点发展高端制造业与服务业，并通过产业的规划引导控制临港新片区产业发展的碳排放量。舟山在引进石化产业的同时应引入先进的生产工艺，加强绿色石化基地的建设。南通应推动通州湾的低碳建设，实施石化、钢铁等产业的超低排改造，控制工业碳排放。

（二）低碳交通：构建都市圈"轨道一张网"，发展多式联运

上海大都市圈的机动车保有量较高，目前上海、苏州等城市的机动车保有量均已超过400万辆，私家车的出行比例较高，而公交出行比例较低，导致交通的碳排放达到了总量的20%~30%。为了推进绿色低碳的交通体系，应重点加强城际铁路和市郊铁路建设，基本实现县级单元的轨道枢纽全覆盖。通过提升枢纽对都市圈重要节点地区的覆盖程度，实现重要功能板块的直连直通，减少跨城际的私家车出行。同时，应积极倡导公众采用公共交通、自行车和步行等绿色出行方式。为了提升公交出行比例，需完善城市内的公交运营体系，公交站点500m覆盖范围面积占建成区面积比例达到80%，并全面推行新能源车的使用。在社区城市设计、交通出行模式等方面考虑非机动车的配套设施建设，优化道路断面的设置与停车点位的布局，扩大非机动车的出行空间，鼓励绿色低碳的出行方式。

铁路、水运相较而言是区域货运交通中节能效果最为突出的交通方式，故应大力发展以铁路、水运为骨干的多式联运，推动水水联运、水铁联运高质量发展，倡导工矿企业、港口、物流园区等铁路专用线建设，减少大宗货物公路运输量，增加铁路和水运在综合运输中的承运比重，持续降低运输能耗和二氧化碳排放。

完备的港口岸电设施配置对于降低油耗和减少碳排放起到重要作用，因此要积极倡导完善都市圈港口岸电设施装备，协调配套设施建设，制定船舶使用岸电定价机制，降低船舶的能源消耗与大气污染，规划上海、宁波—舟山、苏州、常州、无锡港口泊位的岸电装备比例不低于50%。

（三）清洁能源：推进新能源利用，降低单位GDP能耗

上海大都市圈将充分发挥沿海、沿湾地区的风力资源优势，因地制宜推进陆上风电，在有效控制对候鸟迁徙环境影响的前提下有序开展上海、南通等地区的海上风电建设。在加快建设风电的基础上，依托长三角氢能利用的"领头羊"优势，以上海、苏州、南通和嘉兴基地为抓手，推动长三角氢能产业发展。提高区域核电利用水平，完善嘉兴秦山核电基地等区域核电站运行和管理。此外，合理发展区域生物质能、潮汐能和地热能，探索微电网、能源物联网等综合能源形式，并积极引入区外新能源电力，构建清洁低碳高效的现代能源体系，争取到2050年非化石能源比重不低于25%。

上海大都市圈也应实施能源和煤炭的总量和强度双控，降低能源消耗总量，提升能源的利用效率。以加大能源科技的投入为核心，鼓励节能技术的研发应用，通过政策手段支持企业引进高效节能的设备、新能源设备等，实施节能技术的更新改造。规划至2050年，大都市圈的单位生产总值能源消耗量控制在0.3t标准煤/万元以内。

（四）绿色建筑：推进建筑领域低碳技术应用，鼓励低碳社区、街区和园区建设

上海大都市圈借鉴上海市在绿色建筑领域的实践经验，转变建筑业发展方式，推动绿色建筑建设的普及。全面推广装配式建筑，加大建筑废弃物的资源化利用力度。优先开展公共建筑、工业建筑的绿色低碳技术应用，鼓励住宅的绿色建筑使用。规划至2035年，区域内新建建筑中符合国家标准绿色建筑一星级的比例达到100%。

上海大都市圈将积极探索低碳社区、低碳街区和低碳园区的建设。提升社区内节能建筑的比例，完善生活垃圾的分类收集与资源化利用体系，利用低影响开发设施建设海绵小区，提升雨水的资源化利用程度，建设低碳社区。以湖州小西街历史文化街区等重要街区为试点，依托太阳能路灯建设、非机动车停车点设置、用地功能的优化布局等措施，打造低碳街区。基于厂房的节能技术应用，结合园区内资源、能源的循环利用，重点建设上海临港新片区低碳园区。

（五）创新制度：探索区域碳排放交易平台与碳金融制度建设

上海大都市圈将创新碳排放协同制度，积极参与国家碳排放权交易市场建设，建立完善重点单位碳排放报送制度并加强管理和督查，引导培育碳交易咨询、碳资产管理、碳金融服务等碳交易服务机构，打造大都市圈碳市场服务行业特色。依托上海碳排放权交易市场，探索扩大建立区域碳排放权交易市场。加强碳金融创新，充分发挥大都市圈各城市的金融资本资源，推广绿色金融改革创新，组织推动相关金融机构和企业发行绿色金融债券和绿色企业债券，积极支持符合条件的绿色企业上市融资和再融资，支持开发绿色债券指数、绿色股票指数以及相关产品，加大绿色信贷推广力度，逐步建立和完善上市公司和发债企业强制性碳排放信息披露制度，努力将大都市圈建成全国重要的碳交易平台和碳金融创新中心。

二、营造更优质的区域环境

（一）保护更洁净的区域水环境

上海大都市圈河湖交错、水网纵横，水作为江南地区得天独厚的自然要素，与都市圈生态、生产及生活各方面均息息相关。高品质的水环境是都市圈生态文明建设的基本要求，也是人民美好生活的必然需求。因此，上海大都市圈规划提出至2050年地表水水质优良（Ⅰ~Ⅲ类）水体比例应力争达到100%的愿景目标，并以上下游城市水污染协调、跨界水体治理、重点河湖水系整治和区域型水源集中区保护为重点，提出水环境提升的核心举措。

共同保护区域饮用水源地。长江以协调饮用水源地与沿江产业布局为重点，推进污染防控。长江沿线各城市统筹产业空间布局，推进低小散企业入园，清退沿江的重污染工业，预留饮用水源地生态缓冲空间。太湖以流域污染负荷控制为重点，环太湖战略协同区应共同推进实施入湖污染物及浓度双控制度，分年度有计划削减上游工业、农业及生活污染负荷，全面提升太湖22条主要入湖河流水质。太浦河以建设清水绿廊为抓手，以"绿色生态廊道、绿色水源通道、绿色洪涝通道"为目标，全面推进太浦河滨江产业转型升级、公共空间连通、环境景观塑造等工作，切实保障嘉兴长白荡和上海黄浦江上游金泽水源地供水水质安全。

建设清水绿廊。上海大都市圈明确清水绿廊是以"水质提升和公共空间贯通"为总体建设目标，具有泄洪、航运、景观、生态等多重功能，并兼顾引水、供水等功能的区域性廊道空间。规划协同推进京杭大运河、望虞河、长荡湖—新孟河、漏湖、太浦河、黄浦江、吴淞江、东苕溪—湖州环城河—长兜港、西苕溪—旄儿港、余姚江、甬江等10条区域性清水廊道建设（图7-1），并统筹制定清水廊道的建设与管控要求。

协同治理海陆水环境。针对不同地区的水环境特征与问题，以协调跨界水体治理为核心，上海大都市圈提出了分片区水环境治理重点。太湖流域和江北流域以乡村振兴为抓手，升级传统农业生产模式，控制农业面源污染。浙东流域以防治近海石化污染、加强应急体系建设为重点，统一开展浙东沿海地区石化产业的环境风险评估，并制定杭州湾石化集中区污染应急管理机制。此外，沿海地区应加强入海河流水质提升工作，重点开展九圩港、通吕运河、吴淞江、黄浦江、甬江等河流生态廊道建设，加强滨水空间管控，提高入海河流水质，同时完善入海排污口布局，加强源头污染输入控制。

（二）保护更清洁的区域大气环境

大气是人类赖以生存的自然资源，空气质量与上海大都市圈每个人的健康密不可分。然而，雾霾、酸雨等大气污染现象频发也给人们敲响了警钟，必须重视大气环境对于公众健康的影响。因此，上海大都市圈提出至2050年环境空气质量优良率达到95%以上，并着重从能源结构优化和产业结构调整两方面提出了规划要求。

调整区域能源结构。虽然以煤炭为主的化石能源仍然将是我国的主要能源，但是上海大都市圈作为长三角绿色低碳的先行示范区，进一步优化能源结构、提高清洁能源利用势在必行。上海大都市圈规划实施区域能源和煤炭的总量和强度双控，禁止新建除公用热电和原料用煤外的用煤设施，同时以控制重点行业的燃煤大气污染物总量为支撑，规划至2050年区域内煤炭占一次能源消费比重不高于30%。

深化工业污染防治。上海大都市圈提出防治大气污染要从源头出发，推动产业结构调整和工艺升级改造，引导低小散的工业入园，实施统一的监管与控制，同时重视挥发性有机物的治理，防范异常严峻的臭氧污染风险。

图 7-1 上海大都市圈骨干河湖规划图
Fig.7-1 Planning of backbone rivers and lakes of Greater Shanghai Metropolitan Area
来源：《上海大都市圈空间协同规划》

三、锚固更稳定的生态空间网络

上海大都市圈依江傍海、钟灵毓秀、物阜民丰，是长三角地区生物多样性的典型代表。这里有世界规模最大的潮间带滩涂，这里有多样化的江河湖淡水生境。优良的生态基底孕育了江南水乡特色的花鸟虫鱼草兽，也为国际候鸟迁徙提供了重要通道。但是平原地区缺乏天然的生态屏障，导致生态空间更容易受到侵蚀。因此，为更好地保护生物多样性，共建都市圈的生命共同体，上海大都市圈需衔接主体功能区划，构筑稳定畅达的生态网络，提供生物自由迁徙、自由流动的通道。通过锚固生态底线空间，强化自然保护地的刚性管控，为动植物提供良好的栖息场所。对于生态质量下降的地区，规划实施山水林田湖草的生态修复，推动受污染土壤的生态治理，恢复原有的自然生态系统（图7-2）。

（一）衔接落实主体功能区战略，构建区域生态安全格局

主体功能区划是引领都市圈空间协同规划的战略性、基础性和约束性的前提，基于主体功能区划的划定成果，通过差异化的政策引导都市圈内的人口分布、经济布局与资源环境承载力相适应，制定实施更有针对性的区域政策和绩效考评评价体系，促进人口、经济、资源环境的均衡布局。上海大都市圈以生态功能区的划定为基础，结合区域重要生态资源的分布，构建区域的生态安全格局，形成跨越区域界限、互联互通的生态网络，保障生物的自由迁徙与自由流动。

一是衔接各市主体功能区划，形成差异化的政策导向。大都市圈内鼓励探索以镇为单元的主体功能区划定，在重点城市发展廊道及重要生态功能板块内，强化区域主体功能区划的统筹协调，并通过差异化的政策引导地区的功能管控。

沪宁、G60、沪湖三条创新走廊和宁杭、沿江沿海、杭甬、通苏嘉甬四条区域特色功能廊道是大都市圈区域发展的七条核心廊道，应依托通道优势驱动赋能，发挥引领作用。因此，七条核心廊道周边地区的主体功能应以城市化地区为主，重点推进城镇发展。同时，积极引导人口、资金、产业等资源要素集聚，提升该地区的开发强度，形成紧凑高效的发展模式，优先保障用地指标，强化土地利用绩效考核。

环太湖、淀山湖、杭州湾、长江口，以及沿海是大都市圈的五大战略协同区，是生态资源最为富集、生态敏感性最高的地区。周边城镇的主体

图 7-2　上海大都市圈生态格局规划图
Fig.7-2　Ecological pattern planning of Greater Shanghai Metropolitan Area
来源：《上海大都市圈空间协同规划》

功能应协同生态环境保护，探索生态化的经济发展方式，因地制宜地依托生态优势发展旅游产业和对环境要求较高的产业。在与生态保护不冲突的前提下，鼓励发展特色农业、林业，并制定产业负面清单，建立准入制度，探索 GEP 考核机制。

二是构建"一心三带多廊"的生态安全格局。结合主体功能区划的成果和区域的山水本底特征，大都市圈提出构建"一心三带多廊"的生态安全格局，并通过线性生态廊道连通重要生态资源，提升生态系统的整体性和关联性。"一心"，即太湖生态核心。太湖对于区域的洪水调蓄、生物多样性保护、气候调节、水源涵养具有重要作用。"三带"为长江生态带、钱塘江生态带、滨海生态带。"多廊"为各城市打破行政区划壁垒，打造的跨流域、跨省市、连山水、连湖海的区域生态廊道。

在重要的水生生物产卵与洄游通道、鸟类迁徙通道等关键生境地区开展生态系统整治和恢复，完善生物多样性保护网络，满足不同物种的迁徙要求。同时，按照统一标准开展区域生态廊道的保护与管控，实现廊道的跨区域贯通。都市圈的生态廊道主要分为山湖生态廊道、山海生态廊道、湖海生态廊道、河流生态廊道等。

（二）保护重要生态空间，维护区域生物多样性

上海大都市圈的生态连续性主要依赖水域河道、植被山地等，需要严密谨慎的规划来保护生物多样性。草地、林地等有植被覆盖的地区、滨海滩涂、河流湖泊是都市圈内生物多样性的主要载体，组成了都市圈的蓝绿空间网络。未来，河湖湿地、林地、滩涂将得到更多的保护，这些区域对于生物多样性的保护作用以及对经济社会的价值也将得到更大的发挥。因此，上海大都市圈提出保护区域生态保护空间，严守生态保护红线，维护区域生物多样性。

管控重要生态空间，保障环境安全底线空间。上海大都市圈的生态空间是自然保护地集中分布的地区，也是保障生态环境安全的底线空间。规划提出加强对生态保护地区的空间管控，限制城镇建设用地占用生态空间，鼓励生态保护地区内的城镇空间和符合国家生态退耕条件的农业空间转为生态空间，并通过土地综合整治等措施，因地制宜地促进生态空间内建设用地的有序退出。其中，青吴嘉协作示范区推进淀山湖、元荡的协同保护，锡宜常协作示范区开展滆湖的生态保护，通过协调功能分区目标和定位，统一划分生态空间管控单元，并制定管控机制与要求，实现重要生态保护

地区的区域统筹保护与管控。

严守生态保护红线，维护区域生物多样性。上海大都市圈提出严格保护区域内以自然保护地为核心的陆域和海洋生态保护红线，形成生态保护红线"一张图"，将其作为区域功能布局和空间规划的刚性约束，确保生态红线功能不降低、面积不减少、性质不改变。各城市应协调临界地区的生态保护红线联保控制，划分生态空间管控单元，确定各个单元的管控机制与要求，并制定生态保护联合稽查执法制度。其中，长江口战略协同区中的生态保护红线分布较为密集，应按照统一标准实施生态保护红线管控，并协调生态保护红线周边地区的空间布局；崇启海协作示范区应构建生态保护红线的协同执法制度，推进三地联合执法工作。

（三）实施重点地区生态修复，提升生态系统服务功能

上海大都市圈的生态环境在快速城镇化过程中受到了一定的破坏，大面积的滩涂湿地被围垦，互花米草等外来物种入侵影响本地的原生生态系统，污染型工业企业破坏了地区的生态基底。为了提升区域的生态环境质量，构建生态绿色都市圈，一方面应加强对于沿海、沿湾地区的生态修复，恢复生态系统的服务功能，维护滨海地区的生物多样性；另一方面也应实施重点环境污染地区的综合整治，推进山水林田湖草的生态修复，降低地区的环境风险。

推进海洋与海湾地区的生态修复。上海大都市圈提出实施区域联合执法，打击"三无"船舶的违法捕捞，保护幼鱼资源，并坚定不移地推行伏休禁渔制度，推动渔场修复振兴。加强海岛整治修复，因地制宜地开展岛体整治修复、岛陆植被修复、领海基点保护等工作，提升海岛的生态环境质量。其中，沿海战略协同区应开展人工岸线整治、自然岸线修复、海岸沙滩整治、海岸地质遗迹景观提升等保护与修复工作，合理地构建本地湿生植被系统与沿海防护林带等形成的复合生态体系，提升长江口、杭州湾等河口湿地的生物多样性，优先开展长江口滩涂湿地、崇明岛东滩、舟山—南麂岛海区等沿海滩涂湿地修复，推动黄（渤）海候鸟栖息地（二期）申遗工作，保护鸟类栖息地、海洋生物产卵场、索饵场及洄游通道等重要自然生境。

推进山水林田湖草的整治和修复。上海大都市圈应推进天目山、四明山、龙池山等生态敏感地区的环境治理，合理采取复绿措施实施废弃矿山修复，全力整洁美化矿貌；清退低小散的污染型工业，修复片区生态基底，

恢复原有的生态功能。推进湖泊湿地的生态修复，通过清淤、疏浚、生物技术等措施，恢复湿地的生态功能，提升湖泊水环境质量。在保护其自然形态的基础上，通过生态修补和功能增补，建设生态公园、休闲码头等设施，采取低冲击开发模式进行保护性开发，充分发挥湖泊湿地的价值。其中，青吴嘉协作示范区重点推进淀山湖、元荡、汾湖等湖泊湿地的生态修复，采取公园建设模式实施湖泊治理，构建湖滨多级植物生态序列，推动岸线的生态化改造，并引入滨湖慢行绿道系统，满足游人的休闲游憩需求，也提升湖泊周边地区的生态与社会价值。

四、构建更韧性的安全保障系统

上海大都市圈作为长三角经济发展最快的人口密集区域，在遭遇重大安全事故的情况下，容易造成较大的人员伤亡与财产损失。近年来海平面持续上升，极端气候频发，防洪排涝的风险不断增加；7 000多万人的粮食供给是民生保障的头等大事，都市圈必须扛稳粮食安全的重任；都市圈的城市发展对油气电等能源的供应安全有着较高的需求，能源安全需要区域统筹。因此，在都市圈建设过程中，必须始终绷紧"防风险"这根弦，通过科学预判与系统谋划，防患于未然，提升区域的抗风险能力。

（一）保障粮食供给安全，优化营养供给结构

上海大都市圈的口粮供给能够实现基本自足。2019年中国的口粮自给率达到100%，长三角地区达到135%，上海大都市圈作为经济发达的地区，口粮自给率达到84%，基本实现自给自足。其中，南通是上海大都市圈的"粮仓"，贡献了都市圈口粮供应的33%左右，城市自身的口粮自给率高达268.9%；常州、湖州、嘉兴的口粮自给率也超过100%，同样是上海大都市圈口粮供给的重要贡献地区。

一方面，规划期内上海大都市圈的口粮规模不少于1 100万t。为保证充足的口粮生产，都市圈内应重点推进稳面积、提单产、保品质等工作。稳面积，即科学划定永久基本农田，保障永久基本农田总规模原则上不减少。提单产，即通过农业科技创新发展，提高单产产量。未来通过改进农业技术、推行高品质农田等措施，挖潜都市圈内的口粮产量，同时鼓励农业生产规模化、自动化、特色化。保品质，即提高绿色产品供给比重，包括加强大气、水和土壤治理，农业农村垃圾整治，全面提高农业生产环境；强化监管，严格控制并逐步减少农药和化肥使用等措施。

另一方面，优化上海大都市圈内的营养供给结构。一是优化蛋白质供给，补足肉蛋奶的短板。通过重点挖潜南通和上海在肉蛋奶方面、舟山和宁波在水产品方面的优势，提高蛋白质的生产能力与产量。同时推进都市现代农业发展，依托城市间隙地带，推进观光农业、休闲农业、民俗农业等多元业态的融合发展，以及探索都市畜牧业发展路径。二是强化蔬果供给，补足水果供应短板。重点发挥南通的蔬菜供给、宁波和嘉兴的水果供给优势。加大科技投入，发展高科技农业。通过设立农业食品创新中心，促进农产品的质量与产量的双提升。

（二）保障防洪排涝安全，优化行洪通道和调蓄空间

上海大都市圈大部分区域属于太湖流域，地形以平原为主，整体地势低洼，洪涝灾害频繁。为保障防洪安全，各市竞相建圩，圩区面积达到流域总面积的39.4%，河网水系连通性及调蓄性大幅降低，对流域河网水位有一定影响。此外，近年来强降水等极端事件频发，未来存在海平面上升风险，增加了区域防洪排涝压力。因此，应加强雨洪管理，协调区域性洪涝通道建设、增加区域雨洪调蓄空间，进一步完善区域雨洪管理体系，保障区域水安全。

一方面，加强区域洪涝通道建设。上海大都市圈规划以区域通江达海的重要引排河道和横向调节的主要河道为基础，建设"27条一级主干河湖、56条二级次干河湖"的骨干水系网络。同时，完善整体防洪排涝格局，增加泄洪通道，提升骨干河道行洪能力。加快实施吴淞江整治、望虞河拓浚、太浦河后续工程等，重点推进跨省市的重要泄洪通道的综合治理。利用地形、潮差等优势，充分发挥沿江、沿海水利枢纽的泄洪能力，提升强排设施规模，通过降低沿江沿海地区的河网水位来拉动太湖及上游洪水的排放。加高加固江堤海塘，提高防洪（潮）标准，维护干流河势稳定和区域整体防洪安全。

另一方面，增加区域雨洪调蓄空间。考虑水资源供给需求、上下游防洪排涝要求，不断优化调整太湖汛期与非汛期控制水位，适度提高太湖的蓄滞能力，做到因地制宜、蓄泄兼筹。科学实施河湖综合整治和生态修复工程，恢复湖荡原有的行洪、蓄洪、排涝、灌溉、调蓄、通航等功能。推进东太湖、阳澄湖、澄湖、淀山湖、长荡湖、滆湖等重点湖泊的生态修复工程，疏通周边毛细水网，提升湖荡雨洪调蓄能力，强化水系生态自净能力。

(三)保障能源供给安全，完善多源互补的供给网络

上海大都市圈能源系统建设水平整体较高，但区域能源供给网络互联互通性不足，存在用电高峰时供电紧张、工业用气难以保障、区域重大石油储配设施布局与生态空间不协调等问题，亟待加强能源供给网络建设，保障能源供给安全。

一是构建多源互补的燃气供应体系，优化燃气供气格局。加强陆上和海上气源联动，增加气源输入，充分发挥沪苏浙长三角天然气互联、互保的能力，从而提高都市圈天然气利用普及率。完善以国家级和省级输气管线为骨架的区域天然气输配系统，稳步推进中俄天然气东线工程建设，推动上海都市圈沿海输气管道等工程建设，加快浙沪、苏沪、苏浙省际燃气联络线建设，实现燃气主干管网互联互通。

二是依托华东电网，建设安全稳定的电力供应体系。依托华东供电网络，增强长三角地区对大都市圈的电力供给；同时，增加区域内的发电规模，强化本地供给能力，内外并重建设安全稳定的电力供应系统。加快苏州东吴1000kV变电站建设，实施800kV白鹤滩至都市圈的输电通道建设，优化大都市圈特高压输电网架。实施南通—上海崇明、宁波—舟山500kV联网工程，推动沪苏、浙沪和浙苏省际联络线增容工程，完善都市圈电力系统"一张网"。

三是完善石油储运和输配系统建设。充分发挥宁波舟山国际石油储运基地的功能，同时加快南通石油转输码头建设。统筹宁波、舟山的油库群建设，各城市合理布设重大石油储配设施，形成区域的石油储配体系。完善原油管道通道布局，优化成品油管道网络结构。推进金嘉湖成品油管道与镇海炼化—杭州康桥成品油管道的贯通，新建金塘—册子—马目原油输送管道和鱼山—宁波成品油输送管道。

第三节
从单项治理到跨界协同：
都市圈的生态保障路径

Section 3
From Individual Governance
to Cross-Border Collaboration:
the Ecological Guarantee Path
of Metropolitan Areas

都市圈内的空气自由流动，蓝天白云需要区域共保共治；河流水系跨市贯通，水清岸绿需要上下游城市协同治理；市政基础设施体系交织成网，需要各城市共建共享共用。都市圈生态质量和安全韧性的提升不仅是各城市的"单打独斗"，更需要凝聚共识、协同共保。因此，既要构建一体化的体制机制，也要形成区域协同的基础设施体系，从而在制度和设施层面为区域联防联治形成有效的支撑。

一、凝聚共识，统一标准和管控要求

（一）协同标准制定

由于生态环境以及重大市政基础设施是都市圈的公共利益，主要由政府来进行管控，因此标准的制定和措施的执行往往是自上而下的高位推动。全球城市区域往往采取法案法规的形式来确定标准，进而制定相应的治理措施来推进整治。然而，公共产品的提供也不能忽略整体的经济性因素，一味地提高标准也不是政府的理性决策，这就需要平衡环境治理的收益与实施的成本。因此，在国家底线标准的基础上，都市圈需要通过内部博弈来统一认识，合理确定共同的标准体系，这对于提升整体环境质量和安全韧性水平是至关重要的。一方面，更高、更完善的生态环境标准和设施标准是实现可持续发展目标的基础；另一方面，各个政府的财政收入大不相同，这将影响各市的治理力度和投入资金。因此，建立多元化补偿制度，可推动保护者与受益者的良性互动，支撑生态优先、安全发展的路径。

（二）协同安全底线管控

区域的安全底线是需要共同守护的空间，但是各个城市基于自身利益出发，对于安全底线的划定与管控要求的制定差异性较大。这需要在区域层面识别出底线空间，明确相应的功能定位，并制定统一的管控要求。在跨界生态廊道和生态空间的管理上也需要城市之间统筹协同，形成跨界地区环境治理协调机制，明确联合执法制度，并统一执法标准和力度；此外，提高公众参与水平，强化群众对于环境治理的监管作用，有利于跨界地区的跨界治理、协同发展。

二、跨界治理，统筹绿色生态建设和低碳减排

（一）在环境治理中落实低碳发展理念

氮氧化物、硫化物等环境污染物与碳排放具有高度同根、同源、同过程特性和排放时空一致性特征，都市圈能源消费和工业生产等行为既是环境污染物的主要来源，也是产生碳排放的主要途径。这意味着减污和降碳具有一致的控制对象，两者在很大程度上可以协同推进控制。

在环境治理方面应注重污水处理设施和环卫设施的低碳发展。充分利用污水处理过程中蕴含的生物质能、热能、势能等新能源利用潜力，探索污水处理厂沼气发电、污水源热泵和分布式光伏等形式的新能源高效利用。大力推进无废城市建设，推进垃圾分类工作，统筹都市圈生活垃圾、危废垃圾和建筑垃圾等各类垃圾资源化利用，探索垃圾资源化经济产业链，实现资源循环利用。

（二）在绿色能源设施建设中协同生态环境保护

从生态环境协同共保角度，不仅污水处理厂、垃圾处理厂等生态治理设施需要低碳发展，绿色能源设施也应协同加强生态环境保护，避免重要能源设施和能源廊道建设与生态敏感区保护相冲突。

低碳发展要求都市圈构建多元供给的区域电力系统，在风电、光电和核电等设施布局中，应充分考虑对生态环境和生物多样性的影响，避免与生态红线相重合。为确保可再生能源发电的及时输出与利用，沿海都市圈可建设沿海的风电、光电、核电的输电走廊，但应注重海岸带的协同保护。通过环境治理设施的低碳发展和绿色能源设施的生态保障，形成都市圈减污降碳协同增效的新局面。

CHAPTER 8
SHARING A HUMANISTIC AND POETIC COMMUNITY

第八章
共享诗意栖居的
人文家园

上海大都市圈是 7 700 多万居民生活的美好家园。这里文化底蕴深厚、开放包容，传统文化与现代文化交融，都市与镇村共同构成了江南理想人居载体。链接历史、面向未来，上海大都市圈将传承发扬多元、开放的文化基因，展现富有韵味的地域特征，不断提高国际影响力、文化魅力与吸引力，建设成为诗意栖居的人文家园。

Greater Shanghai Metropolitan Area is a beautiful home for more than 77 million residents. It is rich of cultural heritages, celebrating the fusion of traditional and modern cultures. It is open and inclusive. Urban and rural areas together form an ideal living environment in Jiangnan region. Linking the past to the future, Greater Shanghai Metropolitan Area will inherit and carry forward the diverse and open cultural genes, display vibrant regional characteristics, continuously improve international influence, and cultural attractiveness, and becomes a humanistic and poetic community.

第一节
全球城市区域的文化弘扬思路

Section 1
Strategies for Promoting Culture in Global City-Regions

上海大都市圈历史文化资源丰厚，但作为我国最具江南特色的地域之一，文化发扬和互融互通也面临挑战。结合上海大都市圈文化发展的特征与问题，立足国际经验，参考国际文化保护与利用最新趋势，探索弘扬中国文化魅力。打造具有国际吸引力的区域文化名片新路径，提出区域文化共保共建的思路。

一、上海大都市圈文化发展的特征与问题

（一）文化历史深远，但文化名片缺失

上海大都市圈历史悠远，区域内行政主体的历史版图多次变化，唐朝时期隶属淮南道和江东，宋朝时期隶属淮南东路和两浙路，元朝时期隶属河南江北行省和江浙行省，明朝时期隶属南京和浙江，清朝时期隶属江苏和浙江，现今隶属上海市、江苏省和浙江省三个地区。这种多变的行政权属背景，使得上海大都市圈的文化呈现出多元化特色，淮扬文化、吴越文化、古越文化、江南文化、海派文化、红色文化交织融汇，形成了璀璨的地域文明。随着历史文化的演变，上海大都市圈拥有各类物质文化遗产和非物质文化遗产，其中世界文化遗产有2处，国家级文保单位有241家，省级文保单位有714家，国家级非物质文化遗产有183个，省级非物质文化遗产有772个。这些文化遗产的保护与传承，是上海大都市圈文化发展中面临的重要议题。

上海大都市圈范围内每个城市都有独特的城市名片，例如，无锡以"滨湖城市"自居，苏州以"苏州园林"著名，湖州以"丝绸之府"为称号，

嘉兴是"江南小筑",宁波以"儒商、书学、匠心"自豪,舟山是"海上花园城",南通以"中国近代第一城"而知名,常州是"龙城",而上海则是"国际化大都市"。但整个都市圈尚未形成统一的文化名片。

(二)线型文化丰富,但文化脉络缺统筹

上海大都市圈范围内存在四类线型文化遗存,分别为隋唐大运河、沿海文化脉、铁路文化脉(浙赣、沪宁)、唐诗之路(王会昌,2018),线型跨界文化遗存数量多、类型丰富,但跨界文化脉络不通,文化保护、宣传与利用状态不一,跨界文化缺少统筹。隋唐大运河,以洛阳为中心,北至涿郡(今北京),南至余杭(今杭州),后通过浙东运河延伸至会稽(今绍兴)、宁波。上海大都市圈范围内苏州、无锡、常州、南通、嘉兴、湖州和宁波均临靠大运河,但境内运河保护利用情况差异大,跨界文化线路尚未形成。沿海文化脉,主要由浙东海防、浙江海塘、杭州湾海塘、江苏海塘及海防文化构成,现状遗存多为点状分布于都市圈东侧海岸地带,跨界连点成线聚脉暂未成形。铁路文化脉,都市圈内沪宁铁路跨上海、苏州、无锡、常州等市,铁路文化之名隐现,但文化脉络空间未形成。浙东唐诗之路,其是一条自钱塘江经绍兴,而后经浙东运河、曹娥江至剡溪再达新昌,直至台州天台及温州的诗意之路,在四明山一带也形成了一条四明山诗词支路,穿越宁波西侧四明山脉地区,但山地文脉有待打造。

(三)文化设施相对普及,但品质、活力不足

上海大都市圈是中国经济最发达地区之一,近年来,落实"人民城市人民建、人民城市为人民"的重要理念,不断提升城市品质,各城市持续推进各类文化设施建设。然而在这个过程中,各地文化设施仍面临着品质和活力不足的问题。尽管上海和宁波的文化场馆、表演团体以及相关从业人员的数量和品质明显高于都市圈内其他城市,但相较于世界知名的文化大都市,影响力和市场运作成熟度仍有待提高。大部分公共博物馆、私人博物馆、美术馆、艺术馆、图书馆仍存在使用率低、高品质书籍和展品较少、活动组织缺乏吸引力等问题,未能有效激活文化活力和带动地区文化氛围。

二、全球城市区域的文化发展经验与趋势

文化遗产以其多样的形式备受人们珍视,而其保护与发展方式、路径、体制机制等,由于地理、历史和文化背景的差异而各异。上海大都市圈是

实施文化强国战略的重要地区，也是最有实力、最有底气推广中国文化的地区之一。在借鉴国际先进地区文化保护与发展经验的基础上，了解最新发展动态，结合上海大都市圈本土文化发展需求，明确上海大都市圈文化弘扬的思路。

（一）保护与利用融合发展，提供与大众需求相匹配的文化产品，是区域文化的重要发展方向

纵观日本、新加坡、英国、欧盟等国际先进地区，其文化保护与利用体系经过不断实践演进，从单纯的文化保护走向大众，形成与社会经济发展需求相匹配的文化体验产品，呈现出保护与利用共生发展的融合状态。

随着科技的发展和文化遗产保护经验的积累，出现了许多文化保护和利用相结合的方法。例如，日本通过设置遗产群（日本文化厅，2019）、打造地域名片和创建文化旅游目的地等方式来推动本国文化复兴；新加坡结合本土文化建设各种国际化的文化设施，通过组织国际活动来带动地区文化的发展，实现本土文化的保护和推广；英国通过完善文化遗产保护体系，并采用登录制来加强公众与文化遗产之间的联系，形成全民共建的文化遗产保护与利用方式。

（二）统一认定与推广，是形成跨界"文化区域""文化线路"的重要手段

近年来，随着全球各国文化保护与利用体系的不断完善，通过对历史文化的统一认定和推广，越来越多的跨界文化区域和线路得以形成，这种趋势逐渐成为文化保护、利用和宣传的新方向。例如，日本在遗产群、旅游圈和广域观光路线方面取得了显著成就，日本观光厅推出了7条主题各异的广域观光路线吸引国内外人士；欧盟通过登录制落实了各文化遗产的权属和保护利用方式，并通过2007年《里斯本条约》、2010年《扩大文化线路的部分协议的规定》等文件明确了"欧洲文化线路"的定义，形成了各国认可的、独具魅力的跨国线性文化脉络，每年都吸引大量游客前往体验。

（三）区域高品质文化设施建设与活动组织，成为提升区域知名度和吸引力的重要抓手

建设新的区域性文化设施、组织国际活动，已逐渐成为各国提升国际知名度和吸引高素质人才的重要抓手。例如，日本致力于建设创意城市，横滨、滨松、盛冈等城市以旅游和公众文化活动体验为抓手，开展了区域

文化设施活化利用，打造"创意城市""市民文化""市民与城市艺术"等主题。英国积极支持历史建筑、博物馆、图书馆、艺术节等发展，所有国家博物馆均对公众免费开放，并与中小学教育课程紧密连接，通过各种学习、绘画展览活动，将文化遗产保护理念深植人心（刘春凯，2016）。新加坡加强了公共文化艺术基础设施的建设，以"发展能够提供重大艺术与文化产品的世界级文化娱乐区"为目标，建设各种重要文化组织和设施，如新加坡艺术博物馆、新加坡历史博物馆、亚洲文明博物馆、国家图书馆、滨海艺术中心等（任明，2014）；同时，组织和推进各类公共文化活动，如演艺公司、与国际前沿艺术团体合作、艺术协会、节庆活动、市集、街道艺术节等。

（四）本土文化与新兴科技链接发展文化产业，是树立区域文化品牌的高效路径

随着数字化技术的快速发展，数字化技术的应用为文化遗产的保护和传承提供了新的手段和可能性，并极大地促进了文化产业发展，本土文化与新兴科技相互融合，成为树立区域文化品牌的高效路径。例如，日本通过数字化网络平台搭建宣传窗口、数字化博物馆、文化馆等，为管理者提供技术支持的同时，也为公众提供了更加便捷、更加丰富的体验，极大地缩短了文化遗产与公众之间的距离，并快速将各类活动信息、旅游信息、文化遗产信息带给公众；韩国通过打造"元宇宙"公共服务平台，结合现实与虚拟空间的 XR 技术创新，通过非接触式沟通实现经济、文化、旅游、教育以及申诉的元宇宙服务。在元宇宙虚拟观光领域，首尔市政府于 2022 年起建设包含光化门广场、德寿宫、南大门市场在内的主要旅游景点的"虚拟旅游特区"，并通过虚拟空间重现敦义门等已经消失的珍贵历史资源（陆睿，2021）。

第二节
培育富有韵味的地域文化共同体

Section 2
Cultivating a Charming Regional Culture Community

江南一带是我国历史上最为丰饶富庶、文脉昌盛的地区之一，璀璨丰厚的文化遗产、意蕴隽永的文化记忆、和谐共生的人居模式，构筑了这片土地独有的文化品性。传承历史、面向未来，上海大都市圈应充分发扬传统文化、现代文化、国际多元文化交融的特征，打造具有地域特色的魅力文化共同体。

一、塑造国际品质、江南韵味的栖居典范

为了实现历史文化记忆和场景的共同保护、传承与活化，上海大都市圈将积极培育遗产群与文化之路，塑造高质量的人居环境，营造山水共生、诗意栖居的理想家园。

（一）整体保护与活化遗产群、文化之路

1. 打造都市圈"遗产群"

上海大都市圈范围内的历史文化要素品类众多、数量巨大，拥有远近闻名的世界级物质与非物质文化遗产，蕴含着丰富的物质和精神财富，规划结合国际上遗产保护与活化的经验，通过培育都市圈遗产群，实现江南文化的彰显和传承。

针对江南水乡古镇、苏州古典园林、中国古代瓷窑遗址等世界级文化遗产资源，上海大都市圈规划三处遗产群，包括"江南水乡古镇遗产群""中国古典园林遗产群""中国古代瓷窑—河姆渡遗产群"，其中"江南水乡古镇遗产群"为示范型遗产群，应结合其优越的现实基础开展工作，起到先行先试的带头示范作用。

依托重要农业文化遗产湖州桑基鱼塘系统、国家级非物质文化遗产中国宜兴紫砂陶制作技艺和盛名在外的普陀山佛教文化,明确三处遗产群潜力地区,包括"溇港、桑基鱼塘遗产群""宜兴陶瓷遗产群""佛教仙岛遗产群",未来这三处潜力地区应加强文化保护与宣传、完善各类文旅配套等相关工作,建设成为都市圈遗产群。

2. 设立都市圈"文化之路"

上海大都市圈范围内宗教、艺术、科学、技术、商贸等跨界文化脉络众多,规划结合"欧洲文化之路"发展经验,通过链接、活化、整合都市圈各类资源,形成对历史文化内涵的保护和传承,打造更具魅力和趣味体验的都市圈文化之路,提升文化认同。

结合世界文化遗产大运河(都市圈段),上海大都市圈规划一条示范性文化之路——"中国大运河(江南运河—浙东运河)文化之路"。作为纵贯我国东部的世界级文化遗产廊道,大运河也是都市圈范围内历史要素最为富集的"人文中脊",主要串联常州、无锡、苏州、嘉兴、湖州、宁波六市,链接吴淞江通达上海,应打造成为体验江南文化与诗意生活的示范型文化之路。

未来进一步培育两条文化之路,结合宁波市西侧唐诗之路(四明山浙东诗词支路)培育"浙东唐诗之路",结合《中国世界文化遗产预备名录》中的中国海上丝绸之路、舟山佛教文化等培育"海上朝圣之路"。

(二)对标一流水平,建设国际品质的服务设施群

世界上成熟的全球城市区域,均具备品质一流且覆盖全面的教育、医疗、文化和体育设施。为实现"卓越的全球城市区域"的目标,上海大都市圈将全面增加高等级设施数量,分层引导教育、医疗、文化和体育设施的水平提升与布局优化,为居民提供更高质量的公共服务。

高等级教育设施建设方面,都市圈范围仅有8所高校进入QS1000榜单,应对标国际一流全球城市区域,全面提升上海大都市圈各层级城市高等级教育设施水平,通过各类专业学校、学科的设立,增加都市圈进入QS1000榜单的高校数量。

高等级医疗设施建设方面,都市圈范围有17所全国100强医院,未来应通过硬件设施与人才引入等方式,增加都市圈内进入全国100强医院的数量,同时以区县为行政单元,保障三甲医院建设,并加强顶级医疗设施如国际医院的配套。

高等级文化设施建设方面,当前都市圈有424座各类文化设施场馆,后续应结合都市圈城市分级进一步加强文化设施建设。其中,上海应对标东京、伦敦,在现状286座各类场馆基础上,增加百余个小型专业化国际文化场馆;综合性全球城市重点补足短板,建议各新增30个左右各类国际文化场馆。

高等级体育设施建设方面,当前都市圈有17座高等级体育场馆,规划重点强化专业性体育设施建设,形成都市圈分层分工格局,以顶级全球城市高等级综合设施承担全球性重大赛事活动,以综合性全球城市、特殊功能全球城市专业化设施承担特定领域赛事活动。其中,顶级全球城市上海应增加国际性体育场馆,为世界级体育盛会预留空间与设施支撑;综合性全球城市应增设综合型体育场馆和专业性场馆。

(三)聚焦特色体验,共建江南韵味的镇村联盟

上海大都市圈具有浓厚的江南韵味,既有独特精致的特色小镇,又有鱼米丰盛、农耕发达的水乡村落。为了保护小镇和乡村有机体,传承水乡历史文化,彰显江南韵味,规划将地理邻近、要素资源关联紧密的特色小镇、乡村相联合,提出培育多元活力的小镇联盟、闲适优雅的乡村联盟。

上海市金山区和嘉兴市平湖区自发成立的"田园五镇"乡村振兴先行区建设成效显著,以此为基础,在上海大都市圈范围内规划"3+2"小镇联盟。首先,打造3个示范型小镇联盟,具有突出的区域特色,小镇之间也存在较强的协同基础和联盟共识,其中,江南水乡小镇联盟应注重江南文化的保护与彰显,莫干山小镇联盟要注重新经济培育,田园五镇小镇联盟重点打造上海周边镇村生活体验区。打造2个潜力培育型小镇联盟,舟山海岛小镇联盟注重海洋旅游的培育,太湖—淀湖小镇联盟注重主题游乐的建设。

在上海大都市圈范围内规划5处乡村联盟,分别为安吉余村乡村联盟、田园五镇乡村联盟、太湖西山乡村联盟、太湖—淀湖乡村联盟、四明山乡村联盟。安吉余村乡村联盟重点探索"两山"理论的落实转化,田园五镇乡村联盟重点加强现代农业、田园乡村建设,太湖西山乡村联盟重点营造湖畔水乡村落风貌,太湖—淀湖乡村联盟重点培育主题度假、乡村民宿,四明山乡村联盟重点培育山海景观、休闲度假。同时,结合现状乡村建设发展较好的地区,研究设立一批重点培育的乡村联盟,如锡西地区休闲乡村、锡东地区科技创新乡村、长江沿线特色田园乡村等,进一步提升乡村地区的影响力，支持乡村联盟发展壮大。

二、建设魅力彰显的旅游圈与精品游线

上海大都市圈各城市历史悠远、独具特色，形成了富有魅力、个性鲜明的文旅名片。为创造一个具有全球吸引力的优秀区域环境，各城市需要共建丰富有趣的旅游线路，将都市圈塑造成为具有国际影响力的文化繁荣地、吸引各国游人纷至沓来的世界文旅目的地。

（一）培育魅力融合的旅游圈

借鉴日本旅游圈建设经验，上海大都市圈结合地域文化特色、景区资源分布、生态基础本底以及交通路线链接等现状基础，形成了10个面积在2 000~5 000km²的主题鲜明的旅游圈。其中包括4个海洋旅游圈，分别是江海交汇旅游圈、嵊泗列岛旅游圈、舟山群岛旅游圈、象山沿海旅游圈；6个陆上旅游圈，分别是上海国际都会旅游圈、江南水乡古镇旅游圈、莫干山—安吉度假旅游圈、太湖—阳澄湖旅游圈、茅山—天目湖旅游圈、三江口—四明山旅游圈。每个旅游圈打造一个特色的主题。通过对旅游圈内资源要素的识别，提炼旅游主题，形成统一的文化形象、宣传标识、整体风貌等，共同培育面向世界的旅游品牌。

每个旅游圈建设供游客驻留三天两晚的旅游线路。以交通枢纽为核心，串联各个重点景区，打造旅游路线。综合各地交通条件，形成轨道、公路、绿道、水上游线等多元游线组织，为游客提供多样化的交通选择和旅游体验。

（二）建设风景串联的精品游线

都市圈山水相依、血脉相通、文化相近、城乡相融，具备整体打造精品旅游线路的基础条件。上海大都市圈将以旅游圈为基本单元，结合不同区域差异化的文化特色，通过深化跨区域合作，统筹文化旅游资源，形成统一的旅游品牌，建设五条中长期旅游精品线路。

建设环太湖精品游线，以太湖游线为核心，结合茅山游线、天目湖游线、安吉—德清游线，形成"一环三支"的旅游路线，带动环太湖地区旅游产品的组织和开发。游线串联太湖—阳澄湖旅游圈、莫干山—安吉度假旅游圈、茅山—天目湖旅游圈等3个旅游圈，充分利用沿线历史文化、生态环境资源，重点开发历史文博、江南古村、湖上运动、养生度假等特色旅游产品。

建设东海魅力精品游线,充分利用东海近海区域,链接洋山—普陀山—梅山—象山港—石浦等沿海地区核心景区,打造"一条主线、多岛串联"的东海魅力精品航线。游线串联嵊泗列岛旅游圈、舟山群岛旅游圈、象山沿海旅游圈等3个旅游圈,充分利用近海资源和岛屿资源,开发以海洋文化为特质的海洋旅游产品,重点开发海岛旅游、佛教文化、帆船港湾、休闲海钓等特色旅游产品体系。

建设江南水乡古镇精品游线,以江南水乡文化核心区为主体,结合旅游圈内红色文化,形成链接江南水乡古镇且具有红色文化特色的特色水乡体验游线。以都市圈轨道、绿道、水上游线等交通方式,形成一个串联江南"四大古镇"、嘉兴南湖、朱家角等核心景区以及串联上海—嘉兴各类红色旅游资源的"漫游环"。以镇为单位,深度挖掘水乡传统文化和红色记忆遗存,结合各自主题设置多样化的文化体验类项目。

建设国际都会精品游线,以卓越的全球城市上海为核心,重点串联黄浦江、苏州河沿岸的现代都市景点,形成以"一江一河"为主线的国际化都市体验游线。利用国际都会的特色资源,重点提供主题游乐、时尚购物、城市观光、会展旅游、红色旅游等旅游产品。

建设长江口田园精品游线,以崇明国际生态岛为核心,串联长兴岛、南通沿海形成"一线一环"。充分利用长江口地区生态田园的本底资源,提供农业体验、度假养生、休闲海钓等旅游产品。

三、举办丰富多彩的世界品牌活动

纵观国际上成熟的全球城市区域,无一不是政治、文化、体育全方位活动和赛事的集聚区。为提升上海大都市圈的国际影响力,吸引更多国际机构入驻,规划提出加强国际化交流活动和事件的组织,将都市圈塑造成为具有国际影响力的文化繁荣地区、具有特色活动的中国文化体验地区。

(一)策划丰富多元的文化活动和体育赛事

鼓励都市圈各地策划和组织各类文化活动和体育赛事,根据顶级全球城市、综合性全球城市、专业性全球城市等不同级别,提出分层次引导建议。顶级全球城市上海应争取举办更多类似世博会、中国国际进口博览会的国际大型会展,策划40个以上丰富多彩、具有全球影响的国际文化节庆,成为国际赛事和文化交往的中心城市;也应进一步争取成为奥运会、足球世界杯、游泳世锦赛等大型国际赛事的举办地,每年举办50场以上国际赛事。综合性全球城市应争取每年组织 10 场以上国际会议，成为国际文化交往副中心，同时加强承办世界级专业领域体育赛事的能力，力争每年各举办 30~50 场国际赛事。专业性全球城市结合专业特长，力争每年各举办 5 场以上专业领域国际会议、20 场及以上国际特色赛事活动。此外，鼓励都市圈内的其他地区自主策划文化体育活动，尽可能提升文化体育交流能力。

（二）吸引多类国际机构入驻

国际组织入驻都市圈，不仅可以拓展国际交流与合作，也能为都市圈的发展培育良好的外部环境。未来，上海大都市圈各城市应进一步提升国际交往能力，吸引 NGO、NPO 等多类国际机构入驻；同时，通过经济、文化、体育等相关领域组织的国际会议或活动，提升国际知名度，开展更加广阔的国际交流与合作。

国际视野
欧洲特色小镇联盟和
最美乡村联盟[1]
International Perspective
Peties Cites de Caractere and
Les Plus Beaux Villages
in Europe

1970年代中期，法国布列塔尼大省成立了第一个地区性质的特色小镇联盟（Peties Cites de Caractere），旨在保护并振兴具有历史文化遗产和重要自然景观的小城镇。

2009年，在法国文化部支持下小镇联盟正式成立了全国性的组织，该协会受法国文化部直接指导，是法国"特色小镇"认证体系的唯一指定审核单位。小镇联盟提出"利用历史遗产和景观资源促进区域发展"的目标，加强地域历史、自然风景和创意产业的融合。此外，还帮助小城镇申请公共财政支持；向成员城镇提供专业技术指导；通过节庆活动、设施配套等手段促进旅游升级；帮助城镇进行品牌推广。小镇联盟每年根据法定的特色小镇认证流程对各地城镇进行调研和审核，并最终颁发由法国文化部签发的特色小镇认证，其对象主要为具有鲜明特色文化遗产且能够合理开发以促进当地经济旅游发展的城镇。目前法国特色小镇协会在全法共有182个正式成员城镇。

1982年，法国Les Plus Beaux最美乡村联盟成立，旨在保护和振兴法国乡村地区。2012年，法国、比利时、意大利、日本和加拿大魁北克地区共同成立美丽乡村世界联合会。随后，俄罗斯、瑞士和黎巴嫩等国先后加入。最美乡村联盟由各国政府领衔，制定乡村旅游的行业规范和质量标准，对乡村进行评定，共同推广旅游品牌。

2016年起，在各地巡回举办最美乡村的"浪漫之夜"活动，活动期间各个乡村会组织以浪漫为主题的各种文化艺术活动。通过最美乡村联盟的建设，乡村已经成为法国居民的"第二居所"，法国近10%居民在乡村有"度假房"。

---

1 http://www.les-plus-beaux-villages-de-france.org/fr/.

国际视野

国际视野
日本旅游圈和广域观光路线
International Perspective
Tourism Circles and
Wide Area Sightseeing
Routes in Japan

日本在全域范围内认定了30个不同主题的区域旅游圈。单个旅游圈以三天两晚的旅游时间为宜，空间尺度2 000~5 000km²。通过整合自然人文旅游资源，优化观光路线、植入高等级旅游服务设施等方式，建设彰显魅力的旅游圈。

结合旅游圈建设，日本在全域范围内形成11条主题各异的广域观光路线。每条广域观光路线串联沿线3~6个旅游圈，满足游客对7~10日游的需求。例如"濑户内海路"是著名的广域观光路线，串联了3个区域旅游圈，充分展现了濑户内海的海洋自然景观和人文魅力。濑户内海路以濑户内海国立公园为核心，形成4片主题旅游海域，满足差异化的旅游需求。沿线各个地区和城市共同举办"濑户内海祭"等世界知名主题艺术展览和节庆活动。

1　https://www.mlit.go.jp/kankocho/en/index.html（日本观光厅）.

第三节
从历史底蕴到独特魅力：都市圈的人文滋养路径

Section 3
From Rich Historical Heritages to Unique Charm: the Humanistic Nourishment Path of Metropolitan Areas

以区域历史底蕴为魅力抓手，形成都市圈的人文滋养路径，是区域文化协同的主要命题。为此，都市圈需要在区域文化资源融合、文化体验、文化推广等方面统一谋划、共同发展，提高都市圈文化品牌影响力和文化服务水平，助力都市圈文化的传承、保护与发扬。

一、凝聚区域资源，树立具有国际吸引力的文化名片

（一）组建统一的联盟组织

由于都市圈内各城市历史文化保护与利用要求、发展方向存在差异，区域型文化遗产保护与利用难以协调。此外，跨界地区各类文化设施服务能级差异大，跨界文化断层严重，难以形成统一的地域文化认知。

为了更好地推动都市圈文化遗产的保护和传承工作，建议成立一个统一的联盟组织，对区域内的文化遗产、社会团体进行统一认定和评价，形成共同认可的地方文化遗产品牌。这不仅有助于提高区域文化遗产的保护力度和知名度，也能够为当地文化旅游业的发展提供有力的支持和保障。同时，联盟组织还可以为各类文化团体及从业者提供相关的培训和指导，促进文化遗产保护和传承事业的发展。

（二）建设国际型、区域型高品质设施群

凝聚区域资源打造区域高品质特色化服务设施群，是保持都市圈活力和国际吸引力的关键要素。国际知名全球城市区域均拥有高品质的设施群，如东京的幕张国际展览中心、纽约的百老汇、悉尼的悉尼歌剧院、伦敦和

巴黎中心城区众多的博物馆及演艺设施等。

都市圈应结合中心城市打造具有区域甚至国际吸引力的高等级设施群。进一步保障都市圈范围内所有公共服务设施的均衡布局，在此基础上，重点聚焦设施水平的提升，最终建成具有区域吸引力和国际品质的高等级设施群。如明确提出培育QS1000榜单的世界级大学，提升医疗设施在全国、全球的排名，建设高等级文化设施，强化专业性体育设施建设等，提高都市圈在国内外的文化影响力。

二、聚焦区域文化体验，确保文化保护与社会经济发展相协调

（一）营造多样的文化旅游体验线路

都市圈内文化旅游多以各城市为核心独立开展，以当地游、周边游、一日游产品为主，区域资源缺统筹，同质化发展严重，不利于形成国际知名的区域文化旅游名片。

因此，都市圈应结合地域文化特色，以差异化、精品化为核心理念，结合国内假期时长，形成适合周末游、小长假的3~5日旅游线路，以及适合长线跨界深度游览的5~7日主题精品旅游线路。考虑到国际游客长线游的需求，结合区域文化遗产、历史文化景观和各地差异化的民俗体验，设计更加丰富、深度的旅游线路，让游客深入了解都市圈各地的文化内涵，全面各地的文化魅力，从而提升都市圈在国内外的文化影响力，促进文化旅游事业的发展和繁荣。

（二）促进文化与旅游产业、新经济相融合

都市圈文化遗产保护与利用刚起步，保护主体多为政府主导，民间组织、个人团体等参与度低，文化旅游线路、体验偏传统，数字化、智能化、新媒体等与文化遗产融合发展仍处于初级阶段。

都市圈应顺应社会经济发展需求，将文化遗产与旅游体验有机结合，以文化遗产为核心，结合旅游与新兴经济发展。首先，整合区域文化遗产，打通跨界服务断点，形成统一的地域文化名片，形成具有国际影响力的文化旅游品牌游线，结合大众需求提供文化旅游产品。其次，通过新技术、新方法完善文化体验相关服务，如旅游信息App设计、文化纪念品3D打印、虚拟现实的网络化体验，同时发展人工智能、影视娱乐、创意设计、数字文化、文教体育等"大文化"产业，并依托产业创新，提供与现代化

科学技术相融合的文旅体验产品。

三、关注文化推广,搭建高水平服务平台

(一)搭建共同参与和运营的数字化服务平台

建议都市圈依托统一发布、认定、维护、宣传推广的地方管理联盟,助力区域文化遗产保护与发展。为了更好地统筹区域文化旅游资源,还应结合数字化服务平台,搭建链接企业、政府、民间团体和个人的一体化高水平服务平台。

数字化网络服务平台可提供政策咨询、技术支持、信息共享、资源整合、项目合作等服务,通过数字化手段实现服务的便捷和高效。平台应不断衔接最新的科学技术手段,加强都市圈内信息与资源流动,服务与保障共担。

(二)举办高层次文化活动、体育赛事

都市圈文化旅游市场繁荣,呈现多元发展的态势,各地均有以旅游者为主要目标客群的文艺演出,但多以市级、区级活动和赛事为主,缺乏高等级文体活动的组织与运营。高层次文化活动和体育赛事的举办将推动都市圈文化和体育事业发展,活跃地方经济。例如,在都市圈内举办跨界音乐节、文化节或者艺术展览、博览会等大型会展,发扬地方本土节庆、民俗文化;举办高水平的体育赛事,提高体育竞技水平,推动全民参与体育运动。

CHAPTER 9
JOINT IMPLEMENTATION, COLLABORATIVE GOVERNANCE

第九章
共同实施，协同治理

共同推进《协同规划》实施工作，建设好上海大都市圈，是落实长三角一体化发展国家战略的重要任务。《协同规划》在编制时，就考虑同步建立完整的空间协同机制框架，明确了共同实施和协同治理的基本导向，即整体纳入长三角区域合作机制，坚持多系统、常态化的实施运行，突出多层次、差异化的空间协同，强化多主体、开放式的平等协商，有效发挥规划在上海大都市圈发展中的战略引领与空间统筹作用。

Jointly promoting the implementation of the Spatial Cooperative Plan of Greater Shanghai Metropolitan Area is an important mission, for implementing the national strategy of integrated development of the Yangtze River Delta. When compiling the Cooperative Plan, it was considered to establish a complete framework of spatial collaboration mechanisms simultaneously, clarifying the basic orientation of joint implementation and collaborative governance, that is, to integrate it into the Yangtze River Delta regional cooperation mechanism, and adhere to multi-system and normalized implementation and operation. As the Cooperative Plan plays the role of strategic guidance and spatial coordination in the development of the metropolitan area, the implementation will highlight multi-level and differentiated spatial collaboration, and strengthen open and equal consultation between multi subjects.

第一节
完善实施机制

Section 1
Improving the Implementation Mechanism

考虑上海大都市圈跨地域、多主体的特征,《协同规划》的实施,既需要保持城市间长效对话和定期沟通,体现平等约束又支撑合作共赢,也需要全过程实施监测评估和维护,确保及时跟踪和动态维护规划实施过程。

一、建立城市间的长期协作、定期沟通机制

《协同规划》的实施应纳入长三角区域合作机制,并充分发挥已有上海大都市圈空间规划协同工作机制的作用,建立起各城市间长效对话沟通的机制。

(一)全面纳入长三角合作机制

结合上海大都市圈的发展实际和《协同规划》实施特点,只有全面融入长三角区域合作机制,才能最有效推进和落实大都市圈空间协同机制。尤其对于区域重大空间战略问题、重大空间协同事项,难以在市际平行层面协商解决的,或需要共同争取落实的发展诉求和需要共同突破的政策瓶颈,只有在长三角区域合作机制的决策层和协调层才能得以统筹,乃至上升到国家层面推进长三角一体化发展领导小组进行决策。

按照目前的长三角合作机制,执行层面主要依托三省一市联合成立的长三角区域合作办公室(以下简称长三办),以及各专题合作组开展工作。具体来说,专题合作组由三省一市省级主管部门负责,在长三办的指导下,牵头制定专题合作工作计划、协调重大事项。长三办在各专题合作组工作计划的基础上,制定长三角区域整体工作计划,并协调推进落实。随着2023年6月6日第五届长三角一体化发展高层论坛上,三省一市自然资源管理部门共同签署《推进长三角区域国土空间规划协同工作合作备

忘录》后，长三办将新设长三角区域空间协同专题合作组，具体指导推进长三角区域国土空间规划的协同工作，推进长三角区域城市群、都市圈相关国土空间规划工作，这也标志着上海大都市圈的空间协同工作将全面纳入到长三角总体合作机制中。

（二）推动都市圈协同机制的常态化运行

《协同规划》编制时，组建了上海大都市圈空间规划协同的领导组织和咨询机构——上海大都市圈空间规划协同工作领导小组、上海大都市圈空间规划协同指导委员会及专家咨询委员会，明确了相应规划编制、认定和实施机制。在《协同规划》进入实施阶段后，建议在长三角区域合作办公室和长三角区域空间协同专题合作组的组织构架下，发挥现有工作模式的优势，推进协同规划的顺利实施与空间协同工作（图9-1）。

继续发挥上海大都市圈空间规划协同工作领导小组对《协同规划》的实施、监测、评估工作的指导和决策作用，上海大都市圈内跨区域的重大规划事项、重大项目建设规划及相关规划合作事宜等，由上海大都市圈空间规划协同工作领导小组进行统筹协调。上海大都市圈空间规划协同工作领导小组办公室具体承担实施《协同规划》、推进上海大都市圈空间协同发展的相关工作，在工作职责上，与长三角区域空间协同专题合作组做好衔接。

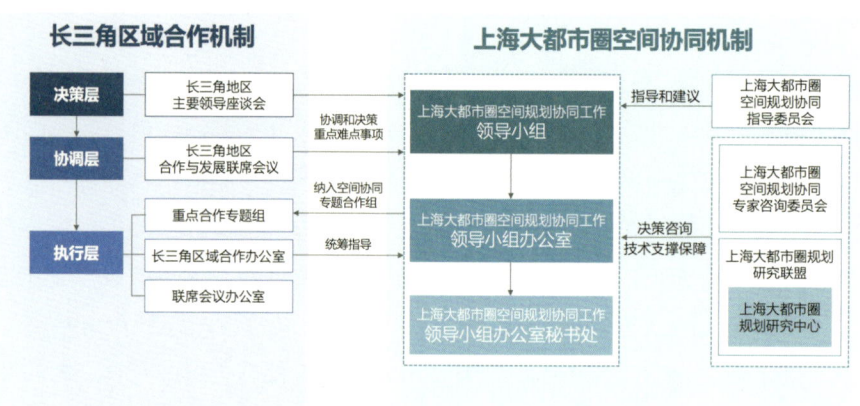

图9-1 上海大都市圈空间协同的组织架构设想
Fig.9-1 The Organizational framework of spatial collaboration of Greater Shanghai Metropolitan Area
来源：作者自绘

继续运行上海大都市圈空间规划协同指导委员会,由国家部委相关司局对上海大都市圈空间协同工作予以指导和支持,对重点统筹建设项目及机制探索提供意见和建议。运行上海大都市圈空间规划协同咨询委员会,邀请两院院士、研究机构和权威专家等持续指导《协同规划》实施中的重大事项。

二、健全规划跟踪、监测评估与维护机制

为贯彻落实《中共中央 国务院关于建立国土空间规划体系并监督实施的若干意见》提出的"建立健全国土空间规划动态监测评估预警和实施监管机制"要求,加强《协同规划》的有序推进与动态反馈,需要健全规划评估与维护机制。空间规划协同工作领导小组将定期组织开展规划实施监测与评估工作,依托第三方机构持续跟踪研究,形成动态反馈机制。

(一)健全监测评估与动态维护机制

《协同规划》的实施首先应开展年度监测工作,及时了解和评估规划目标实现程度。通过分析发展外部环境,呈现运行状况,评价实施效果,剖析存在问题与成因,提出政策建议,发挥对规划实施的反馈预警和决策参谋作用,支持保障好各城市的重大战略落实、重大决策实施和重大项目推进。

其次,结合规划实施面临的新形势和新要求,定期开展《协同规划》五年实施评估工作。全面评估规划实施以后上海大都市圈综合运行状况,研判实施中存在的核心问题和突出矛盾,并提出优化建议。相较于年度监测,实施评估更强调全面评价和综合研判,更突出与三年行动计划的紧密衔接,并为各城市国民经济和社会发展规划、专项规划编制等提供依据和支撑。

根据实施情况,上海大都市圈范围可动态调整,并滚动修编《协同规划》。以规划实施评估和年度监测为基础,可由两省一市规划主管部门提出,并经领导小组同意后开展本项工作。

(二)开展常态化跟踪研究和前瞻性战略研究

上海大都市圈将依托第三方持续开展跟踪研究,并发布上海大都市圈城市指数、蓝皮书、通勤报告等相关成果。其中,《上海大都市圈城市指数》聚焦生产性服务业、航运贸易、科技创新、智能制造、文化交流等功能,对都市圈内40个区县单元进行评价。《上海大都市圈蓝皮书》旨在

对上海大都市圈经济、文化、治理、社会和生态发展予以跟踪，特别是对空间领域发展及规划现状、趋势、特点等开展理论和实践研究。《上海大都市圈通勤报告》从行政区划、空间协同单元以及重点地区出发，跟踪各单元内及不同单元间的通勤人口空间分布、通勤联系及功能关联等特点。

上海大都市圈规划实施过程中，还应及时把握行业变革和社会发展新趋势，针对前瞻性问题开展研究。聚焦碳达峰与碳中和、科技创新与技术变革、公共安全等领域，研究这些前沿问题在都市圈的现状特征、发展趋势、未来需求，以及对区域空间格局产生的影响和相应的对策建议。

（三）强化规划实施的技术保障

上海大都市圈各个层面目前尚未建立统一的技术标准体系，也未形成完善的信息共享机制，在一定程度上影响了规划实施进程，应进一步强化规划实施的技术保障。

其一，加强技术标准衔接。全面梳理上海大都市圈各城市现行国土空间规划技术标准体系，结合长三角一体化示范区国土空间总体规划编制经验，探索都市圈各空间层次规划编制技术标准。基于高质量一体化发展目标，加强各类技术标准体系衔接，尤其是在城市安全、生态环境和民生保障等领域。

其二，共建信息服务平台。建立区域规划成果信息共享机制，由领导小组办公室牵头，各个城市共建规划资源信息服务平台，整合各类空间关联数据，汇集形成跨行业、跨部门、跨级别的国土空间信息数据资源体系，实现信息平台共建共享共治，并进行及时更新、动态维护，支持科学决策。

专题研究
国内外都市圈空间协同机制的实践探索
Special Study
Practice of Spatial Collaboration Mechanisms in Metropolitan Areas

1. 国际都市圈空间协同机制实践

随着全球城市化进程的深入，都市圈内各城市之间社会经济联系日益密切，跨政府和行政机构的协同治理已成为国际都市圈的发展方向。经济合作与发展组织在2014年开展的研究显示，都市圈协同治理机制应用广泛，但大多无管制权或立法权。在已设立的都市圈协同治理机构中，区域发展、交通和空间规划是涉及最多的三个职能。受到法定地位、组织架构、行政权力、预算和人力配置等因素的影响，都市圈治理机构在政策制定和实施方面的实际成效有着较大的差异。

全球主要都市圈在协同治理模式和机制建构上，呈现出多元化、因地制宜的特点，以适应当地的社会经济状况和行政体系。主要可以分为以下四种模式：

（1）建立非法定、协作式的市际合作机制。其中，委员会、协会和咨询平台是推动区域协同治理的有效手段，涉及议题广泛，成员间协作紧密，可由官方或社会组织发起组建，在纽约大都市区、大巴黎都市区和日本的东京、大阪等都市圈都有长期成功运行的经验。

（2）设立市际联合行政机构。可分为单一职能和多重职能机构，通常是以区域规划协同或降低公共服务供应成本为目的而设立的。如单一职能的法兰克福都市圈的"莱茵—美因交通协会"，多重职能的美国"地方政府委员会"和"都市区规划组织"。

（3）保留市级政府并新增都市圈层级的政府。此类都市圈政府可由市民或市级政府选举产生或由上级政府指定，通常负责区域统筹和部分公共服务的供应，接管市级政府的一部分职能。如"大曼彻斯特联合政府"和伯明翰都市圈的"西米德兰联合政府"等。

（4）合并市级政府成立都市圈政府，或升格核心城市政府并接管其他市级政府。此类治理机制应用较少，仅有伊斯坦布尔、开普敦和大邱市等。

由于各国行政体制和都市圈协同目标的差异，都市圈协同机制并不存在单一的最优模式，但均考虑了国家和地方两个层面的政策环境和社会经济现状，明确政策协同的领域和资金、人事安排等。

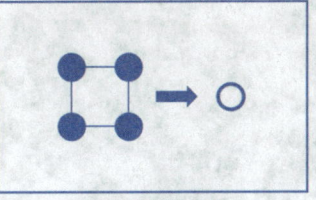

非法定、协作式的市际合作机制　　　　市际联合行政机构

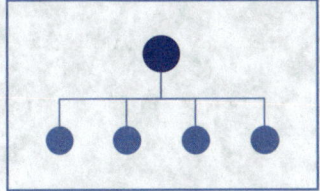
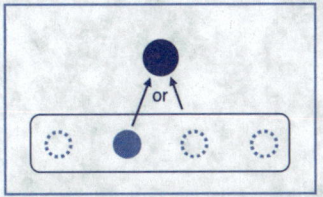

保留市级政府并新增都市圈层级政府　　合并市级政府成立都市圈政府/升格
　　　　　　　　　　　　　　　　　　核心城市政府并接管其他市级政府

都市圈协同治理机制的模式
The Mode of Metropolitan Area Collaborative Governance Mechanism
来源：作者自绘

2. 国内都市圈空间协同机制实践

2019年以来，全国多地陆续开展了新一轮都市圈规划编制，并构建了常态化沟通协调机制。总体来看，国内都市圈发展协调机制通常采用行政主导模式，在落实国家战略要求基础上，构建包含决策层、协调层、执行层等层级的运作机制。如南京都市圈通过发挥决策层、协调层、执行层三级运作机制作用，定期召开都市圈党政领导联席会议、市长联席会议，促进项目信息定期沟通和交流。成都都市圈在成都平原经济区联席会议制度框架下，充分发挥四川省推进成德眉资同城化发展领导小组及其办公室统筹协调职能，建立了"领导小组会议、同城化办公室主任会议、专项合作组协调会议、联络员工作会议"多层次常态化组织协调机制。

在空间协同方面，一般以都市圈核心城市的规划主管部门作为牵头部门、其他城市相关部门参与，成立都市圈空间协同专项组织，纳入到更高等级的区域发展平台并接受指导，构建规划引领、上下结合、多方对话、形成共识的空间协同机制，推动都市圈层面涉及空间事项的矛盾协调与合作协同。

第二节
搭建协商平台

Section 2
Building Consultation Platforms

《协同规划》的主要任务之一就是搭建一个开放协商平台,这不仅有利于集思广益,更好地发挥规划的引领作用,同时还能促进规划的空间传导和动态完善,凸显都市圈规划在区域发展中的持续效用。

一、以多层次跨界协商平台推动空间传导

都市圈需要打破行政边界,探索多层级的空间协同传导框架。上海大都市圈规划对"都市圈—战略协同区—协作示范区—跨界城镇圈"等四个空间层次提出了不同的协同重点和传导机制,在规划实施中也应突出多层次、差异化的空间协同,并以现有合作组织机构和机制为基础,推动区域规划协同政策与治理架构创新。

(一)推进各层次跨界地区规划协同工作

从各层次规划编制情况看,都市圈层面已经完成《协同规划》。战略协同区层面,在《协同规划》中确定了环太湖、淀山湖、杭州湾、长江口、沿海等五大战略协同区,并由相关城市牵头完成了5份战略空间板块行动报告。协作示范区层面,以各城市间跨界的县(市、区)为基本单元,《协同规划》明确培育崇启海、嘉昆太、青吴嘉等10个协作示范区。其中吴江—青浦—嘉善即长三角生态绿色一体化发展示范区,已完成国土空间总体规划编制并于2023年1月由国务院批复。跨界城镇圈层面,以镇(乡)为基本单元,《协同规划》明确培育安亭—白鹤—花桥、朱家角—金泽—黎里—西塘—姚庄等13个跨界城镇圈。其中"上海2035"总规确定的"东平—海永—启隆"等三个跨省界城镇圈,已经完成了跨界城镇圈空间协同规划并印发实施。

《协同规划》实施后,对10个协作示范区和13个跨界城镇圈,分批

按计划推进相关空间协同规划编制工作。建议沪苏浙两省一市和相关城市共同商定相应的工作方案,并按年度推进落实。近期以长三角生态绿色一体化示范区总规获批为契机和引领,继续推进协作示范区一体化国土空间规划编制工作,并充分衔接各城市国土空间总体规划,以高水平空间治理推动长三角一体化国家战略落地。

此外,上海大都市圈范围内各层级的协同地区,包括且不局限于协作示范区、跨界城镇圈等地区,鼓励多层级主体根据地方实际发展诉求,自下而上主动协同,以《协同规划》为指引,自发协商编制各类空间规划、发展规划、专项行动规划等,统筹跨区域发展相关事宜,支撑规划实施。

(二)积极发挥已有各类跨地区合作组织的作用

上海大都市圈的临界地区在规划编制及实施中如出现重大分歧,双方在原有协商机制下充分协商后仍不能达成共识的,可以邀请领导小组办公室参与,并寻求专家指导委员会等合作组织的建议。以长三角现有一体化发展机构和机制为基础,充分借鉴长三角生态绿色一体化发展示范区、跨界城镇圈、上海大都市圈等跨行政区协调的工作组织经验,因地制宜探索工作组织和合作机制,完善联席会议制度。

(三)鼓励多层级主体共同探索多样化的协商机制

跨界地区协同规划的具体审议和认定形式可以根据实际工作需要确定。鼓励创新跨界地区空间协同规划的实施办法,制定各类跨界行动纲领,进一步形成规划实施和监督的操作细则、技术导则,签订政府间战略合作协议、项目备忘录等。

二、以行动计划平台落实近期任务安排

近期规划作为规划体系中的重要一环,被认为是总体规划和区域规划深化细化不可或缺的重要组成部分,是将规划目标转化为具体行动、有序实施的过程,也是各部门和各主体协同行动、凝聚共识的平台。上海大都市圈依照"1+8+5"成果框架,滚动编制《上海大都市圈空间协同近期行动计划》(简称《都市圈行动计划》),成为都市圈内各行政主体协商和实施近期任务的平台。作为《长三角地区一体化发展三年行动计划》在上海大都市圈范围内空间协同发展方面的细化和补充,制定实施《都市圈行动计划》已经被列为《长三角区域一体化发展2022年度工作计划》18项综合任务之一。

在起止年限方面,《长三角地区一体化发展三年行动计划》(简称《长三角行动计划》)已印发两轮,时间跨度分别为2018—2020年和2021—2023年。首期《都市圈行动计划》已于2022年9月由上海大都市圈空间协同规划协同工作领导小组办公室正式印发,目标年限为2023年,后续按照每三年滚动编制,与《长三角行动计划》年限衔接一致。

在具体内容方面,《都市圈行动计划》围绕上海大都市圈范围内整体空间协同目标,以项目化、清单化的方式,明确近期具体任务和工作事项,分类上与《长三角行动计划》做好衔接。一是主要聚焦都市圈各个城市事权内的事项,不新增涉及苏浙两省省级部门牵头的工作事项。如确有需要苏浙两省省级部门牵头的重要工作事项(如都市圈城际、港口等重大交通项目),与《长三角行动计划》的相关内容和责任部门保持完全一致。二是对于已纳入《都市圈行动计划》但尚未纳入《长三角行动计划》的重大事项,从强化系统性、协调性角度对于大都市圈空间整体发展具有重要影响和支撑的,建议增加纳入《长三角行动计划》,更好推进项目实施。三是对于部分涉及跨界地区协同规划研究和编制等事项,无法直接全部纳入《长三角行动计划》的,可以在《长三角行动计划》中提出工作要求,通过《都市圈行动计划》进一步细化落实。

首期《都市圈行动计划》提出,通过三年左右的共同努力,上海大都市圈初步建成卓越的全球城市区域框架。主要内容包括重点任务和规划协同两大部分。其中,重点任务部分延续《协同规划》从愿景到行动的协同思路,各系统行动牵头部门进一步推动八大重点领域系统行动落实,聚焦近期重点任务,与相关责任单位共同开展相关工作;规划协同部分强化了规划引领,充分发挥各城市主体积极性,共同组织开展常态化跟踪研究、前瞻性研究储备和重点领域、重点区域的专项规划,共同编制并共同推进规划成果。

实践探索

上海大都市圈内现有典型跨界协同经验

Practical Exploration
Existing Typical Cross-border
Collaborative Experience
in Greater Shanghai
Metropolitan Area

以"上海2035"为起点,上海大都市圈范围内陆续开展了多层次跨界地区协同规划实践,其中典型的跨界地区协同方式如下:

1. 长三角生态绿色一体化发展示范区

长三角生态绿色一体化发展示范区(简称"示范区")自上而下搭建了"理事会+执委会+发展公司"的三层次管理架构。

由两省一市发展改革、自然资源、生态环境、交通、财政等部门和青浦、吴江、嘉善三地人民政府联合成立一体化示范区理事会(简称"理事会")。理事会理事长由两省一市政府常务副省(市)长轮值,主要负责研究确定示范区建设的发展规划、制度创新、改革事项、重大项目、支持政策和协调推进,对两省一市党委、政府负责。同时积极探索市场化、社会化治理机制,组建企业家联盟,广泛吸纳国内外知名企业家、国际机构领导人、知名科研机构、智库等,参与示范区治理。

理事会下设一体化示范区建设执行委员会(简称"执委会"),根据两省一市人民代表大会常务委员会会议同步表决决定,执委会行使省级项目管理权限,按照两省一市人民政府有关规定统一管理跨区域项目,负责先行启动区内除国家另有规定以外的跨区域投资项目的审批、核准和备案管理,联合上海市青浦区、江苏省苏州市吴江区、浙江省嘉善县人民政府行使先行启动区控制性详细规划的审批权。发展公司作为示范区开发建设主体,是一个市场化的投资运作平台。

示范区国土空间总体规划由上海市规划和自然资源局牵头,会同苏浙两省自然资源厅、苏州市、嘉兴市、青浦区、吴江区、嘉善县人民政府成立"三级八方"示范区规划工作专班。理事会代表沪苏浙三地政府共同审议规划草案成果,执委会负责落实推动、组织沟通协调会。示范区国土空间总体规划由两省一市人民政府联合行文,共同上报国务院审批。2023年2月,《长三角生态绿色一体化示范区国土空间总体规划(2021—2035年)》获国务院批复。

2. 跨界城镇圈

"上海2035"划定了嘉定安亭—青浦白鹤—江苏昆山花桥（简称"安亭—白鹤—花桥"）、金山枫泾—松江新浜—浙江嘉善—浙江平湖新埭（简称"枫泾—新浜—嘉善—新埭"）、崇明东平—江苏海门海永—江苏启东启隆（简称"东平—海永—启隆"）三个跨界城镇圈。2017年，东平—海永—启隆城镇圈、安亭—白鹤—花桥城镇圈、枫泾—新浜—嘉善—新埭城镇圈先后启动规划编制工作。

跨界城镇圈在各方商议的基础上，确立了共同编制、共同认定、共同指导下位规划、共同监督实施管理的"四个共同"的基本准则，逐步建立跨界地区规划协同双边或多边联席会议机制，主要由跨界地区市、区、县政府和上级自然资源部门以及市、区、县相关部门等共同组成，负责组织跨界地区空间协同规划的编制、认定和实施，具体工作过程结合地方要求有所不同。

《东平—海永—启隆跨行政区城镇圈协同规划》于2019年12月获得上海市规划资源局，以及江苏南通和上海崇明人民政府的联合批准；《枫泾—新浜—嘉善—新埭城镇圈区域协同规划》于2018年12月获得上海市规划资源局，以及浙江嘉兴、上海松江和金山人民政府的联合批准；《安亭—花桥—白鹤跨行政区城镇圈协同规划》于2021年3月获得上海市规划资源局，以及江苏苏州、上海嘉定和青浦人民政府的联合批准。

此外，各地也积极探索，签署各类合作框架协议，探索各自适用的协同工作组织架构。如崇明制定《崇明世界级生态岛规划建设导则》，并和启东共同签署《全面战略合作框架协议》；安亭、花桥共同成立"双城共建"领导小组，成立"安亭花桥共建长三角一体化先行示范区推进办公室"并合署办公，先后签订签署《安亭花桥"双城共建"战略合作框架协议》《"安亭—花桥—白鹤"城镇圈一体化高质量发展战略合作框架协议》《白鹤花桥"双城共建"战略合作框架协议》；枫泾、新埭签订共建协议，与嘉善姚庄、惠民共组"四方联盟"。

第三节
鼓励多元参与

Section 3
Encouraging Diverse Participation

《协同规划》不仅是各市政府的共识,更是都市圈所有居民、企业与组织的共同愿景。在实施中,应鼓励多元主体参与,不断激发专家智库、市场主体、公共组织、市民群众的参与积极性,推动协商共议、对话共谋,实现上海大都市圈的价值认同,共同缔造"卓越的全球城市区域"。

一、做实决策咨询和技术支撑

专家的专业技术权威与客观公正立场,以及智库的长期跟踪与决策建议,是提高规划科学性的重要保障。上海大都市圈将继续邀请各行业专家及智库,共谋都市圈发展。强化专家智库的话语权,充分发挥其专业特长,共同为都市圈发展提供智力支持、建言献策。

(一)继续发挥好专家咨询委员会作用

《协同规划》编制组建了专家咨询委员会,由多学科、多地域、多领域专家组成,包括两院院士、高校和科研机构专家、规划设计机构专家、知名行业专家等,负责指导上海大都市圈空间规划协同的重大事项、重要规划成果的咨询和研讨,以及重点改革和政策咨询。在规划实施中,进一步构建专家咨询委员会的长效沟通机制,继续发挥好专家咨询委员会作用。

(二)持续提升上海大都市圈规划研究中心和研究联盟的智库能力

《协同规划》编制期间,上海市城市规划设计研究院、中国城市规划设计研究院上海分院、上海社会科学院合作成立了"上海大都市圈规划研究中心",并邀请都市圈内规划研究单位组建了"上海大都市圈规划研究联盟"。

研究中心作为技术牵头,将维护好上海大都市圈空间协同规划,保障规划的有序推进与动态反馈。通过开展独立研究、联合发布研究报告、举办会议论坛等多种形式,着力形成上海大都市圈发展的技术和智力引领,为城市政府与利益相关方提供决策建言。研究联盟以"资源共享、优势互补、服务区域、共谋发展"为工作原则,促进大都市圈主要规划研究机构之间的技术、成果和信息交流,实现资源共享互通,为大都市圈规划、建设和管理提供强有力的智力支撑。

二、激发多元主体参与积极性

上海大都市圈规划的实施不能仅限于行政层面,而应调动更广泛的市场与社会民众的积极性。市场经济体制下,开发建设活动往往通过市场主体来完成,其在规划实施中的作用是不可忽视的。而社会民众是城市物质空间的直接使用者,是城市发展的直接利益相关者。上海大都市圈应促进社会各界在规划实施过程中,继续保持高度的参与热情。

首先,支持上海大都市圈各行业企业建立联盟、协会、商会等伙伴关系,建立行业发展标准,交流产业发展经验,举办行业区域协同发展论坛,强化市场主体的意见表达与交流合作。支持市场主体联合成立投资开发机构和发展基金,引领上海大都市圈重点项目建设。

其次,积极与公共组织等合作伙伴开放讨论,与其共享上海大都市圈研究成果,共话上海大都市圈发展思路。鼓励社会非营利组织发挥桥梁作用,举办或参与相关主题论坛,共评上海大都市圈的热点话题,形成专题报告,对上海大都市圈的发展建设积极建言。

最后,促进各年龄段人群了解规划、支持规划,加强"上海大都市圈人"的精神塑造、价值认同,树立主人翁意识,提高全社会的规划参与度。让每一个"上海大都市圈人"都来了解规划、参与建设,通过上海大都市圈信息平台、宣传册、新媒体等方式,表达意见,随时了解行动方向、监督项目实施。

实践探索
上海大都市圈规划研究中心和研究联盟
Practical Exploration
Greater Shanghai Metropolitan Area Planning Research Institute and Research Alliance

以深入贯彻落实长三角一体化发展国家战略和支撑上海大都市圈协同发展为导向，上海市城市规划设计研究院、中国城市规划设计研究院上海分院、上海社会科学院三家单位合作成立"上海大都市圈规划研究中心"，致力于打造国内领先、具有核心竞争力和广泛影响力的区域发展智库。同时，借鉴国内外都市圈智库型平台建设模式，以"资源共享、优势互补、服务区域、共谋发展"为原则，发起创建"上海大都市圈规划研究联盟"，邀请无锡市规划设计研究院、常州市规划设计院、苏州规划设计研究院股份有限公司、南通市规划设计院有限公司、宁波市规划设计研究院、湖州市城市规划设计研究院、嘉兴市国土空间规划研究院、舟山市城市规划设计研究院有限公司参与，成立非营利、智库性、开放性的非法人协作平台，并逐步邀请更多规划研究机构加入，目前联盟单位已达到17家。

上海大都市圈规划研究中心和研究联盟充分发挥各单位的专业特长，为大都市圈协同发展提供有效的智力支持，为城市政府与利益相关方提供决策建言。推进跨机构学术研究联合体的运作机制和制度建设，发挥各单位优势，加强技术交流，实现资源共享互通，提高规划研究水平，促进成员单位共同进步、共同提高、共同发展。

上海大都市圈规划研究中心和研究联盟的主要任务包括以下四个方面：

（1）维护《上海大都市圈空间协同规划》：保障《协同规划》的有序推进与动态反馈，根据定期评估与调整完善机制，定期组织开展规划实施情况的跟踪分析和评估。协助地方政府搭建规划资源信息服务和共享平台，并进行及时更新、动态维护。

（2）强化科学研究能力：编写上海大都市圈蓝皮书系列，将上海大都市圈的发展情况进行总结分析，记述大都市圈发展的大事和关键案例，提出下一阶段的发展展望，向社会发布相关资讯，为政府提供专业咨询和判断。同时，开展都市圈理论和实践研究，聚焦都市圈发展的重点领域和重要问题，以自主研究、联合研究、课题合作等方式开展上海大都市圈的前瞻性研究工作，积累更多理论依据和实践总结，更好地推动上海大都市圈和其他都市圈发展。

实践探索

上海大都市圈规划研究中心和研究联盟

Practical Exploration
Greater Shanghai Metropolitan
Area Planning Research
Institute and Research Alliance

以人的活动范围为尺度构建一个体现跨界治理和上海大都市圈地区整体利益的、以协商式规划治理新方式、中国特色新城市地区的探索上海。上海市委书记李强曾要求构建好:"上海大都市圈规划研究中心",要打开思路来研究，具有大上海的视野谋划区域发展的战略。同时构建国际国内跨地区管理联动平台和机制，以"效率至上、市场主体、开放包容"的精神发展。2019年5月，"上海大都市圈规划研究中心"在同济大学举办的、部市合作共建的上海市城市规划设计研究院挂牌成立。早前同济大学也专门成立了研究中心的有限公司。与此同时，由上海市规划和自然资源局牵头的"上海大都市圈国土空间规划编制研究"依托山东威海市自然资源局的立项项目成立、客座学者、不同背景的人社共同参与、共同组织团队和研究、并能力共同参与的工作方式。

上海大都市圈规划研究中心和研究联盟是两个专业的性格力，各大都市圈规划研究联盟由政府部门及时发表，为跨市域的开发与生态保护、区域性基础设施和公共服务、跨行政区地区治理和技术创新、发现交流、实现跨界共同治理、提升区域的发展水平、增进中国新城市地区的治理能力、共同迈进的城市。

上海大都市圈规划研究中心和研究联盟将主要开展如下四个方面：

（1）编写《上海大都市圈空间协同规划》。规划"协同规划"的方式由上海牵头、周边多地合作完成参与和完成，协同编辑完成决议确定的规划编制内容并出版。按照与国际接轨的高质量发展要求，根据行动规划，编制图。

（2）规划实施的合力，将上海大都市圈总体战略、上海大都市圈的展开具体行动加以落实，以长三角大都市圈建设重大事项的发展。向一个区域性议题开展，研究跨区地区的专业政策和机制。同时，开展特色研究和课题研究。通过研究完成一定的政策法规应用和专项研究，取得进展。选题结合大都市圈规划编制过程和其他大都市圈的建设，对大都市圈和其他都市圈发展。

2.2.7

作为方
上海市规划和自然资源局

上海大都市圈规划研究中心和研究联盟
Greater Shanghai Metropolitan Area Planning Research Institute & Research Alliance
来源：上海大都市圈规划研究中心

（3）打造权威指数和信息发布平台：对标全球城市榜单指标，聚焦生产性服务业、航运贸易、科技创新、智能制造、文化交流等功能，选择合适指标构建上海大都市圈城市指数，对都市圈内各城市进行评价，分析各城市优势和短板。跟踪研究并持续发布上海大都市圈通勤报告，探索通勤人口空间分布、通勤联系及功能关联等特点。同时，搭建"上海大都市圈规划"微信公众号和视频号等宣传平台，扩大研究成果的影响力。

（4）构建"年度论坛+主题活动"体系：举办上海大都市圈年度论坛，与世界主要大都市圈接轨，形成高端的对话与交流平台、政策指标发布平台及实践案例展示平台。同时，围绕创新、流动、生态和人文的目标愿景，联合各个城市相关部门开展系列主题活动，形成品牌效应。

截至2023年6月，研究中心和研究联盟已发布2本上海大都市圈城市指数、1本蓝皮书和1本通勤报告，已举办3次上海大都市圈年度论坛，同时运营了"上海大都市圈规划"公众号和视频号，启动了与巴黎等全球城市的国际合作，在长三角和全国范围的影响力持续扩大。

CHAPTER 10
EXPLORATION OF METROPOLITAN AREA PLANNING BASED ON CHINESE MODERNIZATION

第十章
中国式现代化的都市圈规划探索

随着全球城市化的快速发展，以大城市或超大城市为核心的都市圈越来越成为经济发展的重要引擎。纵观全球，国内外学术界对都市圈的研究从未停止，提出了诸多概念界定和理论主张，但尚未形成统一的共识和完整的理论体系。与此同时，顺应经济全球化、市场化、网络化、生态化发展趋势，编制和实施都市圈规划已经成为各国推动城市区域发展的共同议题和重要政策工具，形成了多样化的规划实践成果。

党的二十大报告提出，新时代新征程中国共产党的使命任务是以中国式现代化全面推进中华民族伟大复兴。在落实区域协调发展国家战略和推动空间治理体系现代化背景下开展的上海大都市圈的空间协同规划实践，不仅演绎了都市圈的中国概念，而且提供了都市圈国土空间规划编制的中国实践，为大尺度高密度城市化地域的空间协同贡献了中国方案，更体现了人口规模巨大、全体人民共同富裕、物质文明与精神文明相协调、人与自然和谐共生、走和平发展道路等中国式现代化的本质特征，希冀成为中国式现代化都市圈规划的引领者。

With the rapid development of global urbanization, metropolitan areas centered on large cities or super-large cities have increasingly become a major engine of economic development. Looking at the world, domestic and foreign academia have never stopped exploration of metropolitan areas, and put forward many conceptual definitions and theoretical propositions. However, a unified consensus and a complete theoretical system have not yet been formed. Meanwhile, in line with the general trend of urban economic globalization, marketization, networked, and ecological development, compilation and implementation of metropolitan area plans have become the common issue and an important policy tool for countries to promote the development of city-regions, forming a variety of planning practice.

The report of the 20th National Congress of the Communist Party of China states, the mission and task of the Communist Party of China in the new era and new journey, is to comprehensively promote the great rejuvenation of the Chinese nation with Chinese modernization. Under the background of implementing the national strategy of coordinated regional development and promoting the modernization of the space governance system, the spatial cooperative planning practice of Greater Shanghai Metropolitan Area not only interprets the Chinese understanding on the concept of metropolitan areas, but also provides Chinese practice for territorial spatial planning of metropolitan areas, and contributes to the spatial coordination of large-scale and high-density urbanization areas with a Chinese solution. It also embodies the core spirit of Chinese modernization, featured of a huge population, common prosperity of all, material and cultural-ethical advancement, harmony between humanity and nature, and peaceful development. It has become the model of metropolitan area planning which reflects the spirit of Chinese modernization.

第一节
演绎都市圈的中国概念

Section 1
Interpreting the Concept of Metropolitan Areas in Chinese Context

如何在理论和实践层面合理界定都市圈的概念，是国内外学术界共同关注的议题，也产生了诸多新理论。上海大都市圈概念的提出和实施，融合了全球都市圈最新理论思想，同时充分结合中国国情，演绎形成了国际都市圈的中国概念。

一、超越城市：全球跨界都市形态的发育与认知

城市作为人类的主要住所和经济活动场域，既是一个经济实体，更是一个政治空间单元，具有一个清晰的行政边界。在空间尺度上，城市的聚集演变理论遵循着一条从城市到城市组合、都市圈、大都市圈再到城市群的演变路径，这是我们审视、分析全球各大都市圈时空关系、发展态势的根本遵循和基本前提。

从全球来看，在21世纪之前，针对不断发育形成的跨边界城市空间形态，西方国家形成了"大都市区""都市圈""功能性城市区域"等概念。如美国联邦预算局在1910年首次使用"大都市统计区"定义，之后又经历了多次修改，形成"标准大都市统计区"（1949）、"主要大都市统计区"（1990）、"基于核心的统计区"和"联合大都市统计区"（2003）等衍生概念。根据《2010年都市区界定标准》，现行的统计区可分为大都市统计区与小都市统计区，其核心区人口分别为超过5万人和1万~5万人；统计区的基本单元为郡县，超过50%的人口位于核心区的郡县称为中心县，毗邻中心县且与中心县通勤率超过25%的郡县称为外围县。如果两个都市统计区中心县之间的通勤率超过25%，则两个都市统计区将被合

并为联合统计区。截至2021年,美国共有172个联合大都市统计区。

效仿美国大都市区经验,日本于20世纪60年代提出"大都市圈"概念,即中心城市为中央指定市,或人口规模在100万人以上、邻近有50万人以上的城市,外围地区到中心城市的通勤人口不低于本地人口的15%,大都市圈间的货物运输量不得超过总运输量的25%(李国平,2004)。经济合作与发展组织提出了"功能性城市区域"的概念,由人口密度超过1 500人/km^2且总人口超过5万人的"城市中心"及其周边通勤率超过15%的"通勤区"组成,逐渐成为其成员国家重构城市区域格局的空间定义方式。在此基础上,各国纷纷设立自己的规划或统计单元,如英国的"标准大都市就业区"和"大都市经济劳动区"、加拿大的"人口普查大都市区"、德国的"城市地区"、法国的"大都市区域"等(图10-1)。由于缺乏统一标准,难以开展跨国比较。

20世纪90年代,我国地理学、政治学、公共管理学等领域的学者,率先引进了美国大都市区、日本都市圈方面的研究与规划经验,并就其概念界定、空间测定、动力机制、发展瓶颈、规划策略等议题进行了广泛的研究。在国内实践层面,2002年江苏省人民政府批准了《苏锡常都市圈规划》、《南京都市圈规划》和《徐州都市圈规划》,这是国内第一批批

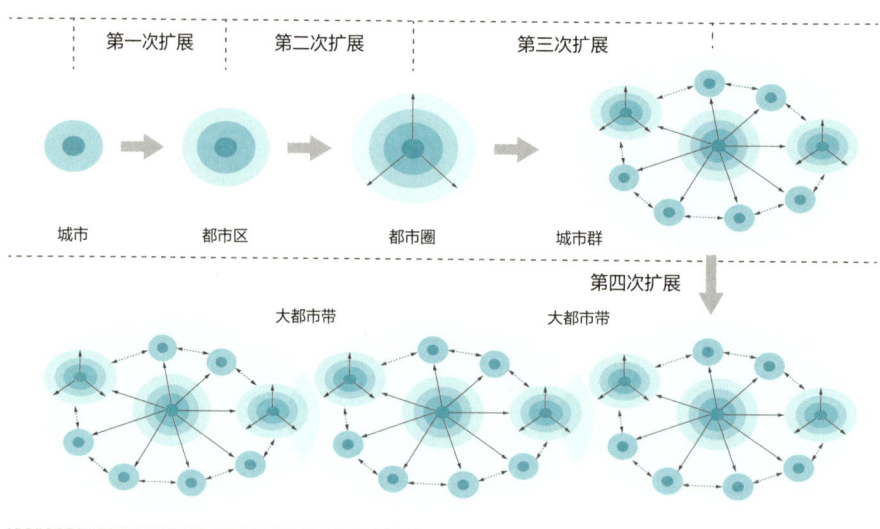

图10-1 从城市到都市圈到城市群四阶段的发展演变
Fig.10-1 The four development stages from cities to metropolitan areas, and to urban agglomerations
来源:根据 Fang C., Yu D. (2017) 绘制

准实施的都市圈空间规划。这些学术研究和规划实践，为上海大都市圈的发展提供了充足的理论基础和实践准备。

二、动态演化：21 世纪都市圈理论的新界定

21 世纪以来，"城市区域"及其各种变体，如"全球城市区域"(Davoudi, 2008; Scott et al., 2001)、"后现代大都市"（Dear, 2001）、"巨型城市区域"(Laquian, 2005)、"区域城市化"(Soja, 2012)、"多中心城市区域"(Hall and Pain, 2012)、"功能性城市区域"（OECD, 2019）等，日渐成为大都市圈研究的主流理论，进一步丰富了全球都市圈的理论话语体系。上述理论观点不尽一致，如多中心城市区域理论认为当今某个大城市的经济发展活动，是属于更大更广城市区域空间范围内的、新的劳动分工下多个集群的一部分。这不仅发生在单个城市层面，也发生在城市和郊区之间以及多个城市之间，最终形成一个突破城市行政区划边界的多中心城市区域。这一发展趋势在欧洲的城市发展中得到了显著体现。多中心城市区域的发展态势，势必增加了大都市发展的复杂性，对城市之间的政策协调、规划编制等带来一定挑战，需要在区域层面加以改革创新。全球城市区域理论认为，"全球城市区域"是全球化高度发展的前提下，以经济联系为基础，由全球城市及其腹地内经济实力较为雄厚的二级大中城市扩展联合而成的一种独特的城市地域空间。区域内呈现出经济与政治活动集聚的特征，具有紧密的跨国关系。

总体上看，上述新理论进一步拓展了城市研究的思路，为都市圈研究开辟了新的观察视角。在城市视角的深化方面，在 1986 年 J. Friedmann 提出的世界城市、1991 年 S. Sassen 提出的全球城市基础上，P. Taylor 提出了"世界城市网络"，归纳了全球化时代的空间响应结构，聚焦流量枢纽、控制节点、国际性功能等。在区域视角方面，2001 年 Allen J. Scott、Michael Storper 等人将全球城市的认识推进到全球城市区域，认为真正足以支撑全球性枢纽的是具有地方根植性的全球城市功能性范围（"城市 + 腹地"）。在演化视角方面，进入 21 世纪以来的创新研究、演化视角经济学、地理学丰富了全球创新网络和城市演化动力的认识，将其视为推动空间生长的核心动力机制。

图 10-2 概括展示了当今最新理论对于大都市圈的两种认识思路：左侧为概念集群，呈现了超越行政边界后依然延续城市形态复制和均质化的

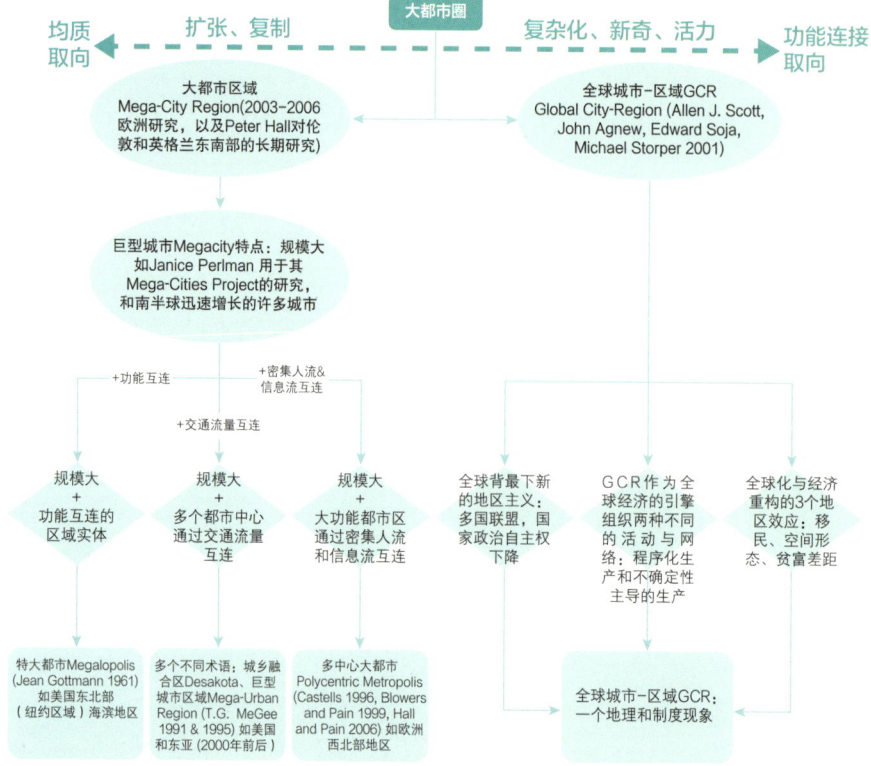

图 10-2 超越城市形态内涵关系演变图
Fig.10-2 The evolution of connotations and relationships of concepts beyond urban morphology
来源：屠启宇、陶希东、樊豪斌，"城市的基石：都市圈与城市群的源起、概况和规划"，屠启宇主编：《国际城市发展报告（2020）城市的基石：都市圈与城市群引领新动力》，社科文献出版社，2020年，第17页。

腹地扩张，对具体功能边界的识别倾向于测度均质性的空间拓展范围，如达到一定比例的向心通勤人口，其本质为"均质取向"；右侧以"全球城市区域"为代表，主要强调城市生命体成长发育的动态演化，将活力之基伸展到更大空间并联系更广泛的世界，为此并不特别关注全球城市区域的地理界线识别问题，不刻意强调空间均质性，反而鼓励保持"全球城市区域"范围内的多样性与复杂化，以利于激发创新，其本质为"功能连接取向"。

根据国际都市圈理论的演化思路，我们认为，21世纪的都市圈是一种嵌套在城市群之中，由中心城市与其经济社会联系最紧密的周边若干相邻城市共同组成的一种连接功能更加明显、经济密度更高、人口承载力更大、中心—外围产业分工关系更加明确、城际联系更加紧密、经济社会更具复杂性和创新性的全球城市区域形态。一般而言，都市圈应具有如下几个特点：一是拥有一个或多个具有国际化水准的特大城市或超大城市，作为都市圈的中心城市，在资源配置、服务供给、产业创新等领域具有显著的全球城市功能。二是中心城市与周边城市之间具有高度便捷、网络化的基础设施体系，全体成员城市（城镇）之间具有高密度的人流、物流、资金流和信息流，并且不受行政区划边界的限制，呈现高度一体化发展格局。三是中心城市与外围城市之间在产业发展上具有明确的功能定位和分工合作关系，每个成员城市通过跨区域产业整合，集体参与全球经济的竞争和发展。四是具有较为成熟的跨区域协同治理体制机制，在公共服务、城市管理、社会治理、环境保护等领域呈现高度的一体化、均质化水平，区域发展差距与贫富差距较小，社会空间极化微弱，实现高质量经济发展、高品质人民生活。

三、多元功能圈：中国式现代化的都市圈概念

以促进人的全面发展和社会全面进步为宗旨的现代化，是人类社会共同追求的目标，在世界范围内形成了丰富的理论范式和实践模式。党的二十大描绘了开启中国式现代化新征程、全面建设社会主义现代化国家、全面推进中华民族伟大复兴的宏伟蓝图。如今，全面推进人口规模巨大、全体人民共同富裕、物质文明和精神文明相协调、人与自然和谐共生、走和平发展道路的中国式现代化发展，为深化发展党和国家各项事业提供了根本遵循。

根据国际都市圈的理论演变和实践规律，顺应城市区域化、区域城市化的发展趋势[1]，吸取全球都市圈发展的最新理论内核，确立具有中国特色的都市圈概念及空间范围，创新都市圈跨域治理模式，培育更高能级、更高质量的新型大都市圈，是中国全面推动新型城镇化战略的重要抓手，是实现经济高质量发展的"助推器"，更是全面推进中国式现代化的"重要地标"。上海大都市圈作为长三角城市群的核心组成部分，由都市圈内城市共同编制完成的《协同规划》审时度势、契机契理，创新地将上海大都市圈界定为"卓越的全球城市区域"，开创了中国式现代化的大都市圈

---

[1] 截至2021年底，我国常住人口城镇化率达到64.72%，长三角、京津冀、粤港澳大湾区三大城市群建设取得诸多实质性进展。

概念，对发展中国家的超大城市区域空间重塑提供了方向和示范。

首先，立足城市区位的地理邻近性和功能关联性，打造有别于以单一通勤为标准的多功能都市圈。国际上对都市圈的划定大多基于通勤圈的概念，如欧美大都市圈的通勤率大致为15%~20%，日本大都市圈通勤率则在5%~10%，区域范围涉及3万~5万 km^2，但由于各国在地方行政单元规模和结构上存在巨大差异，尤其是许多国家缺乏通勤数据，这就限制了都市圈概念的全球一致性和开展跨国比较的可行性。上海大都市圈作为高度网络化的长三角城市群的核心区，尽管跨城通勤率较低，但在城际之间具有显著的文化、商务、旅游等功能联系，是一个兼具通勤圈、商务圈、休闲圈、文化圈等多功能的都市圈，功能边界并不十分清晰。可以说，上海大都市圈的本质是一个以都市圈为主体、涵盖周边区域的城市区域，同时也是兼顾地理邻近性与功能关联性的混合型全球城市区域。这种独有的特征决定了上海大都市圈需要重点关注共享共担、对流辐射、弹性嵌套等核心议题，引导都市圈内部空间部署与动力传导，取得地理邻近性和功能关联性的双重效应最大化。这也是对国内外都市圈规划的重要启示之一。

其次，吸收借鉴全球最新、最契合的都市圈理论精髓，形成具有国际意义的"全球城市区域"新空间。演化视角重点关注全球城市区域成长发育的动力机制，如何激发创新、释放创新，具体有三点：其一，对外是否具备开放性、流动性，即对外流动、开放创新；其二，内部是否形成多样性、复杂性，即内部流动、自主创新；其三，地域环境是否创新友好，即文化、制度和运行体系构成对创新的正向支持。上海大都市圈作为一个紧密的区域共同体，其空间肌理、历史传统、地域文化都趋向于创新友好，即是一个开放系统，历史上持续与外部开展流动交换，近代以来同全球经济、文化运行保持功能性连接；同时是一个复杂系统，历史上本地域发展重心持续迁移、中心城市迭起、小县多有逆袭，因港、因商、因农、因政、因人才等各种崛起路径得到持续激发，在多样化自组织中持续保持整体活力；也是一个具有鲜明地方文化特色的共同体，兼收并蓄，精致务实，对吸收、创新和释放先进文化和先进生产力形成有利的路径引导。正因如此，上海大都市圈可以成为一个具有强大演化能力的全球城市区域，开放性、多样性、复杂性、流动性和创新生态环境成为《协同规划》的要点。

第二节
拓展都市圈规划的中国实践

Section 2
Expanding Metropolitan Area Planning of Chinese Practice

推动都市圈高质量发展,首要任务是编制跨区域的都市圈规划。我国幅员辽阔,不同地域的资源条件千差万别,各地都市圈的发展水平、发展阶段以及协同基础存在明显差异。因此在都市圈规划的编制中,需要充分尊重各地特点,体现地域特色,针对性解决各自的核心问题。《协同规划》是新时代全国第一个跨省域的国土空间规划和第一个都市圈国土空间规划,在规划的编制过程中,不断创新都市圈国土空间规划的技术方法,形成了从目标到行动的逻辑框架和底线与协同并重的技术思路,构建了多系统要素空间协同的框架,并提出不同空间层次的协同重点,可为全国其他都市圈国土空间规划编制提供参考。基于上海大都市圈规划编制,研究团队承担了自然资源部行业标准《都市圈国土空间规划编制规程》编制工作,为规程制订提供了直接技术支撑。

一、都市圈规划基本认知

作为城镇化发展的高级形态,都市圈在国家发展中的地位和作用不断凸显。在区域协调发展和空间治理现代化背景下,在以国内大循环为主体、国内国际双循环相互促进的新发展格局下,都市圈作为产业链与供应链的基本组织单元,以城市间密切的分工协作,承担起对外开放竞争、内外体系连接的重要战略职能,成为新时代参与"双循环"的基本单元、参与全球竞争的重要载体、保障国家发展和安全的重要抓手。在加快建设全国统一大市场的要求下,都市圈协同发展可以促进产业链和供应链高速、安全、稳定运转,促进要素高效流动。推动都市圈高质量发展,首先应做好规划协同对接工作，将编制跨区域的都市圈规划作为首要任务。

（一）都市圈规划的定位及作用

都市圈规划属于区域规划，但在相当长的时期里，都市圈规划的属性定位并不明确。从我国城镇化发展历程来看，"十三五"时期主要围绕城市群展开，但其范围过大、缺乏实施抓手，建设"空心化"现象较为突出。相对于城市群，都市圈的空间范围更具可识别性，而且更有规律性；都市圈的尺度也更适合作为空间治理的载体，便于各方有效开展空间协同行动。从区域发展实际情况看，区域协调中存在的问题首先体现为空间发展的不协调、不平衡甚至是冲突，空间协同涉及的利益面最广，而且一旦落实、后续调整难度较大。这一客观特征决定了都市圈规划必须以国土空间规划作为基础。因此，需要充分发挥都市圈国土空间规划的空间治理作用，合理安排好各项空间资源要素，加强空间功能引导，解决区域空间统筹的实际问题。

根据《中共中央 国务院关于建立国土空间规划体系并监督实施的若干意见》（中发〔2019〕18号），都市圈国土空间规划在国土空间规划体系中，属于"五级三类"中的特定区域（流域）的专项规划，是跨省（区、市）或跨市县层面的区域性规划，主要解决单个城市无法在市域内部解决、需在都市圈层面进行协调的区域性合作问题。同时，都市圈规划的战略引领性也要求其兼具发展规划的特征。

编制都市圈国土空间规划，能够发挥专项规划的空间治理作用和规划引领作用，推动都市圈高质量发展。都市圈国土空间规划作为各城市共同签订的发展契约，是落实国家责任、呼应地方需求、响应人民诉求的纲领性文件，是实现都市圈协作发展和国土空间资源合理安排、推动跨区域空间协同治理的战略部署。都市圈国土空间规划的编制，有利于统筹发展与安全、践行新发展理念、实现高质量发展的方式创新；有利于统筹落实区域重大战略、区域协调发展战略和主体功能区战略，协调推进新型城镇化和乡村振兴；有利于促进大中小城市和小城镇协调发展及城乡融合，预防和治理"大城市病"；有利于应对跨区域发展的资源要素统筹，空间形态、结构变化和空间治理需要；有利于推动地方形成协同发展共识、明确共同的价值导向与行动方向。

编制都市圈国土空间规划，可进一步完善国土空间规划体系，发挥承上启下、统筹协调的作用。都市圈国土空间规划是以国家发展规划为战略引领,是落实《全国国土空间规划纲要(2021—2035年)》《国家新型城镇化规划(2021—2035年)》的重要内容,更是支撑构建国土空间开发保护新格局的关键举措。其核心是基于国家和省级国土空间管理事权,对省级国土空间规划进行深化和补充,对市县级国土空间规划进行引领和指导,并为一定时期内跨行政区域的空间问题解决和空间目标实现提供依据。

(二)都市圈规划理念

1. 以共治为引领

都市圈国土空间规划的阶段性目标和任务是推动空间资源调控与跨行政区共同治理。立足这一目标任务,规划编制需要坚持问题导向、目标导向和底线思维,合理安排好各项空间资源要素,促进大中小城市和小城镇协调发展、城乡融合发展,形成结构科学、开发有序、集约高效、安全韧性的国土空间发展格局。都市圈各主体应协同推进空间治理体系和治理能力现代化,积极推动区域性公共政策与区域协同发展体制机制创新,实现合作共赢。既要突出核心城市对于都市圈及所在区域的辐射带动作用,又要体现核心城市与周边各级城市的合作与共建共享,并推动部分功能向周边城镇转移。

2. 以生态为底线

在生态文明建设背景下,都市圈国土空间规划编制需要践行"绿水青山就是金山银山"的理念,深入实施可持续发展战略,严守生态安全底线,坚持人与自然和谐共生,保障都市圈生态系统完整性。立足资源环境承载能力,协调人、地、产、城、乡关系,发挥各地区比较优势,强化国土空间支撑。都市圈各主体应共同保护山水林田湖草等各类自然资源,促进资源利用的节约集约和生态保护修复。同时,规划也要考虑落实国家和地区实现"碳达峰、碳中和"的目标与策略,推进都市圈生态、农业和城镇空间的合理布局,形成优势互补、高质量发展的区域国土空间开发保护新格局。

3. 以人民为中心

将促进实现广大人民群众对美好生活的向往作为都市圈国土空间规划的出发点和着力点。在都市圈中合理布局各项功能服务设施,引导培育新消费与新需求,保障创新引领的产业空间需求。都市圈各主体应共同保护和活化利用文化遗产与自然遗产,塑造自然景观、历史风貌和当代文化共生的城乡特色空间形态,彰显都市圈空间魅力。通过规划编制着力推动高等级公共服务品质化、基本公共服务均等化,切实改善都市圈人居环境,提升城乡生活质量。

4. 以共享为目标

为强化对国家"双循环"新发展格局的支撑作用，都市圈国土空间规划应强化联结国际和辐射带动区域的增长极作用，提升中心城市与全球城市网络联通功能。着眼于都市圈的网络化与同城化发展，都市圈国土空间规划应推动核心城市的创新要素在都市圈内自由流动，引导产业链、供应链在都市圈内合理组织。同时推动都市圈内部交通网络、重大基础设施、公共服务、应急保障的互联互通、共建共享。此外，以新型基础设施网络建设为重点，通过规划编制促进各类资源要素在都市圈内的畅达流动，促进跨界地区合作与城乡区域融合发展。

二、都市圈国土空间规划编制技术逻辑

作为区域协调发展的重要平台，都市圈国土空间规划既要从更长远、更有高度的视角出发明确区域发展的战略目标，又要针对各行政主体之间面临的区域协调矛盾提出可操作的对策。因此，规划编制应突出顶层设计和行动任务相结合，形成"目标愿景（指标）—规划策略—行动任务"的逻辑框架；以落实国家责任为基础，聚焦重点诉求，立足底线与协同并重的技术思路，推动都市圈共同目标的实现。

（一）形成从目标到行动的逻辑框架

都市圈国土空间规划应以目标愿景为基础，建立起由"目标愿景（指标）—规划策略—行动任务"逻辑串联而成的有机整体，有效保障规划实施和协同目标的实现。

由于涉及多个行政主体，规划编制首先要在开展充分现状调研与评价的前提下，充分响应国家战略要求、地方诉求和人民期望，制定凝聚各方共识的目标愿景，推动区域高质量、高标准、高水平发展。同时，围绕目标愿景，确定核心指标体系，将定性描述的目标愿景转化为可感知、可测度、易比较的量化指标，并通过监测指标值变动情况对规划实施情况进行评估。例如，《协同规划》提出"建设卓越的全球城市区域，成为更具竞争力、更可持续、更加融合的都市圈"的目标愿景，体现了"上海2035"总体规划价值取向的外延和拓展；从创新、流动、生态、人文4个维度提出了4项分目标和规划策略，并确定了4类核心指标，按照考核要求又可划分为底线型指标和合作型指标。

其次，规划应明确和发展目标相对应的各类空间协同策略，以行动为导向，搭建多元主体利益协同的平台，明确各个城市和部门在实现目标愿景中的责任，探索推动规划落地的最佳路径和措施。例如，《协同规划》从系统行动和空间板块行动两个方面筹划设计协调各方利益的政策工具，最终形成"1+8+5"的成果体系[1]。最后，在保障机制方面，规划应明确全过程的规划认定实施和评估维护机制，鼓励建立开放式的实施协商机制，探索多元主体参与实施的机制。

（二）立足底线与协同并重的技术思路

都市圈国土空间规划编制应立足底线与协同并重的技术思路。一方面，规划具有落实国家及区域战略的关键责任，应坚持底线思维，共同遵守上位规划提出的共识性底线，并与省市级国土空间规划充分衔接，发挥承上启下、统筹协调的作用。另一方面，为更好发挥规划对区域发展的战略引领作用，应重点关注各系统要素的空间协同。一般而言，各城市对自身发展考虑较为充分，但由于行政管辖的限制，相互之间缺少衔接沟通，容易出现大量系统不协同的问题。因此，如何促进协同成为都市圈规划编制中各城市关注的焦点，也是规划重点要解决的问题。

其中，底线管控主要涉及对结构性要素的共同管控和对重要边界的红线管控。例如，《协同规划》在结构管控方面提出落实主体功能定位，细化重点生态功能区分类，实施差异化的管控政策；在红线管控方面提出保护河湖湿地、林地、滩涂等自然空间，管控重要生态保护地区，保护物种多样性与生态系统多样性，协调长江口等临界地区的生态红线。

系统协同重点关注各系统要素的统筹布局和跨界衔接，一般包括生态环境、综合交通、市政基础设施、公共服务设施和重大安全体系等方面。例如，《协同规划》以八大重点领域系统行动统筹各类协同要素，指导各市各领域专项规划的编制；针对每项行动分别提出具体的协同目标、协同策略、保障机制和重点项目，并通过各城市的责任单位予以落实。

三、都市圈国土空间规划编制技术要点

都市圈国土空间规划编制应结合国家战略要求和地方既有实践工作，以"问题导向、目标导向、行动导向、空间导向、实施导向"为原则，对

1　"1"为战略愿景总报告，"8"和"5"分别为八大重点领域系统行动与五大空间板块行动。

影响区域未来发展的关键性问题提出对策，形成适应不同阶段发展要求、可操作可落实的规划成果。规划的主要内容包括现状评价与趋势判断、目标愿景和指标体系、多系统要素协同、多层次空间协同以及协同保障机制等。

（一）问题导向，开展充分的现状调研与评价

不同的自然地理格局、发展水平与发展历程，塑造了各具特色的都市圈，因而需要对现状情况进行摸底调查与综合分析，以奠定都市圈国土空间规划科学编制的基础，把握都市圈共同关心的问题和跨界协同的区域性问题。

1.科学划定都市圈空间范围，并做好全面的调研与摸底工作

都市圈空间范围的识别与划定是都市圈规划、建设、治理的前提，应当考虑地理的邻近性、功能的关联性与行政的完整性来综合划定。确定都市圈空间范围后，应组织各类形式的现状调查，注重对政府部门、企业及居民的深度访谈，针对重点地区开展现场踏勘，关注各地区在区域中的发展诉求以及现实的协同矛盾，明确跨界地区生态环境、基础建设、公共服务等需要重点统筹的内容，形成针对都市圈翔实而清晰的一手资料。

2.运用多种技术手段和方法，提炼形成对现状的深度认知与判断

一方面，从历史与文化演进脉络入手，对区域发展的人口、经济、产业、交通、生态等各个维度进行深度剖析，理解区域性的矛盾与问题。另一方面，积极探索新技术的应用，对产业链、创新链、供应链、人口通勤等体现区域关联性的特征进行全面分析，理解区域性的矛盾与问题。充分发挥传统技术与新技术各自的优势，突破区域分析定性有余、定量不足的局限，以科学而准确的数据，为现状认知提供有力支撑。

3.开展全局性的重大议题专题研究

规划编制应充分考虑多专业多领域的联动，加强对核心问题的充分探讨，突出规划的前瞻性、战略性、引领性。鼓励各都市圈根据具体情况选择专题研究的方向，可优先关注规划目标协同、产业发展协同优化、综合交通体系优化、生态保护修复、重大基础设施统筹布局、公共服务设施配置、文化和自然景观保护利用、规划实施机制和政策保障等方面，选择高水准的专业团队，采取多家单位平行研究或共同合作的方式，形成扎实而稳固的前期工作基础。

（二）目标导向，明确都市圈共同的目标愿景

目标愿景是都市圈共同努力的方向。都市圈内各主体关联密切但问题

差异同样显著，对于协同发展各有诉求，需要共同探讨一个凝聚各方共识的目标愿景，以建构共同的价值导向。

在都市圈国土空间规划编制中，一方面，应制定与时俱进的目标愿景。从落实国家战略要求、促进区域协调发展、优化城乡关系、提升都市圈整体发展质量、提高区域竞争力、改善人民生活品质、维护生态环境可持续性等角度出发，制定切合实际、符合时代价值、适当超前的都市圈目标愿景。落实全国国土空间开发新格局的整体构想与发展要求，强化都市圈核心城市的责任担当，明确都市圈各城市的功能分工，形成差异化的功能分工体系。

另一方面，应围绕目标愿景构建核心指标。建议从底线管控、规模能级、创新效率、协作联系、生态绿色、人文品质等方面设定规划指标体系。各地可结合自身特色设定相应的规划指标，以加强对于下位规划的引导与约束。指标属性可以分为底线型与合作型两类。底线型指标针对各地分别考核，明确共同遵守的规则；根据都市圈内各行政主体发展阶段与水平、资源与生态环境本底条件和承担的主导职能，制定差别化的目标值，就高不就低。合作型指标针对都市圈整体考核，明确共同努力的方向；由各行政主体合作达成指标要求，主要体现为都市圈内缩小差距、强化联动对接、提升一体化水平。

（三）行动导向，构建多系统要素空间协同的框架

都市圈共同的目标愿景、协同的核心问题等都需要系统性梳理与解决，因而需要构建多系统要素空间协同的框架，主要涉及底线空间管控与专项空间协同两大维度。

1. 底线空间管控

都市圈国土空间规划应强化与省市国土空间规划的衔接，加强跨行政区的要素管控，从底线视角明确需强化管控的具体内容，主要包括结构管控与红线管控两种方式。

结构管控重在强化结构性要素的共同管控。规划应按照主体功能综合布局的整体思想，以系统解决跨行政区的农业、生态与城镇功能空间之间的矛盾冲突为重点，提出都市圈范围内三类功能空间有机融合的总体布局。同时，加强空间结构性要素管控，明确跨行政区的区域性生态廊道、重大交通廊道、市政基础设施廊道、重要水源地与水源涵养区等管控要求。

红线管控主要强调重大边界的要素管控。其一，通过编制都市圈规划统筹山水林田湖草等各类自然资源的保护利用，确定资源利用上限和环境

安全底线。其二，按照以水定城、以水定地、以水定人、以水定产原则，制定水资源供需平衡方案。其三，在"三区三线"的基础上，结合地方实际，划定跨行政区的其他重要控制线，如地质风险、洪涝风险、矿产资源等，并提出管控要求。

2. 专项空间协同

专项空间协同聚焦都市圈重大系统要素，主要包括区域生态环境、综合交通网络、市政基础设施、公共服务、重大安全体系等方面协同。此外，各地可根据实际需要，针对创新与产业发展、农业空间布局、文旅融合发展、重大资源保护及城乡融合发展等制定专项协同计划。

在区域生态环境协同方面，建议从生态共保共治的视角出发，结合都市圈综合地质调查及"双评价""双评估"工作，明确都市圈生态环境保护目标，落实上位规划生态保护格局要求、深化布局区域生态网络，加强区域生态廊道衔接，对重点生态敏感地区提出保护策略，明确生态系统保护修复的重点区域和修复目标。在都市圈范围内统筹碳减排、碳汇等空间安排，做好都市圈水资源统筹分配方案。超特大城市应制定环城绿带和通风廊道布局策略，提出跨界地区生态环境共保共治举措。位于沿海城镇密集地区的都市圈应注重水网生态格局的系统性保护，位于内陆地区的都市圈应协调好"山江湖"生态格局与城镇空间拓展的关系。

在区域综合交通网络协同方面，建议从互联互通及综合交通系统支撑服务都市圈整体发展的视角出发，明确都市圈交通一体化、同城化目标，并按照都市圈发育程度提出分圈层的综合交通系统建设策略。具体策略包括完善客货运输体系布局，统筹布局主要交通廊道和跨行政区通道，优化区域性重大交通枢纽布局；构建城际轨道网与市郊铁路网，预留重点站场空间；超特大城市应提出中心城区与新城，以及其他外围重要功能组团之间的快速交通系统规划布局方案；考虑多元交通运输方式，完善物流运输体系与物流仓储空间布局；跨市通勤紧密联系地区应加强跨界道路交通设施的协同布局。

在区域市政基础设施协同方面，建议从基础设施连通共享的视角出发，明确安全运行目标，统筹能源、水系统、环卫、信息等重大基础设施的一体化、网络化布局，提出区域重大引调水与供水工程、骨干能源通道、通信骨干网等重大基础设施廊道布局，保障能源、资源供应安全。加强跨界地区基础设施网络的协同规划建设，推动具有邻避效应基础设施的统筹布局，实现设施的共建共享。

在区域公共服务协同方面，建议以都市圈公共服务均衡普惠、整体提升为导向，明确都市圈公共服务一体化发展目标，强化教育、医疗、文化、体育等高等级公共服务体系的协同建设。结合人口分布特征、都市圈城乡空间格局，分类引导各类设施优化布局，扩大优质公共服务资源的覆盖范围、推动基本公共服务的相对均衡配置，提高都市圈公共服务整体质量。

在区域重大安全体系协同方面，建议从区域联防联控的视角出发，构建区域综合防灾体系，加强重要安全设施廊道、区域性蓄滞洪区、区域性海绵体基底、区域性防灾避难场所的预留；建立应对地震、区域洪水等重大自然灾害和重大公共卫生事件的区域联防联治机制，加强区域共享型应急保障空间、重大救援通道的统筹规划布局，切实提高都市圈的韧性；做好区域整体安全韧性系统与各城市安全韧性系统之间的衔接。

（四）空间导向，提出不同空间层次的协同重点

1. 总体空间格局

都市圈国土空间规划应落实全国国土空间开发新格局的整体构想与发展要求，着力解决区域空间结构不合理、大中小城市发展不协调、城乡发展不融合和大城市蔓延等问题。以支撑畅通的国际枢纽网络和区域联动的国内空间网络为目标，整体统筹都市圈内跨行政区的空间格局，重点围绕区域生态格局、交通发展廊道、城镇发展廊道、重大基础设施廊道等，明确都市圈各城市共识性的发展格局，构建多中心、多层次、双向开放、畅通联结的空间网络。

系统谋划都市圈农业、生态、城镇三类功能空间布局。落实都市圈发展战略定位，按照农业资源空间分布和空间发展布局要求，提出农业空间总体格局；按照区域重大生态保护区域、生态廊道保护要求，提出生态保护总体空间格局；综合考虑都市圈内各级城镇的经济社会、产业发展、人口分布等因素，以分工协同为原则，统筹布局创新网络、服务网络和重大产业集群等总体空间布局。

此外，针对空间留白等跨界战略地区应强化发展指引，提出规模、主导功能以及承载平台、支撑体系等指引策略。

2. 分层次空间协同

都市圈规划涉及区域范围大，跨界协同层次多，各层级行政单元面临的具体问题及关注重点也有所不同，需要根据不同空间尺度、分层次研究并提出引导。在研究思路上应打破行政边界，更好地体现都市圈多中心、网络化的空间特征，突出对城区与新城发展思路的差异化引导，探索不同行政区域范围内城乡交界地带融合发展路径。在具体协同中任务应分解到行政主体，强调可操作性。

都市圈国土空间规划主要涉及都市圈、次区域或流域性、区县、乡镇等协同层次。都市圈层次重在明确总体目标愿景、搭建整体发展框架，加强重大系统要素协同；次区域层次或流域层次以地级市为协同单元，聚焦重大跨市战略性空间资源统筹、底线管控要素的跨区域联合保护举措和重点合作发展区的联合共建等内容，明确共建、共治、共保的协同行动；区县层次重在落实上位协同的任务与行动，进一步深化一体化项目布局；乡镇层次则重在促进服务设施共享、基础设施对接等具体引导。

（五）实施导向，构建完善的协同保障机制

规划编制完成仅仅是迈出了第一步，规划的生命力在于实施。为实现都市圈规划协同的共同目标，相关省市还需增强政策合力，健全协同机制，稳步落实具体的行动任务。

一方面，探索都市圈国土空间规划的实施机制创新，统筹考虑都市圈整体规模与要素集聚。探索财政、人口、土地等方面跨行政主体的协同政策，探索产业、交通、生态环保等领域的合作机制。提出底线空间要素、底线型指标的差异化监督与考核机制，制定重大设施与服务共建共享的实施保障机制，探索建立都市圈各类自然资源要素和建设用地的统筹配置机制，建立"三条控制线"跨行政区协调划定的协商机制，探索建立统筹核心城市与周边中小城市及小城镇协同发展的公共财政制度，探索都市圈规划实施中涉及各方重大利益的纠纷事项的协商与仲裁机制。

另一方面，创新都市圈协调发展的空间政策。按照主体功能区功能定位划分的政策分区及特定功能区，分类指导主体功能区差异化治理，探索建立不同主体功能区之间的协调互动机制，引导资源要素跨行政区合理配置。探索建立健全都市圈内部生态保护跨区域补偿的相关配套政策，制定都市圈内中心城市部分功能疏解的相关配套政策。

最后，建立健全都市圈国土空间规划的动态跟踪与实施评估机制。依托"一张图"信息系统加强规划实施的全生命周期管理，明确规划的动态监测和定期评估机制；充分利用调查数据、多元大数据建立都市圈安全韧性、生态价值、网络链接等方面的监测评估体系。

专题研究
国内都市圈的规划演进
Special Study
Evolution of Metropolitan Area Planning in China

国内的都市圈规划实践始于2000年左右，《江苏省城镇体系规划（2001—2020）》首先提出构建南京都市圈、苏锡常都市圈和徐州都市圈，并分别编制了空间规划，于2002年相继获得江苏省人民政府的批复。尽管当时对都市圈及其规划的认识与理解还存在分歧，规划编制和实施的法律和政策尚不健全，规划编制技术标准或技术规范、技术手段都比较欠缺，但在当时的条件下编制都市圈规划，是一次意义重大的探索，表明在城镇化进入高级阶段的背景下，业内已经注意到以集聚和扩散为主要特征的城市区域的重要性，将其作为体现区域竞争力的标志和促进各类要素流动的手段。

此后，国内纷纷开展以都市圈或类似空间单元为对象的各类规划编制，如《哈尔滨都市圈总体规划（2005—2020）》《深莞惠区域协调发展总体规划（2012—2020）》《武汉城市圈区域发展规划（2013—2020年）》《太原都市区规划（2016—2035年）》《大南昌都市圈发展规划（2019—2025年）》等。截至2020年底，已批复的城市群发展规划及其他相关规划共涉及全国33个都市圈，其中有17个编制了相关规划。这些自下而上编制的规划由于缺少全国层面的顶层设计，形式多样，在规划定位、规划名称、规划范围、规划内容等方面未形成统一范式，同时也缺乏有效的实施管理保障机制，在实施层面未取得实质性进展。

2019年，随着国家发改委出台《关于培育发展现代化都市圈的指导意见》，都市圈规划进入全面推进阶段。自2021年起，国家发改委先后批复了南京都市圈、福州都市圈、成都都市圈、长株潭都市圈、西安都市圈、武汉都市圈等发展规划。同时，地方政府也在积极推动都市圈规划的编制，《重庆都市圈发展规划》由成渝两地人民政府联合印发，《上海大都市圈空间协同规划》作为国内第一个都市圈国土空间规划已由上海、江苏、浙江两省一市人民政府联合印发。上述规划成果在主要内容方面有许多联系和共同点，也各具特色。

在规划范围确定上，与国外都市圈一般基于通勤圈的标准不同，国内都市圈空间范围划定方法和标准尚未得到统一，主要采用定量、定性，以及兼顾定量与定性等多种方法。定量方法主要考虑核心城市的就业密度、周边区县的人口密度、通勤联系强度、企业关联、一定时间内的交通可达

专题研究

国内都市圈的
规划演进

Special Study
Evolution of Metropolitan Area
Planning in China

国内都市圈规划发端于2009年左右。《长江三角洲地区区域规划(2009—2020)》首次提出"都市圈"概念,并确定南京都市圈、杭州都市圈、苏锡常都市圈三大都市圈。而2002年上海编制上海市域的《上海市城市总体规划(1999—2020)》之际,因区划管理的原因,其区域研究方面只涉及上海市全域,而编制上海都市圈规划及其相应的法律基础均无着手,规划编制和法律两方面都有必要性,同时无疑会在此领域获得突破。迄今为止上海市地方公共团体并没有开展都市圈的规划编制,但上一次重要尝试,事出有因。结合人才密集的背景下,地方相对封闭,也有小图小安稳的稳态思维。市民愿意留沪,将其自家片区域市群化的规划推动改革更更新重要的抓手之一。

此后,国内陆续有若干地市规划编制层面涉及到跨市域跨省域的多层次区域规划编制,如《成渝城市群发展规划(2016—2020)》《哈长城市群发展规划(2016—2020)》《呼包鄂榆城市群发展规划(2015—2020年)》《大西安都市圈发展规划(2019—2035年)》等。截至2020年底,已规划或已编制各级都市圈及城市群规划发现提及都市圈的文件为32个城市群,其中有17个已编印了规划,除出省自下而上的编制方式之外,其余均由中央组织编制发布;其次,各省自发、自主规划本省,规划内容上都市圈规划区域既有跨省域也有省域之内,同时也融合其他类型的区域规划,内容越来越成熟,做法方案更加丰富。

2019年,国家发改委发布了《关于培育现代化都市圈的指导意见》,将都市圈规划推进入快车道。自2021年起,国家发改委先后批复了南京都市圈、福州都市圈、成都都市圈、长株潭都市圈、西安都市圈,成为中国都市圈发展新现象。同时,地方也对城市群都市圈规划的编制、《重庆都市圈发展规划》由直辖重庆及其周围圈层合编印,《上海大都市圈空间协同规划》是全国内第一个由地方主动跨省域的跨省都市圈,以宁京中心、宁杭中心、上海为中心,上海都市圈率先开全面由地方编制和区域城市谋合作的局面,也有先事行。

都市圈的界定上,与国外的都市圈一般存在一定的规模的不同,国内的都市圈内在外设定为方所辖的市辖区在上述量化标准的,无须特别定量限定,以多数由地市市辖区编制为基础,这些区域也适度地跨边市的某些区域单位和产业,体现人口集聚、通勤基础、产业关系,一定均衡的文脉的纽结。

253

范围、公共服务设施的辐射范围等。定性方法主要考虑自然地理要素、历史文化联系、产业转移、重大设施共建、战略要求和行政诉求等。但无论采用哪种方法，都市圈的空间范围总体可以概括为由强大的中心城市和与之紧密联系的腹地构成，整体呈现人口规模大、经济总量高、高度城镇化的发展特征。其中中心城市通常能级较高，外围城市与中心城市之间通常具有紧密的交通联系和功能联系，人流、物流、信息流等资源要素流动频繁。

在规划主要内容上，国内各都市圈发展规划基本保持一致，尤其是2021年以来国家发改委批复的都市圈发展规划，基本形成了较为统一的内容范式，通常包括目标定位、空间格局以及交通、设施、产业、生态系统协同等重点内容。围绕都市圈的资源禀赋、优势特色、发展特征，各都市圈发展规划均提出了特定的战略定位和发展目标，并将目标分解为基础设施、产业创新、生态保护、公共服务等分目标，同时分别制定了近期、远期的分阶段目标。在空间格局上均提出发挥中心城市的龙头带动作用，以之为中心形成"点—轴—片"的空间关系，"点"即核心、次级中心等节点，"轴"主要为依托交通廊道的发展轴，"片"为各类功能组团。在城市体系上注重规模等级，明确了中心城市、节点城市、不同廊道、不同片区组团的功能定位，强调大中小城市和小城镇协调发展。各都市圈发展规划在重点协同领域上较为一致，均对专项系统协同提出了规划目标与策略，包括基础设施互联互通、创新产业协同、生态环境共保共治、公共服务共建共享等。此外，部分都市圈发展规划还聚焦跨界重点地区，提出了相应的规划策略。

在规划实施保障上，国内各都市圈发展规划主要在构建常态化沟通协调机制、多种形式的协同发展机制等方面进行政策与机制创新，并提出制定都市圈规划实施方案和行动计划、强化规划实施监测评估、完善社会参与机制等保障措施。

专题研究
都市圈空间范围的识别与划定
Special Study
Identification and Designation of the Spatial Range of Metropolitan Areas

遵循系统性、科学性、实用性、通用性等要求，结合国际都市圈范围划定经验以及国内都市圈发展现状，提出都市圈空间范围识别与划定的原则和技术方法，深化步骤流程和技术细节，确定都市圈空间规划编制范围。

为保证不同区域操作的适用性与差异性，都市圈空间范围识别与划定需遵循如下原则：一是兼顾定量与定性。都市圈空间范围划定的复杂性要求在技术层面应采取定量与定性分析相结合的方法，以达到科学合理的目标。基于多维度、多指标的定量测算体现技术方法的科学性与准确性，保证划定结果的客观性；基于突出重点与特色的定性校核体现技术方法的合理性与政策性，保证划定结果的可实施性。二是统筹现状与规划。都市圈空间范围的动态演变决定了划定时应统筹考虑现状与规划条件，尤其是对于目前仍处于培育期的都市圈，应在客观反映都市圈发展现状的基础上，判断发展趋势，将相关规划作为指标确定的参考依据。三是体现差异与弹性。不同都市圈的区位条件、资源禀赋、发展水平存在客观差异，应根据不同发展阶段进行区分，针对东部、中部、西部和东北地区采取差别化的引导方式，因地制宜确定各项指标标准。四是面向实施与管理。都市圈空间范围的划定与后续规划编制、资源配置、政策供给相关联，为保证规划的可实施、易管理，需要强调划定方法的可操作性和空间范围的完整性。

都市圈的空间范围应当考虑地理的邻近性、功能的关联性与行政的完整性来综合划定，结合以上划定原则，提出了都市圈空间范围识别与划定的"五步法"。

一是识别核心城市。将现状城区常住人口200万以上，周边城镇相对密集，具有区域性交通枢纽和公共服务职能，拥有大学或重要科研机构、一定数量上市企业总部分支机构等综合功能的城市作为都市圈核心城市。对于具有重大国家战略安全意义的城市和西部地区、东北地区的城市可适当降低城区人口规模标准。城区范围应与所在城市的国土空间总体规划确定的范围相一致。

二是初步划定都市圈时空边界。以核心城市城区边缘为起点，结合现状及规划明确的铁路、公路、轨道交通等一小时交通圈范围内的县级行政单元作为都市圈备选空间范围。总体上，以超大、特大城市为核心的都市

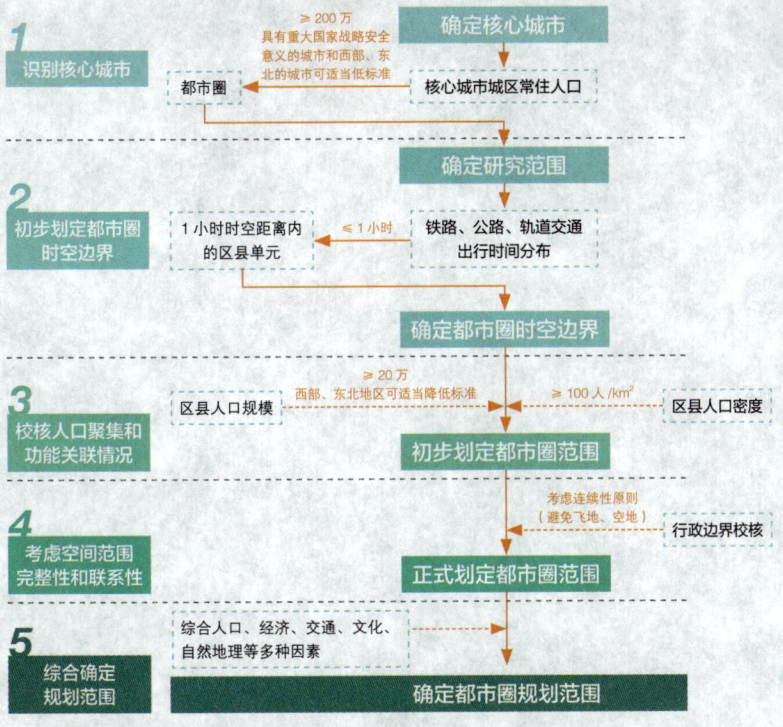

都市圈空间范围识别与划定步骤流程
The steps of spatial scope recognition of metropolitan areas
来源：作者自绘

圈按照主要核心城市城区周边100~150km，其他都市圈按照60~100km范围作为基本参考值。对于多中心都市圈，将核心城市各自的备选空间范围进行叠加。

三是校核人口聚集和功能关联情况。综合考虑区域人口和功能的集聚效应，重点关注人口规模和人口密度，建议周边县级单元全域人口密度达到100人/km²可划入都市圈。

四是考虑空间范围完整性和联系性，正式确定都市圈范围。为避免出现"空地"与"飞地"，邻近地区或都市圈包围地区的县级行政单元应整体纳入。

五是综合确定规划范围。综合人口发展、功能联系、产业合作、交通规划等多种动力因素、自然限制条件约束因素和人文历史要素等，对于承载国家和区域重大战略或影响都市圈可持续发展的资源富集和生态保护地或者重要生态涵养区，结合既有协同基础及地方协同发展诉求可纳入都市圈。同时考虑到我国各地的差异性，本着方便协同管理的要求，合理优化确定都市圈空间范围。

第三节
贡献大尺度高密度城市化地域空间协同的中国方案

Section 3
Contributing to Spatial Coordination of Large-scale and High-density Urbanization Areas with a Chinese Solution

全球都市圈建设规划的实践表明，当功能地域空间与地理政治空间不一致时，采用"超大城市区域""多中心城市区域""全球城市区域""巨型城市区域"等理论模型，指导推动大尺度高密度城市化地域的协同发展，积极搭建有效的跨界协同机制，成为全球城市化发展的一个重要议题，也是难点所在。国内外已有大量的经典案例，如我国的长三角、京津冀、粤港澳大湾区等，形成了差异化且各具特色的跨界协同案例。上海大都市圈结合跨省域、多主体的特点，以编制空间协同规划为"牛鼻子"，通过"共同组织、共同编制、共同认定、共同实施"的组织模式，实现了从城市政府主导向多主体协同参与的转变，从自上而下编制向跨行政区平等协商的转变，这一成功的空间协同模式，为全球大尺度高密度城市化地域空间协同，提供了富有远见的中国智慧、中国方案与中国经验。

一、协同理念：全体成员共同树立符合国家要求、满足地方期待和愿景的协同共享发展理念

在一个国土辽阔、人口众多的大国，大尺度、高密度的城市区域由于涉及较为复杂的政治地理格局（如跨越不同层级的地方政治单元），要想实现跨界协同融合发展，除了发挥市场力量外，还需要处理好政府与市场、政府与政府、中央与地方、地方与地方之间等各方面的关系问题，是一项

颇具难度的区域政治重组行动，既涉及国家的区域发展战略，更关乎地方发展的期待和愿景。只有实现国家战略与地方愿景之间的高度契合，才能真正催生城市区域跨界协同治理的内在动力，并在短期内取得实效。因此，能否能把握大势、掌握契机、顺势而为、聚合共识，成为城市区域跨界协同治理成败的关键。而上海大都市圈开展的以编制空间协同规划为主体的空间治理模式，正是国家战略和地方期待有机结合、地方省市政府高度认同并树立共享、协同发展理念的直接结果。

2010年以来，国家相继制定出台《长江三角洲城市群发展规划（2016—2020年）》《长江三角洲区域一体化发展规划纲要》等区域协调政策文件，把都市圈作为落实国家区域发展战略的重要载体，尤其是在《国务院关于上海市城市总体规划的批复》（国函〔2017〕147号）和《长江三角洲区域一体化发展规划纲要》中，明确要求"充分发挥上海中心城市作用，加强与周边城市的分工协作，构建上海大都市圈""推动上海与近沪区域及苏锡常都市圈联动发展，构建上海大都市圈"。同时，随着长三角一体化发展进程的加快，为破解基础设施、产业发展、公共服务、社会治理、生态保护等领域的跨界难题，上海大都市圈各成员城市普遍树立起协同、共享、共治的新理念，并形成比一般地区更强、更迫切的行动共识。因此，2019年全面启动的《协同规划》编制，正是充分把握国家发展契机、聚合地方协同发展理念的自然结果，从规划入手，体现了上海大都市圈空间协同治理的"中国智慧"。

二、协同机制：地位平等、多元参与、共同协商的跨界共治共赢共享

跨越行政边界是大尺度、高密度城市区域的首要核心特征，而且其所跨越的行政层级往往不尽一致，特别是一些高能级的大都市圈，除了跨越城市层级外，还可能跨越省级行政边界（国外是省、州边界抑或国家边界），尤其在中国或行政层级较为明显的发展中国家，都市圈各成员城市很可能具有不同的行政等级。更有甚者，边界两侧的政治地理单元存在明显的政治地位差距，双方的权限、资源、能力有显著不同，致使面向边界地区的政治协商对话有时难以开展。因此，一个由多阶政治地位成员城市或地方政府组成的大都市圈，如果不能突破因差异性行政级别带给跨界对话协商的科层制度约束，甚至奉行以行政等级、经济体量、人口规模等为导向的

非平等治理，就难以从根本上构建开放、包容的跨界治理体系，更无法调动行政层级相对较低城市的积极性及协同动力，进而最终因资源空间错配和利益分配不均，导致跨界治理方案机制的流于形式或失效。

为此，上海大都市圈作为一个多行政主体、多利益主体的跨省域空间单元，其空间协同治理从中国城市行政层级多、不同主体权限资源差异明显的现实出发，在省市层面建立的长三角区域合作机制基础上，成立上海大都市圈空间规划协同工作领导小组，构建了"三地九方十部门"的跨地域、跨领域的矩阵式协作平台。强调大都市圈各成员城市主体之间相互平等、多元参与及共同协商，充分尊重各个城市、地方政府的合理诉求，给予各方共同协商的机会，渐进达成目标、空间、策略、行动等方面的共识。积极探索平等、开放、包容的协同氛围，建立共治平台载体，探寻"最大公约数"，即最大共同利益，最大程度提高所有成员城市对跨界协同治理的"认可度"和"集体行动能力"，从而实现从传统的局部性"单赢""双赢"到全域性"多赢""共赢"。引导各城市既要跨出边界主动协作、贡献长板，也要为区域坚守底线、守好本底，这样才能真正形成一个良性互动、融合发展的上海大都市圈。

上海大都市圈各城市通过合作协同，相互间的联系逐渐升级、日趋紧密。以往上海大都市圈内各城市交流主要聚焦于省内城市、邻近地区，现如今更为注重"朋友圈"的横向比较。上海通过跨出去认识到了圈内城市的优势与自身提升空间；众多城市也开始了圈内的发展对标，如苏州"太湖生态岛"对标崇明世界级生态岛，宁波对标江苏找到科技创新等不足，嘉兴对标苏通认识到环湖城市优势与不足等。同时，围绕《协同规划》提出的创新、流动、生态、人文等重点领域，各地进一步开展了系列协同发展探索，如共建沪宁科创带、共同打造环太湖科创圈、共同推动环淀山湖绿道贯通、共同推动甬舟人工航道扩建工程、共建长江沿线生态安全缓冲区等举措正逐渐从理念走向规划与实施。这些行动，不断促进着上海大都市圈内的互惠互利、合作共赢，如今上海大都市圈的一体化发展已不局限于行政层面，而有着更广泛的市场认同与社会民众基础，各城市愿意与上海抱团发展，以形成一个具有全球竞争力的上海大都市圈。

三、协同工具：充分发挥空间协同规划的引领作用及协同牵引力

能否设计一整套有效的协同治理工具或手段，是一个大尺度、高密度城市区域终究能否实现协同整合发展的关键所在。针对处于不同发展阶段的都市圈，协同治理工具抑或治理机制也不尽一致，更不可能存在统一的标准或手段。一般而言，发展较为成熟的跨界大都市圈，往往具备包括规划、平台、载体、项目、激励、约束等在内的全面、系统的空间协同治理体系或工具手段。但对于一个刚刚起步、处于培育阶段的都市圈，在空间协同治理工具的选择上，不能"胡子眉毛一把抓"或"全面出击"，而应该从制约空间协同发展的最大制度瓶颈和障碍出发，找准具备"牵一发而动全身"效应的治理手段，在短期内切实调动各成员城市的内在主动性和积极性，从而使跨界协同治理效果取得显著跃升和明显改观，为未来跨界协同治理体系和治理能力现代化打下坚实的基础。

从这一思路出发，为提高协同发展质量，上海大都市圈以多成员主体共同编制的空间协同规划为核心载体和主抓手，从协调平台建设到协同规划编制、协同项目设计等空间协同治理工作，始终聚焦在空间协同规划上，旨在全面激活各城市共同参与的内生动力，最终通过实现"规划对接、利益整合"，率先破解制约大都市圈协同发展的"规划碎片化"难题，为未来进一步建构更高质量、更高水平的空间协同治理体系奠定根基。可以说，按照"共同组织、共同编制、共同认定、共同实施"的组织模式编制完成的《协同规划》，既是一项具体的协同治理工具和手段，也是一个培育建构空间协同治理体系的过程和方法论。

《协同规划》发布后，规划成果正在并将不断落实到长三角及各地相关规划，凝聚共识推动规划的共同实施。如2021年8月印发的《长三角一体化发展规划"十四五"实施方案》明确提出，推进上海大都市圈规划编制实施，加快建设都市圈市域（郊）铁路及具有一定城际功能的干线铁路等。各城市"十四五"规划纲要及国土空间总体规划中，也提出了融入上海大都市圈，强化功能与空间对接等相关要求与设想。空间协同规划的引领作用和实践效用持续得到贯彻并不断拓展。

参考文献
References

[1] Moreno-Monroy A I, Schiavina M, Veneri P. Metropolitan areas in the world. Delineation and population trends[J], Journal of Urban Economics, 2021(125):103242.

[2] Cooke P. Regional innovation systems: competitive regulation in the new Europe[J]. Geoforum, 1992, 23(3): 365-382.

[3] Davoudi S. Conceptions of the city-region: A critical review[J]. Proceedings of the Institution of Civil Engineers: Urban Design and Planning, 2008, 161:51-60.

[4] Dear M J. The Postmodern Urban Condition[M]. Oxford: Wiley-Blackwell, 2001.

[5] European Union. Treaty of Lisbon: Amending the Treaty on European Union and the Treaty Establishing the European Community[Z]. Lisbon, 2007.

[6] Fang C, Yu D. Urban agglomeration: An evolving concept of an emerging phenomenon[J]. Landscape and Urban Planning, 2017, 162:126-136.

[7] G. Duranton. A proposal to delineate metropolitan areas in Colombia[J], Revista Desarrollo y Sociedad, 2015(75):223-264.

[8] Hall P, Pain K. The Polycentric Metropolis: Learning from Mega-City Regions in Europe[M]. London: Routledge, 2012.

[9] Pain K. The Strategic Planning Protagonist: Unveiling the Global Mega-City Region, Sir Peter Hall: Pioneer in Regional Planning Transport and Urban Geography, Springer, 2016: 59-80.

[10] Laquian A A. Beyond Metropolis: The Planning and Governance of Asia's Mega-Urban Regions, 2005.

[11] Scott A J, Agnew J, Soja E W, et al. Global city-regions. In: Scott A J (ed.) Global City-Regions: Trends, Theory, Policy. Oxford: Oxford University Press, 2001:11-31.

[12] Scott A J. City-regions reconsidered[J]. Economy and Space，2019 (1):1-27.

[13] Simmie J. Innovation and space: a critical review of the literature[J]. Regional Studies, 2005, 39(6):789-804.

[14] Soja E W. Regional urbanization and the end of the metropolis era. In: Bridge G and Watson S (eds.) The New Blackwell Companion to the City. Oxford: Wiley-Blackwell, 2012:679-689.

[15] 曹莉,刘琰.联合国框架下的国际碳交易协同与合作——从《京都议定书》到《巴黎协定》[J].中国金融,2022(23):79-81.

[16] 陈红艳,骆华松,宋金平.东京都市圈人口变迁与产业重构特征研究 [J]. 地理科学进展, 2020,39(9):1498-1511.

[17] 陈洋.巴黎大区2030战略规划解读 [J]. 上海经济,2015(8):38-45.

[18] 方创琳. 新发展格局下的中国城市群与都市圈建设. 经济地理, 2021, 41(4): 1-7.

[19] 房乐宪. 当前欧盟文化外交战略构想及其对中欧关系的政策含义 [J]. 教学与研究, 2013,47(12):47-55.

[20] 高云,高翔,张晓华.全球2℃温升目标与应对气候变化长期目标的演进——从《联合国气候变化框架公约》到《巴黎协定》[J].Engineering,2017,3(2):262-276.

[21] 耿相魁,李昂,薛梦阳,赵明.加快长三角港口群一体化高质量协同发展对策研究 [J]. 浙江海洋大学学报（人文科学版),2021,38(5):7-13,28.

[22] 郭磊贤, 吴唯佳. 基于空间治理过程的特大城市外围跨界地区空间规划机制研究 [J]. 城市规划学刊, 2019(6): 8-14.

[23] 郭巍. 以都市圈视角看国际绿色低碳发展经验 [N]. 人民画报, 2021-12-07(46).

[24] 谷满意. 国外文化产业开发与保护的经验及借鉴 [J]. 商, 2013(2): 209-210.

[25] 贾品荣. 东京低碳绿色发展给我国城市发展带来三点启示 [N]. 中国经济时报, 2020-11-10(003).

[26] 金昱. 国际大城市交通碳排放特征及减碳策略比较研究 [J]. 国际城市规划, 2022,37(2):25-33.

[27] 李国平. 首都圈结构、分工与营建战略 [M]. 北京：中国城市出版社, 2004.

[28] 李婕. 英国文化遗产保护对我国的借鉴与启示——基于财政的视角 [J]. 经济研究参考, 2018(67): 32-39.

[29] 李涛, 李云鹏, 王新军. 全球城市区域多中心结构的演化特征、影响因素和政策启示 [J]. 城市发展研究, 2020, 27(9):49-57.

[30] 李晗斌. 日本产业集群政策分析 [J]. 现代日本经济, 2009(5):29-35.

[31] 李迎成. 大都市圈城市创新网络及其发展特征初探 [J]. 城市规划, 2019,43(6):27-33,39.

[32] 李湛, 张彦. 长三角一体化的演进及其高质量发展逻辑 [J]. 华东师范大学学报（哲学社会科学版）, 2020(5):146-156.

[33] 刘春凯. 英国文化遗产保护的公众参与借鉴 [J]. 中国名城, 2016(6):55-59,74.

[34] 陆睿. 韩国"元宇宙首尔"计划瞄准市政服务 [N]. 经济参考报, 2021-12-14(002).

[35] 罗震东, 朱查松. 解读多中心：形态、功能与治理 [J]. 国际城市规划, 2008,101(1): 85-88.

[36] 马璇, 郑德高, 张振广, 章怡. 基于新经济企业关联网络的长三角功能空间格局再认识 [J]. 城市规划学刊, 2019(3):58-65.

[37] 马臻邾. 日本"文化立国"战略与21世纪新国立剧场的目标及实现 [J]. 艺术教育, 2021(10): 146-149.

[38] 日本文化庁. 日本遺産 [R/OL].(2019年)[2023-03-26]. https://www.bunka.go.jp/seisaku/bunkazai/nihon_an/pdf/93793701_03.pdf.

[39] 任明. 新加坡二十一世纪以来城市文化发展观测 [J]. 上海文化, 2014(10):102-111.

[40] 上海市人民政府, 江苏省人民政府, 浙江省人民政府. 上海大都市圈空间协同规划 [R]. 上海, 2022.

[41] 上海市人民政府. 上海市城市总体规划（2017—2035年）[M]. 上海：上海科学技术出版社, 2018.

[42] 上海市人民政府. 上海市国民经济和社会发展第十三个五年规划纲要 [EB/OL]. 2016年1月. 上海市人民政府网站, https://www.shanghai.gov.cn/nw39378/20200821/0001-39378_1101146.html.

[43] 司月芳, 曾刚, 曹贤忠, 等. 基于全球—地方视角的创新网络研究进展 [J]. 地理科学进展, 2016,35(5):600-609.

[44] 孙娟, 马璇, 张振广. 创新链与供应链视角下区域空间近域组织规律再认识 [J]. 城市规划学刊, 2022,274(8):16-21.

[45] 孙娟, 屠启宇, 王世营, 等. 全球城市区域视角下上海大都市圈内涵属性与目标愿景 [J]. 城市规划学刊, 2022(2):69-75.

[46] 孙瑜康, 李国平, 袁薇薇, 等. 创新活动空间集聚及其影响机制研究评述与展望 [J]. 人文地理, 2017,32(5):17-24.

[47] 陶希东. 全球城市区域跨界治理的模式与经验 [M]. 南京：东南大学出版社, 2014.

[48] 王丹, 彭颖, 柴慧, 等. 构建上海大都市圈区域合作机制思路及重大举措 [J]. 科学发展, 2020(9): 64-70,25.

[49] 王建红. 日本东京湾港口群的主要港口职能分工及启示 [J]. 中国港湾建设, 2008(1):63-66,70.

[50] 武剑红, 沈砾子. 东京都市圈市郊铁路特点及对我国的启示[J]. 2017(9):13-19.

[51] 熊健, 孙娟, 王世营, 等. 长三角区域规划协同的上海实践与思考[J]. 城市规划学刊, 2019(1): 50-59.

[52] 熊健, 范宇, 张振广, 等. 区域协调与空间治理背景下的上海大都市圈空间协同规划编制创新探索[J]. 城市规划学刊, 2022(2):76-82.

[53] 熊健, 孙娟, 屠启宇, 等. 都市圈国土空间规划编制研究——基于《上海大都市圈空间协同规划》的实践探索[J]. 上海城市规划, 2021(3):1-7.

[54] 许竹青, 赵成伟, 王罗汉, 等. 高效协同联动：都市圈创新发展策略[J]. 开放导报, 2022(6):19-25.

[55] 亚洲开发银行. 全球价值链发展报告（2021）——超越制造[R].2021.

[56] 张聪. 上海大都市圈城际铁路与市域（郊）铁路融合发展[J]. 城市交通, 2022,20(5):23-30.

[57] 张继焦. 文化遗产的保护和发展[J]. 贵州社会科学, 2019(9):84-90.

[58] 张京祥, 胡航军. 新发展环境下的都市圈发展、规划与治理创新[J]. 经济地理, 2023,43(1):17-25.

[59] 张京祥, 邹军, 吴启焰, 等. 论都市圈地域空间的组织[J]. 城市规划, 2001(5):19-23.

[60] 张京祥, 何鹤鸣. 超越增长：应对创新型经济的空间规划创新[J]. 城市规划, 2019,43(8):18-25.

[61] 张振广, 马璇, 张洋. 基于价值区段的长三角功能空间格局再认知[J]. 城市规划学刊, 2022,274(8):9-15.

[62] 赵亮. 欧洲空间规划中的"走廊"概念及相关研究[J]. 国外城市规划, 2006(1): 59-64.

[63] 赵渺希, 钟烨, 徐高峰. 中国三大城市群多中心网络的时空演化[J]. 经济地理, 2015, 35(3): 52-59.

[64] 郑德高, 马璇, 李鹏飞, 等. 长三角创新走廊比较研究——基于4C评估框架的认知[J]. 城市规划学刊, 2020(3):88-95.

[65] 郑德高. 等级化与网络化：长三角经济地理变迁趋势研究[J]. 城市规划学刊, 2019(4): 47-55.

[66] 郑德高. 经济地理空间重塑的三种力量[M]. 中国建筑工业出版社, 2021.

[67] 左晓晓. 日本文化发展战略及其对中国的启示[D]. 大连：大连理工大学，2019.

后记
Afterword

在长三角一体化发展上升为国家战略、加快培育发展现代化都市圈等宏观背景下,《上海大都市圈空间协同规划》作为全国首个跨区域、协商性国土空间规划应运而生,成为沪苏浙两省一市在空间层面响应国家战略要求、深入推进区域一体化发展的纲领性文件,也标志着"从上海到上海大都市圈"的区域协同进程就此迈出关键一步。追根溯源,"上海大都市圈"概念曾经历多轮酝酿与斟酌,最终在2017年国务院关于《上海市城市总体规划(2017—2035年)》的批复中得到明确,随后又在《长江三角洲区域一体化发展规划纲要》中再次出现,开启了都市圈规划编制的起点。

在四年的工作历程中,我们感受着这片水脉相依、人缘相亲的区域,历经时光荏苒、波澜起伏的厚重积淀,体会着在文明演进历程中,城市角色的变化与整体的生长,不断加深着我们对于上海大都市圈特性的理解。循迹过去,我们看到都市圈之所以成就为一个高度繁荣、紧密流动的发达经济体,正是因为从近代以来,这里始终蕴含着合作共赢的心态,无论是大规模的人口流动、抑或改革开放初期工程师的交流,再到当下商务、创新等的深度链接,都充分诠释了都市圈的内生动力。

正是这样独特的基因,决定了在都市圈协同规划的过程中,"共同组织、共同编制、共同认定、共同实施"组织模式得以真正地落地实践。都市圈规划范围由两省一市联合商议而定,具体工作开展由9个城市共同支撑,规划诉求由各区县共同提交,规划策略与行动得到各级政府的全面反馈,共同力量凝聚为一张都市圈的愿景蓝图。规划本身就是一种治理,强调了多元主体参与、各主体拥有相对平衡的协商地位。

2022年,上海大都市圈由两省一市联合发布,并在9月召开大都市圈空间协同规划实施推进大会。此后,都市圈各个层面的协同力量更可谓蓬勃向上,尤其政府层面交流互动愈加频繁,环太湖、长江口、杭州湾等重大板块,成为见证都市圈协同的重要舞台;曾经背靠背发展的临界区县以及城镇圈,也转为率先合作的试验地。

可以说,这种整体认知上对协同价值的认同,以及行动上的高效率,是基于多中心组合体的先天基因,也必将推动地区高水平的分工协作,持续强化上海大都市圈在全球格局中的价值与示范。回想4年前进行东京、纽约都市圈走访时，国外学者对单中心都市圈面临挑战的困惑；今天，圈内城市抱团发展的行动力，让我们对独一无二的上海大都市圈抱有极大的信心与期待。

如书中所述，《协同规划》围绕全球城市核心功能的客观诉求和区域共建的目标愿景，进一步提出落实传导与协同指标，并从空间格局、产业创新、交通畅达、生态共保、文化共享等维度给出切实可行的规划策略。充分依托了各城市在新发展格局下的澎湃内生动力、创新突破先机、鲜明地域特色与奋起发展雄心，以及"卓越的全球城市区域"目标愿景下的内外圈层差异，被逐一体现于本书各章节内容之中。

在此基础上，具有丰富一线实践经验的规划编制团队又更进一步，将原本面向上海大都市圈单体的区域国土空间规划技术框架加以提炼总结并推而广之。如第十章中对都市圈概念的在地化演绎、对都市圈规划的实践拓展，以及对大尺度高密度城市化地域空间协同的范式探索等内容，全面体现了人口规模巨大、全体人民共同富裕、物质文明与精神文明相协调、人与自然和谐共生、走和平发展道路等中国式现代化的核心精神，也充分诠释了中国式现代化都市圈发展的"样板和典范"，期待能够为国内其他都市圈的协同发展提供有益借鉴。

总体而言，本书将《协同规划》的来龙去脉、详细内容及其背后编制团队的所思所感——刻画描绘，重在规划实践经验总结，又颇具理论和学术价值。随着《协同规划》等一系列纲领性规划文件及其具体实施计划的颁布落地，打破约束、共商共治的上海大都市圈正稳步向"卓越的全球城市区域"目标愿景迈进，而对更具竞争力、更可持续、更加融合的追求，也必将成为都市圈共同的努力方向。

中国城市规划设计研究院上海分院 院长
上海大都市圈规划研究中心 副主任
孙 娟

图书在版编目（CIP）数据

从上海到上海大都市圈：中国式现代化的都市圈规划探索 / 熊健等著. -- 上海：上海科学技术出版社，2023.11
    ISBN 978-7-5478-6353-4
    Ⅰ. ①从… Ⅱ. ①熊… Ⅲ. ①城市群—城市规划—研究—中国 Ⅳ. ①F299.21
    中国国家版本馆CIP数据核字(2023)第199073号

责任编辑：陈晨
书籍设计：张国樑 董伟

审图号：GS（2023）2787号

从上海到上海大都市圈：
中国式现代化的都市圈规划探索
熊健 孙娟 屠启宇 等 著

上海世纪出版（集团）有限公司
上 海 科 学 技 术 出 版 社 出版、发行
（上海市闵行区号景路159弄A座9F–10F）
邮政编码 201101   www.sstp.cn
上海雅昌艺术印刷有限公司印刷
开本：787×1092 1/16 印张：15.5
字数：275千字 插页：24
2023年11月第1版 2023年11月第1次印刷
ISBN 978-7-5478-6353-4/TU·339
定价：198.00元